Paul Talafo

Le disciple que Jésus-Christ cherche

Au bon souvenir de Marie Madeleine

«En vérité, je vous le dis, partout où cette bonne nouvelle sera prêchée, dans le monde entier, on racontera aussi en mémoire de cette femme ce qu'elle a fait.» **Matthieu 26:13**

Job Daniel Jean

Copyright

© Paul Talafo, 2013
Edition : Job Daniel Jean, ministère chrétien pour l'enseignement
job.daniel.jean@gmail.com
ISBN 978-2-9545189-0-9

Sauf exception signalée dans le texte, les citations bibliques sont de la version Segond révisé, édition Colombe.

Tous droits réservés : *«Le Code de la propriété intellectuelle interdit les copies ou reproductions destinées à une utilisation collective. Toute représentation ou reproduction intégrale ou partielle faite par quelque procédé que se soit, sans le consentement de l'auteur ou de ses ayant cause, est illicite et constitue une contrefaçon, aux termes des articles L.335-2 et suivants du Code de la propriété intellectuelle.»*

Du même auteur

De la conversion à la sanctification sans laquelle nul ne verra le Seigneur Dieu
Etapes-clés

Du sacerdoce lévitique au sacerdoce du Christ, la lumière sur le salut par la grâce au moyen de la foi
Sur le fondement des apôtres et des prophètes

Les écluses des cieux aux héritiers de Dieu et cohéritiers avec Christ sur la terre en ce temps-ci

Les premiers seront les derniers et les derniers seront les premiers
Qui sont-ils ?

Un cœur brisé et contrit ou
La repentance, la gratitude et
La couronne des vainqueurs

À maman Pauline

SOMMAIRE DES CHAPITRES
(Sommaire détaillé en fin d'ouvrage)

00 Introduction	9
01 Le don total de soi à Dieu, l'exemple de Marie Madeleine	13
02 Déposer sa vie aux pieds du Seigneur : les différents cas	29
03 Faire du Seigneur Jésus-Christ le centre de gravité de son univers	35
04 Le disciple du Christ est né non du sang, ni de la volonté de la chair, ni de la volonté de l'homme, mais de Dieu, d'eau et d'Esprit	39
05 Le disciple de Christ est participant de la nature divine	55
06 Le disciple doit "perdre sa vie", sous l'effet de la croix, afin de la préserver à jamais	115
07 Le salut est une affaire individuelle avant toute chose	131
08 Le disciple ne s'appartient plus à lui-même	135
09 Eviter les pièges en adorant Dieu en esprit et en vérité	139
10 Charge et ministère dans l'église : autorité et onction	147
11 César et Dieu, cohabitation ou substitution ?	167
12 Le disciple de Christ face à l'ennemi de Dieu, le diable	187
13 De la nouvelle naissance à la sanctification du disciple : étapes-clés	215
14 L'identité véritable du disciple de Christ et sa personnalité dans le monde	299
15 Aimer comme Dieu veut qu'on aime	305
16 Persévérer dans la souffrance	315
17 Aujourd'hui, chrétien ou disciple ?	319
Prière de fin	323
Sommaire détaillé	325

00
Introduction

Plus de deux mille ans après l'avènement de Jésus-Christ et de Ses premiers disciples, le temps écoulé justifie que l'on s'interroge sur la vocation des disciples d'aujourd'hui par rapport à celle de leurs glorieux prédécesseurs. Pour commencer, on peut noter que les disciples du premier siècle chrétien, à l'instar de l'apôtre Paul, se plaignaient déjà de quelques égarements qui apparaissaient ici et là, touchant plusieurs aspects de cette vocation. On peut citer pêle-mêle, les divisions au sein des églises, les excès en tous genres, les conflits de compétence et d'autorité, les tendances charnelles, la présence des loups ravisseurs et différents types d'influences aux relents de domination des uns sur les autres. La fréquentation de l'église est devenue, pour beaucoup, une tradition millénaire à conserver comme un musée qui rassemble les preuves de vie de l'homme sur la terre. L'attente prolongée du retour du Seigneur Jésus-Christ amène plusieurs disciples à perdre de vue la solennité et l'importance des paroles de l'évangile, à baisser de vigilance face à ses avertissements. Mais le Seigneur n'a oublié ni Son retour annoncé, ni les disciples qui persévèrent en Lui dans la piété. Sachant que les risques de déviation augmentent avec le temps, Il veille toujours sur la sainteté et l'application intégrale de Sa parole, en dépit de la modernisation galopante du monde. Il a plu à l'Esprit de vérité, et ce depuis quelques temps, d'exposer une terrible omission des églises par rapport à une prophétie énoncée par le Seigneur Jésus-Christ dans Son évangile. Il avait dit, en substance, que **partout où** Sa parole serait prêchée, **on rappellerait** en souvenir de Marie Madeleine ce qu'elle avait fait. Plusieurs années de lecture de la bible ne m'avaient pas particulièrement intéressé à cette parole du Seigneur, car insérée au milieu d'une flopée d'autres messages venant de Sa part et de Ses apôtres. Jusque il y a peu. En effet, la particularité de cette parole est qu'elle brave l'espace géographique (partout où) et traverse les époques (on rappellerait). En examinant, de manière approfondie, les actes bibliques posés par cette femme, j'ai compris toute la préoccupation du Seigneur pour Ses disciples : Marie

Madeleine est le modèle de disciple que le Seigneur Dieu prescrit à Ses enfants en tout lieu et en tout temps. *"Le Disciple que Jésus-Christ cherche – Au bon souvenir de Marie Madeleine"* répond donc à cette préoccupation. Il jette un regard nouveau sur les faits bibliques relatant la piété et la consécration de cette femme au Seigneur. C'est sur ce fondement que, par l'Esprit de vérité, le livre s'est construit avec des sujets qui intéressent le disciple soucieux de vérité et de sanctification. Le disciple y trouvera le fil conducteur qui le rattachera aux sources de la parole de Dieu telle que rapportée dans la bible, tous testaments confondus. Les différents sujets auxquels le Seigneur attache de l'importance y sont développés de manière impartiale, allant des thèmes assez rares, dans les églises modernes, aux thèmes presque tabous, en passant par des sujets récurrents sur lesquels les églises ont des opinions variées. Le but n'étant pas de creuser les divisions, bien au contraire, mais de mettre le lecteur devant la vérité selon Dieu. Le lecteur ne manquera pas de remarquer l'abondante utilisation du mot "disciple". Cette préférence ne tient pas du souci de créer une polémique avec le mot "chrétien", très usité dans le monde, mais de ramener le lecteur aux sources de la parole où le mot "disciple" a la préférence de Jésus-Christ Lui-même, en plus d'être utilisé plus de trois-cents fois dans les évangiles et les actes des apôtres. Bien que j'estime que "disciple" et "chrétien" soient synonymes, de nombreux ouvrages appelant les chrétiens à mener une vie de disciple suggèrent le contraire. Toutefois, cette nuance, quoique digne d'intérêt, n'est pas au cœur de la clarification apportée à la fin de ce livre. Le lecteur curieux, non encore disciple du Seigneur, mais souhaitant le devenir, trouvera dans ce livre un chapitre détaillé et assez complet sur *les étapes-clés de la nouvelle naissance à la sanctification*. Les nouvelles technologies de la communication ont facilité la mise à disposition d'un sommaire détaillé pour permettre au lecteur d'aller vers ses thèmes préférés, notre exhortation étant qu'il en fasse toute la lecture. Sauf exception signalée, toutes les références bibliques sont de la version Second révisée (éd. Colombe), en caractère italique et gras. Elles sont reproduites dans le texte pour une meilleure exploitation. **Matthieu 5:10-13** signifiant : *livre de Matthieu, chapitre 5, versets 10 à 13*. Nous signalons que quasiment toutes les versions bibliques vont dans le même sens. La douzaine de versions exploitées dans le cadre de cet ouvrage nous le confirment. Le lecteur trouvera peut-être ennuyeux la reproduction intégrale des versets bibliques référencés plutôt qu'un renvoi en notes de bas de page. Cela a été fait exprès car l'expérience montre que plus le temps passe, plus les versets mémorisés ont tendance à subir des déformations. Est-ce dû à l'usure de la mémoire ou à l'œuvre de l'ennemi ? Nous ne le savons pas avec exactitude. Cependant c'est un fait avéré. Est-ce pour cela que les israélites, après une longue période à obéir aux commandements, recommençaient à s'éloigner de Dieu ? C'est possible. Nous notons que Moïse avait recommandé aux israélites de lier les commandements comme un signe dans leurs mains et comme des fronteaux entre leurs yeux, voire de les écrire sur les poteaux et les portes de leurs maisons (**Deutéronome 6:8-9**). Cette précaution de Moïse n'est pas fortuite. Le lecteur est donc invité à ne pas s'exaspérer de cette reproduction récurrente des versets bibliques, mais plutôt à les lire de manière studieuse. Il remarquera que certains versets, qu'il croyait avoir retenus lors d'une ancienne lecture, se présentent sous un rapport différent. Nous avons mis en médaillon, sous forme d'encadrés, certaines mises au point particulièrement importantes, ayant valeur de récapitulatif par endroit. Enfin, tous les pronoms se rapportant au Seigneur Dieu ont été mis en majuscule par souci de précision et de sanctification de Sa personne. Que le Seigneur Dieu accompagne le lecteur et ouvre son esprit et son intelligence pour comprendre la longueur et la profondeur de Son amour pour les hommes et les femmes qu'Il agrée, en plus de Son appel à l'espérance de la première résurrection. Au terme de ce livre, on aura une idée sur : (i) ce que le Seigneur Jésus-Christ attend de Son disciple à la lumière des actes de Marie Madeleine, des apôtres et des prophètes ; (ii) le statut réel du disciple dans l'église, sa famille biologique et le monde ; (iii) les rapports attendus entre les églises et les ministères (missions), entre l'église et les autorités gouvernementales ; (iv) l'origine du conflit entre Dieu et le diable, l'animosité du diable envers l'homme, la stratégie de Dieu pour détruire le diable et installer l'homme sur Son trône ; (v) les étapes-clés d'une vie de sanctification conforme aux exigences de Dieu avec des précisions sur les baptêmes d'eau, du Saint-Esprit et de feu ; (vi) comment tenir ferme et éviter les polémiques stériles et (vii) la persévérance dans l'adversité.

01
Le don total de soi à Dieu, l'exemple de Marie Madeleine

Une prophétie remise au goût du jour

> *«En vérité, je vous le dis, **partout où** cette bonne nouvelle sera prêchée, dans le monde entier, **on racontera aussi en mémoire de cette femme** ce qu'elle a fait.»* **Matthieu 26:13**

Le verset **Matthieu 26:13** étonne par son universalité géographique (*partout où*) et temporelle (*en mémoire de*), alors qu'il est seulement question d'un acte isolé posé par une femme, Marie Madeleine, une ex-prostituée repentie et convertie au Seigneur Jésus-Christ. Un acte qui, de surcroît, avait suscité une clameur de réprobation dans la foule des témoins.

Pour mieux comprendre le contexte, citons deux passages parallèles de la bible en rapport avec cette histoire :

> *«Six jours avant la Pâque, Jésus vint à Béthanie, où était Lazare qu'il avait ressuscité d'entre les morts. Là, on lui fit un repas ; Marthe servait et Lazare était un de ceux qui se trouvaient à table avec lui.* ***Marie prit une livre d'un parfum de nard pur de grand prix, en répandit sur les pieds de Jésus et lui essuya les pieds avec ses cheveux*** *; et la maison fut remplie de l'odeur du parfum. Un de ses disciples, Judas Iscariote, celui qui devait le livrer, dit alors : Pourquoi n'a-t-on pas vendu ce parfum trois cents*

deniers pour les donner aux pauvres ? Il disait cela, non qu'il se mît en peine des pauvres, mais parce qu'il était voleur et que, tenant la bourse, il prenait ce qu'on y mettait. Mais Jésus dit : Laisse-la garder ce parfum pour le jour de ma sépulture. Vous avez toujours les pauvres avec vous, mais moi, vous ne m'avez pas toujours». **Jean 12:1-8.**

«Comme Jésus était à Béthanie, dans la maison de Simon le lépreux, une femme s'approcha de lui. **Elle tenait un vase d'albâtre, (plein) d'un parfum de grand prix, et, pendant qu'il se trouvait à table, elle répandit le parfum sur sa tête.** *A cette vue, les disciples s'indignèrent et dirent : A quoi bon cette perte ? On aurait pu vendre ce parfum très cher, et en donner (le prix) aux pauvres. Jésus s'en aperçut et leur dit : Pourquoi faites-vous de la peine à cette femme ? Elle a accompli une bonne action à mon égard ; car vous avez toujours les pauvres avec vous, mais moi, vous ne m'avez pas toujours. En répandant ce parfum sur mon corps, elle l'a fait pour ma sépulture. En vérité, je vous le dis, partout où cette bonne nouvelle sera prêchée, dans le monde entier, on racontera aussi en mémoire de cette femme ce qu'elle a fait».* **Matthieu 23:6-13**

Qu'y a-t-il de si exceptionnel dans le fait d'embaumer un cadavre, même par anticipation (puisque le Seigneur s'identifie à ce futur cadavre) ? Il ne s'agit, après tout, que d'un détail du processus d'inhumation si courant chez les peuples de l'époque. Pourquoi le Seigneur amplifie-t-il ce fait historique dans l'espace (*partout où*) et dans le temps (*en mémoire de*) ?

Cette question nous interpelle en ce sens qu'il est constant, de mémoire, qu'aucune allusion à ce fait historique n'est mentionnée dans les assemblées chrétiennes d'hier et d'aujourd'hui, malgré cette prescription du Seigneur. Pour en donner une illustration, faisons l'effort de nous rappeler l'année et l'occasion où une telle allusion a été faite dans une assemblée chrétienne visitée. Pour ma part, après plus d'un quart de siècle de fréquentation, je confesse n'avoir jamais entendu, dans une église visitée, une prédication relative à cette femme. Curieux.

A plusieurs reprises, cette réalité historique m'a intrigué. Non seulement cette prescription du Seigneur n'est presque jamais suivie d'effet dans les assemblées chrétiennes, depuis le temps des apôtres jusqu'à nos jours, mais il est aussi difficile de comprendre, au premier regard, pourquoi une inhumation anecdotique devrait marquer l'esprit des disciples du Seigneur, à différentes époques et en tous lieux. Comme tout fait historique en rapport avec le passage du Seigneur sur la terre, on peut, au gré des narrations, en rappeler les aspects spécifiques comme on le ferait de n'importe quel fait de l'histoire de l'humanité. Les anecdotes ne manquent pas. Mais en faire une prescription perpétuelle (*partout où...en mémoire de moi...*) m'a toujours étonné. Jusqu'à ce que l'Esprit finisse par me montrer la profondeur de l'acte de Marie Madeleine ainsi que toute sa portée spirituelle. D'où le titre de ce livre.

Quel disciple ne s'est pas déjà soucié de savoir si l'attitude adoptée dans une circonstance particulière convenait au Seigneur ? Je crois que tous les disciples du Christ, à un moment donné, voire régulièrement, se sont toujours préoccupés de savoir ce que le Seigneur aurait fait à leur place. Des fois, nous prenons telle posture ou telle autre pour affronter les situations que la vie nous réserve. Mais la posture plaît-elle à Dieu ? Le présent livre, via l'attitude de Marie Madeleine, apporte un éclairage à la question. Il n'a pas la prétention de répondre à toutes les questions auxquelles nous pourrions être confrontés dans notre marche quotidienne avec Dieu ; toutefois, comme un seul cierge peut allumer des centaines d'autres, ce livre éclairera de nombreux disciples confrontés à la nécessité de vivre conformément au modèle que Jésus-Christ prescrit à Ses brebis.

En réalité, la scène où Marie Madeleine sacrifie un parfum de grand prix va bien au-delà du sensationnel qui accompagnait les miracles du Seigneur Jésus durant Son pèlerinage terrestre. Cette scène reflète mieux que toutes les doctrines, la posture que le Seigneur attend de ceux qui viennent à Lui : tout déposer à Ses pieds, de manière inconditionnelle. Par "tout", nous entendons cent pour cent.

C'est le lieu d'examiner les leçons cachées de cette scène apparemment déconcertante.

Le Parfum de grand prix

Notre vie de disciple s'apparente à une offrande, un parfum de grand prix que le Christ, notre Souverain Sacrificateur, brûle sur l'hôtel comme une agréable odeur à Dieu. La parole de Dieu établit que nous sommes des *victimes spirituelles* (**1 Pierre 2:5**), des vies que nous offrons en *libation* à Dieu (**2 Timothée 4:6**).

La particularité du parfum est que c'est une odeur non saisissable par la main. Le parfum n'est pas un corps que l'on peut toucher et retourner comme on le ferait d'une assiette par exemple. Lorsque le parfum est libéré du vase, il s'envole. Le plaisir que l'on ressent ne dure que le temps de son exposition à nos narines, un temps aussi limité qu'une éclipse de soleil.

En sacrifiant ce parfum de grand prix, Marie Madeleine savait pertinemment que sa senteur disparaîtrait assez vite malgré son prix élevé. Le parfum est communément considéré comme un produit de luxe que l'on asperge par petites quantités. Les femmes, notamment les prostituées, l'apprécient particulièrement. Elles savent donc en faire un bon usage, en prenant toutes les précautions pour que son exposition dure plus longtemps.

Le choix du parfum par Marie Madeleine n'était pas anodin. Cette femme offrait au Seigneur ce qu'elle avait de meilleur dans une existence mouvementée et peu glorieuse comme on peut l'imaginer des prostituées.

Outre le fait que ce geste fit sensation à cause de la cherté du parfum, on note qu'une fois le parfum libéré, Marie Madeleine n'allait plus le récupérer. C'est ici une signification symbolique de l'acte de repentance que le Seigneur attend de chaque disciple. Une fois la vie du disciple déposée à Ses pieds, comme un parfum de grand prix qu'on sacrifie sur l'autel de Dieu, jamais plus le disciple ne la récupérera. La vie que le disciple dépose aux pieds du Christ est à jamais perdue pour lui. Elle ne peut plus être récupérée. Seul Dieu peut en disposer à Sa guise.

Plusieurs disciples s'imaginent, aidés par des enseignements inadaptés ou erronés, que la foi en Dieu n'est qu'une option parmi tant d'autres, un choix de vie que l'on peut exercer librement et y mettre un terme comme on le ferrait de toute association civile que l'on fréquente. C'est tout simplement impossible au sens de la bible. La conversion est un acte de capitulation à Dieu de manière irréversible. Penser le contraire, c'est imaginer que l'homme puisse entrer dans un cimetière et en ressortir vivant et libre. Négatif ! La conversion est un acte de mort scellé par les eaux du baptême. C'est en la mort du Christ que les disciples sont baptisés. C'est-à-dire qu'ils sont désormais considérés comme morts et crucifiés avec Christ sur la croix. Non pas à côté du Christ comme s'il s'agissait d'une crucifixion séparée, mais en (dans) Christ. C'est-à-dire que le disciple doit considérer la mort du Christ comme la sienne propre. Autrement dit, les disciples sont supposés avoir été dans le corps de Jésus au moment de Sa crucifixion. Et de même qu'après la crucifixion, le Christ ne retrouva ni Son enveloppe, ni Ses appartements sur la terre, mais s'envola vers les cieux, à la droite du Père, de même aussi, après sa conversion, le disciple ne pourra plus récupérer son ancienne vie, même s'il venait à la regretter. En fait, la bible précise que celui qui retrouve son ancienne vie ne s'est réellement jamais converti au Seigneur (**1Jean 2:19**). Malgré ses affirmations, il n'a jamais cru que Jésus-Christ est le Fils du Dieu vivant.

Conversion et perte totale des anciens repères dans le monde

Beaucoup s'imaginent que la conversion à Christ, que l'on traduit habituellement par «donner sa vie au Seigneur» n'est juste qu'une résolution à changer sa manière de vivre, à améliorer l'existant, c'est-à-dire, à abandonner sa mauvaise vie passée pour une vie conforme aux commandements de Dieu. En apparence c'est cela. En apparence seulement. Mais la réalité est bien plus profonde et complexe pour les âmes partagées que nous sommes la plupart du temps. Donner sa vie à Christ, pour devenir une nouvelle créature, signifie que l'ancienne vie est enterrée, perdue, mais pas améliorée. On améliore l'existant, pas ce qui n'existe pas. Si ce qui n'existe pas apparaît, alors on a affaire à une nouveauté, une création nouvelle. Il ne s'agit pas de convertir l'ancienne vie en une vie plus vertueuse, chose impossible car si tel était le cas, l'ancienne vie maintiendrait son activité et la croix du Christ n'aurait servi à rien. Le Seigneur précisait qu'on ne pouvait pas mettre du vin nouveau dans de vieilles outres sans risquer de tout perdre. Une vieille outre a sa propre histoire qui reparaîtra aussi souvent que les circonstances de la vie le permettront. On comprend que la nouvelle vie en Christ ne pourra remplir une outre qu'à la condition que celle-ci soit entièrement neuve ; pas lavée ni peaufinée, mais neuve comme si elle existait pour la première fois. Il s'agit de perdre l'ancienne vie définitivement, sans possibilité de la recouvrer. C'est ce que traduit le baptême d'eau. L'immersion du disciple dans l'eau symbolise l'enterrement et la destruction de son ancienne vie, à l'image de la mise au tombeau de Jésus après Sa mort sur la croix (**Romains 6:3**). La chair que le Christ avait reçue de Sa mère Marie, à la naissance, fut entièrement détruite lors de la résurrection, à tel point que le Christ ressuscité a un corps céleste et non terrestre, l'ancien corps terrestre étant irrécupérable. La sortie du disciple de l'eau du baptême signifie qu'il a désormais un nouveau corps (outre neuve) et une nouvelle vie (vin nouveau) selon qu'il est écrit : «*Nous avons donc été **ensevelis avec lui** dans la mort par le baptême, afin que, comme Christ est ressuscité d'entre les morts par la gloire du Père, de même nous aussi nous **marchions en nouveauté de vie**»* (**Romains 6:4**). Très peu de gens imaginent que leur foi en Christ résulte de la perte totale de l'ancienne vie. En fait, le disciple perd TOUT, toute sa vie passée ainsi que ses ramifications. Il perd vraiment sa vie sans possibilité de la récupérer comme le parfum qui, une fois dégagée, s'envole sans espoir de récupération. Nul ne peut prendre une odeur dans sa main, l'odeur s'envole. Une fois que le disciple a donné sa vie au Seigneur, celle-ci est perdue et remplacée par une nouvelle vie que le Seigneur met en lui : l'Esprit de vie en Jésus-Christ. La vie ancienne du disciple n'est plus récupérable. Elle ne le sera jamais plus. Même s'il retombe dans ses anciens travers, ce n'est plus l'ancienne vie qui revient à la surface, mais la nouvelle créature qui dérape. Son histoire ancienne n'est là que pour les souvenirs. Même si sa peau, son anatomie et ses fonctions biologiques ne changent pas à vue d'œil, il est néanmoins une nouvelle créature, par la foi ; une nouvelle créature que Dieu instaure en remplacement de l'ancienne, désormais morte et crucifiée avec Christ par un acte irréversible.

En brisant le vase d'albâtre sur le Seigneur, telle qu'elle le fit, Marie Madeleine indiquait au monde que son ancienne vie de prostituée, dont le parfum constituait le symbole, s'était définitivement volatilisée et qu'une nouvelle vie prenait place. Marie Madeleine venait de perdre tous ses repères terrestres, ceux en rapport avec la prostituée qu'elle avait été.

Deux erreurs perceptibles dans les milieux chrétiens

La première erreur identifiée dans les communautés chrétiennes consiste à retenir de l'ancienne vie abandonnée (enterrée dans les eaux du baptême), ce qui est bon et louable que l'on met au service du Seigneur. On voit régulièrement des anciens musiciens servir Dieu via la chorale et la musique. On attribue souvent des rôles aux disciples en fonction de leur activité séculière selon le monde. Ainsi confiera-t-on les finances de l'église au frère ou à la sœur ayant des talents de gestionnaire selon le monde. C'est une grave erreur si l'on part du fait que les anciens repères n'existent plus et que *toutes choses sont devenues nouvelles* (**2 Corinthiens 5:17**). Pourquoi ce transfert des vertus du monde à l'église ne saurait être accepté ? Il faut prendre conscience qu'à la chute, les ancêtres Adam et Eve consommèrent de l'arbre de la connaissance du bien et du mal. Ainsi le bien et le mal font désormais partie intégrante de l'homme. Ce dernier est donc naturellement capable du bien comme du mal, sans rapport avec une religion quelconque, chrétienne ou non. De même qu'un arbre a des racines identiques, de même le bien et le mal que l'homme fait viennent d'une seule racine qui a été crucifiée avec Christ sur la croix. Le disciple ne saurait donc se fier à la partie vertueuse de la vie qu'il menait selon le monde. Tout est crucifié sur la croix, le bien comme le mal. Peu importe le caractère vertueux de l'acte posé par l'homme, la bonne question est celle-ci : quelle est sa source ? Le monde ou le Seigneur ? Toute vertu du monde est considérée comme une *chose vouée à la corruption par ce qu'on en fait*. Les communautés chrétiennes commettent donc une grave erreur en ouvrant leurs portes, sans précaution, aux vertus importées du monde par les disciples membres. Confier la chorale de l'église à un disciple, sur la base d'une riche carrière musicale selon le monde, est en apparence une chose convenable, mais dans le fond, une porte grandement ouverte aux dérapages du monde d'où il vient. Le diable ayant connu ce disciple par le passé, ne manquera pas de ressusciter en lui tous les travers de cette passion, travers dont le disciple a une expérience avérée : drogue, substances prohibées, débauche. Comme on ne saurait demander à un nouveau disciple, docteur en philosophie dans le monde, de devenir docteur de la loi de Dieu, on ne peut pas confier la chorale chrétienne à un nouveau converti sur la base d'une carrière musicale prospère dans le monde. C'est toute la racine héritée de l'arbre de la connaissance du bien et du mal qui a été crucifiée à la croix, et pas uniquement son mauvais côté. En liquidant le parfum de l'ancienne vie devant le Seigneur, le disciple doit se garder d'en retenir les meilleures senteurs sous prétexte qu'elles seront utiles dans l'église. Tout doit s'envoler, sans exception. L'ancien musicien doit venir au Seigneur en se doutant que la nouvelle vie que Dieu lui réserve pourrait être tout sauf la musique. Il en va de même des enseignants, ingénieurs, médecins, architectes. Le disciple qui se remet dans son ancienne expérience mondaine, comme de raison, ne donnera pas toute la gloire à Dieu. Il mettra sur le compte de l'expérience une partie du succès rencontré, là où Dieu exige la totalité (**Esaie 42:8**). Loin de nous l'idée que le disciple devrait quitter son travail séculier après sa conversion. Mais les talents acquis dans le monde qu'il vient de quitter ne sauraient justifier l'activité menée dans l'église de Jésus-Christ. Il y a donc un réel danger de confiscation de la gloire de Dieu par le disciple qui perpétue son ancienne passion dans le cadre de l'église. Le disciple doit, en revanche, se préparer à voir sa vie changer du tout au tout si telle est la volonté du Seigneur. C'est-à-dire qu'il pourrait être amené à quitter son travail séculier pour un autre plus compatible avec son statut de disciple de Christ. Bien qu'il puisse souffrir de la perte de son ancienne passion, sa joie devrait reposer sur sa délivrance du monde et de ses convoitises. L'apôtre Paul regarda comme une perte son titre de docteur de la loi selon le monde, comparé à la vie de sanctification et de puissance spirituelle dont il faisait désormais preuve comme prédicateur de l'évangile de Jésus-Christ.

L'autre erreur notée dans l'église, c'est l'habitude qu'ont les fils de disciples à ne pas se convertir à Christ de manière formelle. Les enfants de disciples ne voient pas trop la différence entre la vie qu'ils mènent auprès des parents sanctifiés, et la nécessité de donner leur vie au Seigneur, au motif qu'ils vivent depuis toujours dans la sanctification. Ils n'en voient la nécessité qu'au moment de s'engager dans une œuvre missionnaire. Ils se trompent bien évidemment. Le baptême ne traduit pas l'engagement à servir Dieu à temps plein ou partiel, mais la conformité à la mort et à la résurrection de Jésus par un acte de repentance clair. Autrement, les juifs n'auraient pas eu besoin de se baptiser car ils étaient déjà fils du Dieu d'Abraham, d'Isaac et de Jacob. Jésus-Christ Lui-même n'aurait pas eu besoin de Se baptiser. Tout enfant ayant un disciple pour parent a donc l'obligation de déposer sa vie devant le Seigneur par un acte de repentance clair assorti du baptême.

La soumission du disciple à Christ

> « *Le Seigneur lui répondit : Marthe, Marthe, tu t'inquiètes et tu t'agites pour beaucoup de choses. Or une seule chose est nécessaire.* **Marie a choisi la bonne part**, *qui ne lui sera pas ôtée.*» **Luc 10:41-42**.

Comment le Seigneur pouvait-Il prendre la défense de Marie, la "paresseuse", au détriment de Marthe, la "travailleuse" ? Comment le Seigneur peut-il laisser penser que la personne qui se démène pour accueillir les convives, est en tort face à l'immobilisme des autres ? Reprenons le passage, plus en détail, pour nous replonger dans le contexte de cette stupéfiante expérience.

> «*Pendant qu'ils étaient en route, il (Jésus) entra dans un village, et une femme, du nom de Marthe, le reçut dans sa maison. Elle avait une sœur, appelée Marie, qui s'assit aux pieds du Seigneur, et qui écoutait sa parole. Marthe était absorbée par les nombreux soucis du service ; elle survint et dit : Seigneur, tu ne te mets pas en peine de ce que ma sœur me laisse seule pour servir ? Dis-lui donc de m'aider. Le Seigneur lui répondit : Marthe, Marthe, tu t'inquiètes et tu t'agites pour beaucoup de choses. Or une seule chose est nécessaire. Marie a choisi la bonne part, qui ne lui sera pas ôtée.*» **Luc 10:38-42**.

Marthe qui se faisait du souci pour les précieux convives n'eut pas gain de cause face à sa sœur Marie, pourtant prise en flagrant délit de paresse. Comment peut-on apprécier un immobilisme blâmable au détriment de l'empressement à servir ? Si Marthe ne s'était pas mise en peine des convives, qui l'aurait fait ? On peut commencer par décrypter la réaction du Seigneur, favorable à Marie : «*Marthe tu t'inquiètes et tu t'agites pour beaucoup de chose. Or une seule chose est nécessaire. Marie a choisi la bonne part... ».* Une paresseuse peut-elle être appréciée aux dépens d'une travailleuse ?

En fait l'attitude de Marie, dans cette seconde narration biblique la concernant, ne doit pas être dissociée de la première impliquant le parfum de grand prix. Dans l'évangile de Jean (**Jean 12:1-8**), les deux actions semblent se dérouler le même jour et au même endroit. Marie n'a donc pas changé de disposition de cœur. Elle reste dans le même état d'esprit que celui qui la poussa, quelques instants plutôt, à sacrifier le vase de parfum. La particularité de cette scène réside dans le fait que le Seigneur recadra Marthe qui, aux yeux de tous, méritait des encouragements, pour, au contraire, apprécier l'inactive Marie : «*Marie a choisi la bonne part*» – c'est-à-dire, rester assise aux pieds du Seigneur à ne rien faire.

Qu'est-ce qui était visiblement appréciable dans la posture de Marie ? Le Seigneur envoyait le même message que dans l'affaire du parfum où Il déclara «*Vous avez toujours les pauvres avec vous*». Ici, Il semble dire : V*ous avez toujours les convives avec vous, mais Moi, vous ne M'avez pas toujours.*

L'attitude du Seigneur est très lourde de signification car, si dans le cas du parfum, Judas Iscariote, qui se plaignait, était voleur, dans le présent exemple, en revanche, Jésus reprend une personne vertueuse. En effet Marthe se rend disponible pour son prochain, elle se donne aux autres. Quoi de plus honorable ? Mais le Seigneur a ici un avis différent. Il donne tort à Marthe et raison à Marie.

Ici, Marie fixait le regard sur le Seigneur sans se laisser distraire par des choses utiles en apparence, mais futiles dans leur finalité. Sommes-nous souvent trop préoccupés, le nez dans le guidon, au point de ne pas river notre attention sur le Seigneur ? Est-ce qu'au fond, l'attachement aux activités ne cache pas un désir de se donner bonne conscience ? Comme le Seigneur le dit Lui-même, Marie avait trouvé la bonne part, d'où la présente question : de quelle part s'agissait-il ? C'est le lieu de se poser des questions pertinentes sur les fondements de la foi du disciple car les risques de se tromper existent. Qu'attend réellement le Seigneur du disciple : (i) qu'il s'agisse pour une bonne cause ou (ii) qu'il Le cherche ? Selon le texte de la narration, Marthe était préoccupée par les convives, tandis que Marie était là où le Seigneur Se trouvait. Peu importait, pour Marie, que les convives fussent présents et nombreux, seule comptait la présence du Seigneur. Sa joie était complète dans une posture de totale contemplation du Seigneur.

De nombreuses personnes servent le Seigneur. L'aiment-elles vraiment ? Peut-on juger de l'attachement d'un disciple au Seigneur via les actes charitables qu'il pose au profit des nécessiteux ? Affirmatif dans de nombreuses circonstances. La présente question pourrait donc paraître excessive. La réponse convenable est de dire qu'une fois le Seigneur présent, Il doit passer au premier plan, avant toutes choses. Dans les circonstances de la narration, il y avait le Seigneur et les convives. Marthe cibla les convives tandis que Marie fixa son attention sur le Seigneur. Marie eut raison en choisissant la bonne part. Marthe eut tort en faisant le choix du peuple. Dans la tête de Marthe, Jésus était seul tandis que les convives étaient nombreux. Tout comme dans le texte relatif au parfum de grand prix, Jésus était seul et les pauvres nombreux.

La leçon à tirer de ces deux exemples est que, quoiqu'il arrive, lorsqu'il sera toujours question du Seigneur et d'autre chose, le Seigneur devra passer en priorité, avant toute chose, quelles que soient les circonstances favorables aux hommes. Jésus d'abord et toujours.

Ces questions ne sont pas toujours faciles à apprécier. Il faut du discernement maintenant que le Seigneur est présent, parmi nous, par le Saint-Esprit qu'on ne voit pas. Dans les deux narrations précédentes, il est clair que peu de gens de l'époque comprenaient l'attitude de Marie, qu'il s'agisse du vase de parfum ou de la réception des convives. La posture de Marie établit une totale dévotion à la personne du Seigneur et non aux circonstances. Devant le Seigneur, Marie se prosterna comme si le monde s'était arrêté de tourner. Elle était aux ordres et toute ouïe. Seul le Seigneur comptait. Seul le Seigneur existait et elle le faisait savoir. Elle brava le suffrage du peuple pour une attitude impopulaire mais ô combien spirituelle. On reconnaît la valeur spirituelle d'un disciple, non par le volume des activités visibles qu'il accomplit pour le Seigneur, mais par l'attitude de son cœur envers le Seigneur, attitude qu'on peut déceler en posant la question suivante : en l'absence des regards humains, qu'aurait fait ce disciple ? Comment se comportent les disciples lorsqu'ils sont seuls face aux défis, loin du regard de l'église ? Attendent-ils d'être observés par d'autres disciples avant de faire bonne figure ? Travaillent-ils pour être appréciés des autres disciples ou pour le Christ qu'ils ne voient pas ?

La consécration est mesurable quand le disciple agit comme si le Seigneur et lui étaient seuls au monde. Entre la multitude et le Seigneur, qui choisirait-on ? Le monde, de par son importance numérique, ou le Seigneur qui semble seul ? Choisissons PREMIEREMENT le royaume des cieux ! Marie avait fait le bon choix.

Le disciple et l'impopularité

L'attitude de Marie, dans l'affaire du parfum de grand prix et de la réception des convives, était tout sauf populaire. Elle mit son zèle au service du Seigneur sans se retourner ni à gauche, ni à droite, sans consulter ni la chair, ni le sang. C'est là une attitude qui attend les enfants de Dieu, disciples de Jésus-Christ. Dieu a la première place dans leur vie, n'en déplaise à l'humanité entière, croyante ou païenne. Dieu est au centre de leur vie et personne ne pourra rien y changer. Ils sont prêts à braver tous les obstacles lorsqu'il s'agit d'affirmer leur loyauté au Seigneur. Ils ne se laissent pas intimider par les qu'en-dira-t-on du public chrétien ou païen. *Ils n'ont pas aimé leur vie jusqu'à craindre la mort* (**Apocalypse 12:11**). Ils avancent motivés, inspirés et mus par le Seigneur Jésus-Christ, et rien que Lui, leur boussole. Ils entretiennent avec le Christ une relation spéciale, intime et personnelle. Ils sont approuvés du Seigneur seul. Le Christ les connaît et les approuve comme Il le fit de Marie Madeleine.

Il n'est jamais facile, devant un public nombreux, d'être dans la minorité. Mais lorsque la position est approuvée par le Seigneur, il faut y aller. On se rend compte, dans la posture de Marie Madeleine, qu'elle n'est nullement perturbée face aux convives, alors que sa sœur Marthe s'échine à la tâche. Elle reste calme. Elle n'ignorait pourtant pas la présence du Seigneur et des précieux convives, ni le poids de la tâche sur les épaules de la malheureuse Marthe. Cette impopularité ne la dissuada pas d'affirmer son zèle pour Dieu. Elle existait et ne vivait que pour le Seigneur. Les convives, fussent-ils plus nombreux, que cela n'aurait rien changé à son zèle pour le Seigneur Dieu. Sa vocation était fermement affirmée. Le cap était fixé. Désormais le Seigneur serait sa colonne vertébrale et rien ne compterait plus. Rien d'étonnant donc qu'elle fût la première à se rendre au cimetière pour constater la résurrection de Jésus. Un tel zèle témoigne à suffisance que Jésus, même crucifié et disparu, demeurait sa seule raison de vivre.

Quel zèle ! Quelle vocation et quelle consécration ! Comme ce genre de disciple est rare de nos jours ! L'histoire retiendra qu'elle fut le premier humain à rencontrer le Christ ressuscité.

La vie de Jésus sur la terre était tout sauf confortable. L'examen des propos de Jésus montre que, tout au long de Ses pérégrinations terrestres, Il s'inscrivait en faux contre presque tout ce dont on lui vantait les vertus. Il prenait le parti de l'impopularité. Appréciait-on la beauté du temple de Jérusalem qu'Il la descendait en flèche : *il ne restera pas pierre sur pierre qui n'ait été renversé* (**Matthieu 24:2**). Appréciait-on les seins qui L'avaient allaité (Sa mère donc), qu'il corrigeait aussitôt : *Heureux plutôt ceux qui écoutent la parole de Dieu et qui la gardent !* (**Luc 11:28**). Avait-Il provoqué la colère de nombreux disciples qui, mécontents, Le quittèrent en masse – au sujet de Son corps à manger et de Son sang à boire – qu'Il se retourna vers le carré des douze qui restaient pour leur signifier, non pas de rester, mais qu'Il ne les retenait pas (**Jean 6:55-67**). Combien de responsables religieux, aujourd'hui, accepteraient que des messages difficiles vident leurs églises ? Très peu voire aucun. Ces responsables ne brandissent-ils pas le remplissage des temples face à leurs détracteurs ? Le remplissage des églises étant devenu, pour beaucoup, la preuve visible d'un ministère prospère, on comprend aisément qu'aucun leader religieux ne soit disposé à vivre le désamour des participants à cause d'un message difficile. Beaucoup préfèrent l'éviter ou en diluer la force au profit de la majorité visible et bruyante.

Ainsi va la vie de nombreuses églises aujourd'hui. Pas besoin d'être prophète pour le constater. C'est visible à l'œil nu. Tout est matière à apaiser les esprits et claironner que tout est beau dans le meilleur des mondes.

Si on n'est pas prêt à braver l'impopularité de la communauté, y compris sa proche famille biologique (femme, enfants, frères, sœurs, cousins, oncles et tantes), alors on ne peut pas être disciple du Christ.

Comme l'atteste l'exemple de Marie Madeleine, l'amour du Seigneur est, avant tout, une affaire personnelle très sérieuse, prenante, obsessionnelle, frisant l'impopularité. Jésus fut impopulaire. Il prêcha des thèmes impopulaires (la lumière et la vérité) dans un monde égaré : «*Heureux serez-vous, lorsqu'on vous insultera, qu'on vous persécutera et qu'on répandra sur vous toute sorte de mal, à cause de moi.*» **Matthieu 5:11**. Ceux qui ont peur de l'impopularité font des compromis pour se sortir des situations embarrassantes et incommodantes, à la honte du Christ dont le disciple doit porter l'opprobre (**Hébreux 13:13**).

02
Déposer sa vie aux pieds du Seigneur : les différents cas

De nombreux exemples dans la bible attestent que les disciples ne pouvaient plaire à Dieu qu'en déposant leur vie entière aux pieds du Seigneur, dans un acte irréversible, sans possible retour en arrière. C'est la raison pour laquelle il a été affirmé plus haut que la vie chrétienne n'est pas une simple affaire d'hobby optionnel, pratiqué le temps d'une escapade, avant une probable renonciation. La vie chrétienne est une vocation éternelle. Malheureusement, plusieurs contre-exemples semblent, de nos jours, réfuter cette vérité. En effet, de nombreux systèmes religieux ont adopté les modes de gestion selon le monde. Ainsi on a des serviteurs de Dieu qui prennent leur retraite comme tous les salariés du monde. Cette façon de faire renvoie l'image qu'on peut servir Dieu quand on veut et arrêter de servir au temps fixé par les hommes. C'est ignorer qu'un enfant de Dieu reste et demeure auprès du Seigneur jusqu'à son enlèvement. Il n'y a pas de retraite possible. Pierre, Paul, Jacques ou Jean, les principaux serviteurs du Seigneur dans le nouveau testament, ne prirent jamais leur retraite. Ceux qui ne périrent pas martyrisés, moururent à un âge avancé en pleine activité pour leur Seigneur et Maître. Comment peut-on prendre sa retraite devant Dieu !?! Ils ne firent jamais allusion, dans leurs épîtres, à quelque retraite que ce soit. On sert Dieu jusqu'à l'enlèvement. Seuls les salariés servent en vue d'une retraite calculée selon la loi des finances. Cette façon d'agir donne à penser que la vie chrétienne est une vocation limitée dans le temps comme toute activité séculière. Ce qui n'est pas vrai. Une fois que l'on a déposé sa vie devant le Seigneur, elle est irrécupérable. On ne peut donc prendre sa retraite. Retraite par rapport à quoi ? Ne donnons donc pas raison à ceux qui organisent l'église de Jésus-Christ selon le monde.

Déposer sa vie aux pieds du Seigneur : cas d'Abraham

En quittant sa patrie, Abraham tournait le dos à toute l'histoire qu'il vivait en Mésopotamie, une vie de confort au sein de sa parenté. Et nous connaissons bien l'aide et le soutien qu'on peut recevoir de la communauté. C'est l'essence et la raison d'être de la vie communautaire. En quittant sa parenté, Abraham partait à l'inconnu sous la seule protection de Dieu. Dieu ne lui révélant la terre promise qu'au moment où Abraham s'y trouvait déjà. Le départ d'Abraham ne fut pas de tout repos, puisque son périple le mena d'abord à Haran, où mourut son père Térah. Etant le fils aîné, nous comprenons la lourde responsabilité d'Abraham envers la fratrie. Mais l'ordre du Seigneur fut sans appel et Abraham quitta sa parenté et toute son histoire pour une nouvelle aventure qui l'attendait, à savoir, devenir le père d'une foule de nations bénies en Dieu (**Genèse 12:1-2, Galates 3:8**). En précisant que Dieu ne révélera la terre promise qu'une fois Abraham sur le site, nous précisons les conditions d'exercice de la foi. La foi n'est pas une caution matérielle. Elle nous fait marcher avec pour seule boussole la pensée que Dieu est avec nous. C'est ce qui s'appelle : fixer le regard sur le Christ. Seule la pensée d'être avec Dieu, à laquelle nous sommes très attachés, constitue notre repère, jusqu'à ce que le Seigneur dise «*Voilà, c'est ici, c'est ça ! C'est ce que j'avais en vue pour toi*». Avant d'y être, aucun élément matériel ne nous montre la voie. Et c'est ça le plus difficile. Partir sans orientation, ni boussole matérielle, si ce n'est la pensée que Dieu est avec nous. Extérieurement, rien ne l'indique. Intérieurement, on fixe le regard sur le Christ (la pensée que Dieu est avec nous). Matériellement, cette posture est humainement difficile car la sagesse du monde suggère que l'on prenne des précautions avant de s'engager sur une voie. Ici, pas de précaution si ce n'est le regard intérieur rivé sur le Christ, en fait l'Esprit Saint que le monde ne voit pas puisqu'il ne Le connaît pas. Un enfant de Dieu, adoptant la posture de la foi – confiance en un objectif invisible pour le commun des hommes – sera vu par le monde comme un déséquilibré. C'est ce qui attend la plupart des disciples de Christ : braver la raison humaine pour le seul bénéfice de Dieu. Dans la pratique, on a l'impression d'être transparent pour les hommes qui nous entourent car on fait tout le contraire de ce qu'ils jugent sensé. On a l'impression qu'on a perdu quelque chose, la vie de notre âme. Maintenir le cap, c'est déposer sa propre vie aux pieds du Seigneur afin qu'Il règne en maître sur nous. En partant à l'inconnu, Abraham n'avait aucune idée de l'endroit où il s'arrêterait si ce n'est qu'il suivait intérieurement le Seigneur Dieu, Lequel ne lui révéla la terre promise qu'après qu'il eut foulé Canaan (**Genèse 13:12-18**). Ainsi tout le périple d'Abraham, du départ de sa patrie, jusqu'à son arrivée sur la terre promise, fut mené dans le silence et le secret de Dieu. S'il avait su que Canaan était la terre promise, il n'aurait pas demandé à son neveu Loth qui l'accompagnait, de choisir librement ses terres sachant Canaan en jeu. C'était courir le risque de voir Loth jeter son dévolu sur Canaan. C'est une fois le choix de Loth fixé sur Sodome et Gomorrhe, laissant Canaan comme seule alternative possible à Abraham, que Dieu apparut à ce dernier pour lui préciser la portée prophétique de l'endroit qu'il venait de s'adjuger. Les voies du Seigneur sont véritablement insondables.

Déposer sa vie aux pieds du Seigneur : cas de Moïse

Le cas de Moïse est d'autant plus instructif qu'il fut initialement réticent à l'idée d'aller libérer le peuple israélite de la servitude égyptienne. Les passages d'**Exode 3:10 – 4:18** relatent toutes les péripéties de Dieu pour le convaincre, malgré la multiplication des signes et miracles devant Moïse. Moïse quitta finalement sa retraite de Madian, cité de son beau-père, pour la mission divine, avec pour unique assurance, un bâton bizarre face à l'Egypte entière. On n'affronte pas un pharaon imposant avec un bâton pour seule arme ! Outre le courage dont il fit preuve en ce moment là, la sortie du peuple israélite en direction d'une mer rouge infranchissable à pied, avec les troupes du Pharaon à leurs trousses, ne donnait pas à Moïse des raisons matérielles d'espérer en dehors de la conviction intérieure que Dieu lui viendrait en aide, d'une manière ou d'une autre. Le fait que ses frères israélites lui firent des reproches, sous la forme de lamentations (**Exode 14:11-12**), explique qu'ils n'entrevoyaient aucune issue favorable avec les fantassins du pharaon à leurs trousses.

Dans les circonstances accompagnant la mission divine, Moïse dut, à chaque fois, compter sur le Seigneur Dieu que personne ne voyait. Il se fiait à la conviction intérieure que Dieu interviendrait au moment opportun. Face à un peuple incrédule, tel que le peuple israélite d'hier, et le monde d'aujourd'hui, maintenir sa confiance au Seigneur paraît suicidaire. L'acceptation de cette mission par Moïse n'était possible qu'à la condition qu'il abandonnât complètement ses repères habituels pour faire confiance à Dieu. Nous savons que dès l'acceptation de ladite mission, la vie de Moïse ne fut plus jamais la même jusqu'à sa mort quarante années plus tard. Moïse avait donc déposé sa vie aux pieds du Seigneur Dieu pour cette mission.

Déposer sa vie aux pieds du Seigneur : cas de l'apôtre Paul

> *«Mais, quand celui qui m'avait **mis à part dès le sein de ma mère**, et qui m'a appelé par sa grâce, a trouvé bon de révéler en moi son Fils, pour que je l'annonce parmi les païens, **aussitôt je n'ai consulté ni la chair ni le sang**, et je ne suis pas monté à Jérusalem vers ceux qui furent apôtres avant moi, mais je partis pour l'Arabie. Puis, je revins encore à Damas.»* **Galates 1:15-17**.

Par cette déclaration de l'apôtre Paul, on comprend sa détermination, au début de son immense ministère, à ne pas compromettre sa vocation pour Dieu par des commodités terrestres. Il ne *"consulta ni la chair, ni le sang"* avoua-t-il comme pour indiquer que son choix de suivre Dieu était acté en toute indépendance d'esprit, sans pression ni interférence d'aucune sorte. Une façon de dire que rien ne comptait plus que cela. Il avait déposé sa vie aux pieds du Christ qui avait résolu de lui montrer combien il devait souffrir pour le nom du Seigneur (**Actes 9:16**). Docteur de la loi de formation, disciple du grand rabbin d'Israël de l'époque, Paul dut considérer, comme une petite perte, cette gloriole du temps où il défendait avec grand zèle les traditions juives contre ces disciples qu'il persécutait et martyrisait (**Philippiens 3:5-8**).

L'apôtre Paul indique dans ce passage de **Galates 1**, qu'avant de débuter son ministère, il n'avait pas jugé utile d'aller à Jérusalem obtenir l'agrément des apôtres considérés alors comme des colonnes dans le monde chrétien naissant. Une telle liberté d'esprit et de ton tranche énormément avec l'attitude de nombreux disciples, aujourd'hui, à la recherche des cautions de tout genre pour affirmer leur vocation. Le cas de Paul devrait faire école et attirer l'attention des disciples du Christ sur le fait que leur vie doit être déposée aux pieds du Christ seul, et non aux pieds d'une église, une communauté chrétienne, un disciple honorable ou un ange. Il s'agit d'une consécration de grand prix. Jésus ne recherche pas des gens qui vont se mettre à la disposition des églises comme salariés ou volontaires. Le Seigneur recherche des victimes spirituelles avant tout, les disciples qui déposeront leur vie à Ses pieds par un geste d'offrande et de consécration irréversible. On se rend à Dieu et non aux hommes. Et l'offrande faite à Dieu est irréversible.

En déposant sa vie aux pieds du Seigneur, Paul prit un risque fou en quittant la vie confortable qu'il menait alors ; il fut en effet mandaté par le grand prêtre juif (souverain sacrificateur) pour parcourir l'Asie et mettre aux arrêts les juifs qui prêchaient le nom de Jésus. Après sa conversion, Paul passa du statut de chasseur à celui de gibier, ce qui signifiait la fin de tout boulot régulièrement rétribué et le début d'une vie d'errance et de providence divine avec ses incertitudes.

Déposer sa vie aux pieds du Seigneur signifiait pour Paul, l'abandon d'une position socialement confortable contre une vie soumise aux aléas de la providence divine. Il ne le regretta pas, bien au contraire.

03
Faire du Seigneur Jésus-Christ le centre de gravité de son univers

> *« Jésus lui répondit : Tu aimeras le Seigneur, ton Dieu, de **tout** ton cœur, de **toute** ton âme et de **toute** ta pensée. »* **Matthieu 22:37**

Toute personne lisant ce passage, pour la première fois, ne manquera pas d'être intriguée par l'emploi répété du mot «tout». Dans la vie courante, cette expression est souvent utilisée de manière radicalement binaire, c'est-à-dire que c'est «tout» ou «rien». On cache à peine son embarras lorsqu'on découvre ce verset pour la première fois via des questions du genre : le Seigneur signifie-t-Il vraiment un «tout» sans exception ? Ne puis-je pas consacrer une part, même infime, de mon cœur (âme ou pensée) à autre chose telle que père, mère, femme ou enfants ? Ces interrogations appellent à clarifier le sens réel que le Seigneur accorde au mot «tout».

En fait, quand le Seigneur parle de «**tout**» notre cœur, «**toute**» notre âme et «**toute**» notre pensée, Il ne prévoit pas d'exception du tout. Le Christ doit être seul présent dans le cœur, l'âme et la pensée du disciple. Plusieurs disciples affirment souvent que le Seigneur occupe la première place dans leur vie. Cette opinion n'est fiable qu'à moitié pour ne pas dire plus. Et ça peut se comprendre car, par cette affirmation, hommage est rendu à Christ d'une certaine manière. En fait, il faut comprendre que le Seigneur ne se contente pas d'occuper la première place. Il veut TOUTES les places, sans exception, à Lui tout seul. En effet, si l'on accorde à Christ la première place, cela signifie que la seconde place est attribuée à autre chose, la troisième à telle autre. Or ce verset ne dit pas cela. Tout le cœur, toute l'âme et toute la pensée du disciple appartiennent à Christ. Il n'y a pas d'exception à la règle. Affirmer donc que le Seigneur a la première place dans notre vie est un abus de langage toléré mais mérite d'être corrigé pour une meilleure compréhension.

A moins que le Seigneur n'occupe la totalité, soit cent pour cent de notre cœur, de notre âme et de notre pensée, on faillira à être Son disciple. Quelqu'un pourrait objecter en rappelant que le Seigneur à dit «*Cherchez* **premièrement** *son royaume et sa justice, et tout cela (les besoins fondamentaux de la vie) vous sera donné par-dessus*» (**Matthieu 6:33**). Il faut se rappeler que l'arbre commence par la racine. S'en suit un tronc qui n'est pas indépendant, mais émane de la racine. Puis viennent les branches qui émergent du tronc, les feuilles qui émergent des branches. Dans la même feuille, les nervures secondaires émanent de la nervure principale. C'est donc une chaine continue et intégrée qui a pour fondement de base, la racine. Les feuilles, bien que rattachées aux branches, rappellent la racine. Les branches rattachées au tronc de l'arbre reflètent aussi la racine. Ainsi de suite. Jamais la racine n'est trahie. On retrouve le matériau génétique de la racine dans le tronc, les branches principales et secondaires, et dans les feuilles. En disant de chercher premièrement Son royaume, Jésus entend un processus qui commence par Lui et se poursuit en aval, sans qu'Il soit trahi, jusqu'à la périphérie. Concrètement, notre habillement doit avoir Sa bénédiction. Chacune des relations avec notre entourage familial ou professionnel doit dépendre de Lui. Il n'y a ni dérogation, ni négociation possible comme si le Christ était notre petit copain bien gentil. Ah comme l'homme adore négocier ! Des négociations du genre *marchand de tapis* vouées à la corruption et à la satisfaction de la chair. Notre boulot et le lieu de notre résidence doivent avoir Sa bénédiction. La femme que nous voulons épouser et notre mode de vie dans ce monde doivent avoir la bénédiction du Seigneur : notamment, nos repas et codes vestimentaires, notre façon de parler, de nous coiffer, de marcher, de regarder les gens, tout doit être validé par le Christ. Nous devons parvenir à dire comme l'apôtre Paul : «*Je suis crucifié avec Christ,* ***et ce n'est plus moi qui vis, c'est Christ, qui vit en moi*** ; *ma vie présente dans la chair, je (la) vis dans la foi au Fils de Dieu, qui m'a aimé et qui s'est livré lui–même pour moi.*» **Galates 2:20**.

Dit de cette manière, on pourrait hurler à l'impossibilité d'y parvenir. Mais pensons à la sécurité qui est la nôtre en sachant que le Seigneur est désormais notre étendard, notre soutien et notre avocat face à toute adversité que nous pouvons rencontrer dans la vie. Savoir que le Seigneur est toujours de notre côté, quelles que soient les circonstances de temps et de lieu, est une sécurité fort rassurante, la même sécurité que celle d'un bébé dans les bras de sa mère. Ce bébé ne redoute aucun danger, ni aucun mal. Il est serein, heureux et détendu.

04
Le disciple du Christ est né non du sang, ni de la volonté de la chair, ni de la volonté de l'homme, mais de Dieu, d'eau et d'Esprit

> «Mais à tous ceux qui l'ont reçue (Parole), elle a donné le pouvoir de devenir enfants de Dieu, à ceux qui croient en son nom et qui sont nés, **non du sang, ni de la volonté de la chair ni de la volonté de l'homme**, mais de Dieu.» **Jean 1:12-13**.

> «En vérité, en vérité, je te le dis, si un homme ne naît **d'eau et d'Esprit**, il ne peut entrer dans le royaume de Dieu.» **Jean 3:5**.

Nous ne pouvons pas nous permettre de réduire l'importance des évangiles du nouveau testament devant les actes des apôtres sous le prétexte que les évangiles sont antérieurs à la Pentecôte. Même si certains propos des évangiles n'ont pas été rappelés en l'état par les apôtres, leur réalité spirituelle demeure. Si Jésus, de Son temps, a rappelé certains versets de l'ancien testament, notamment ceux de David, à plus forte raison devrions-nous rappeler Ses actes à Lui (évangiles). Jésus-Christ est plus grand que le plus grand de Ses disciples. On pourrait pour cela prêter plus de valeur aux évangiles qu'aux actes desdits apôtres. N'est-Il pas Le plus grand des prophètes ? Au moins savons-nous qu'Il était plus grand que David qu'Il citait souvent et dont nous apprécions largement les psaumes aujourd'hui. La Pentecôte n'aura été que l'élément déclencheur de l'œuvre missionnaire des saints, sous le règne du Saint-Esprit. Cela n'enlève absolument rien aux évangiles qui, eux, relèvent directement de Jésus-Christ ; Il a bien précisé le cadre dans lequel le Saint-Esprit, survenant à la Pentecôte et au-delà, interviendrait : «*Il vous enseignera toutes choses et rappellera tout ce que je (Jésus) vous (Ses disciples) ai dit»* **Jean 14:26**. Sur un plan académique, on assimilerait l'évangile à une loi fondamentale et les actes des apôtres aux textes d'application.

Ceci dit, nous devons prêter une attention particulière au **verset Jean 1:13** ci-dessus. Il y est mentionné que ceux à qui il a été donné de croire au nom de Jésus ne sont plus nés du sang, ni de la volonté de la chair, ni de la volonté de l'homme. Le sang, la volonté de la chair et la volonté de l'homme sont les trois éléments à la base de tous ceux qui sont nés de femmes. Ils naissent tous du sang. Comment se fait-il qu'un disciple de Jésus, venu sur la terre par l'opération du sang (placenta), la volonté de la chair et la volonté de l'homme, puisse se réclamer d'une naissance de Dieu, d'eau et d'Esprit. Jésus dit en effet, un peu plus loin dans le même évangile, «*En vérité, en vérité, je te le dis, **si un homme ne naît d'eau et d'Esprit, il ne peut entrer dans le royaume de Dieu**.*» **Jean 3:5**. Il s'agit du mystère de la nouvelle naissance que le pharisien Nicodème avait du mal à comprendre puisqu'il se demandait s'il devait retourner dans le ventre de sa mère pour renaître. Quiconque est né de nouveau est né de Dieu. Quiconque est né de nouveau est né d'eau et d'Esprit (**versets 3 et 7**).

> Né de Dieu, né de nouveau ou né d'eau et d'Esprit décrivent une seule et même réalité. Une réalité opposée à celle du reste des humains qui naissent, eux, du sang, de la volonté de la chair et de la volonté de l'homme.

Il appartient maintenant au disciple de saisir la portée spirituelle de cette vérité et d'en faire sienne. C'est cette grande distinction qui le sépare des gens du monde. Ces derniers n'ont pas le Saint-Esprit qu'ils ne connaissent ni ne voient (**Jean 14:17**).

Dieu ne demande au disciple ni de comprendre, ni d'expliquer cela. Il dit que c'est la réalité spirituelle de tout disciple de Christ. Au fait, il n'est pas difficile de comprendre si l'on admet que quiconque a le Saint-Esprit de Dieu en lui est une nouvelle créature. L'Esprit de Dieu en l'homme est un don de Dieu. Un don exceptionnel puisqu'Il fut l'objet de recherches des prophètes de l'ancien testament et au centre de la curiosité des anges (**1Pierre 1:10-12**).

L'homme naturel ne saisit pas les choses de l'Esprit (**1 Corinthiens 2:14**) pour la simple raison qu'il n'a pas en lui l'Esprit de Dieu, cet Esprit que Dieu avait promis, par la bouche de Ses serviteurs les prophètes, de placer dans le cœur de l'homme (**Ezéchiel 36:26-27**). La présence ou non du Saint-Esprit chez l'être humain établit la frontière entre un enfant de Dieu et un païen que le Seigneur considère comme spirituellement mort. Jésus affirma en effet : «*laisser les morts enterrer leurs morts*» (**Luc 9:60**).

C'est une grâce de Dieu que de recevoir Son Esprit. Celui qui a l'Esprit de Christ appartient à Christ. Et celui qui n'En a pas, ne Lui appartient pas (**Romains 8:9**). Le premier est une nouvelle créature de Dieu. Il est né de Dieu, d'eau et d'Esprit. Le second est mort, au sens spirituel du terme, car né seulement du sang, de la volonté de la chair et de la volonté de l'homme.

Tout disciple du Christ doit désormais se considérer comme né de Dieu, n'ayant plus rien à voir avec la naissance dans une maternité. Cela demande que le disciple du Christ repense ses rapports avec le monde en sachant qu'il n'est plus considéré comme une composante du monde pour en faire la volonté. Il est désormais tiré de Dieu pour accomplir la justice de Dieu. Ici, il nous faut éviter l'amalgame et les exceptions car il n'y a aucune exception à cette règle. Il n'y a, en la matière, aucune exception concernant les parents biologiques. En effet dit le Seigneur : «*Si quelqu'un vient à moi, et **s'il ne hait pas son père, sa mère, sa femme, ses enfants, ses frères et ses sœurs, et même sa propre vie, il ne peut être mon disciple**.*» **Luc 14:26**. L'absence d'exception s'étend aussi à la vie propre (égo) des disciples. Jésus-Christ exige que le disciple renonce à lui-même, qu'il soit prêt à haïr sa propre vie s'il veut être Son disciple. C'est le défi qui attend tout disciple de Jésus-Christ et aucune exception n'est autorisée.

Ce statut bien particulier du disciple, contrairement au païen, est très bien explicité dans les évangiles de Jésus-Christ. Une telle allusion est aussi présente dans les épîtres des apôtres selon qu'il est écrit : «*Ceux qui sont au Christ-Jésus* (né de nouveau) *ont crucifié la chair avec ses passions et ses désirs. Si nous vivons par l'Esprit* (car né d'Esprit), *marchons aussi par l'Esprit.*» **Galates 5:24-25**.

> Remarquons bien le facteur utilisé dans le **verset 24 du chapitre 5 de l'épitre de Paul aux Galates :** *si nous vivons par l'Esprit,* (ALORS) *marchons aussi par l'Esprit*. Ainsi la condition pour marcher par l'Esprit, c'est de vivre par l'Esprit. Tout comme l'homme naturel vit par la chair, car né du sang, le disciple de Christ, en revanche, vit par l'Esprit car né de l'Esprit. C'est parce qu'on est né de la chair qu'on vit par la chair. C'est aussi parce qu'on est né de l'Esprit qu'on vit par l'Esprit. Maintenant, comme l'homme naturel marche par la chair, car né de ce matériau, Dieu exige que Son disciple marche par l'Esprit car né de l'Esprit. C'est en marchant par l'Esprit que le disciple accomplira la justice de Dieu. Il lui est cependant possible de marcher par la chair à cause de l'enveloppe de chair qui l'entoure, celle héritée de ses parents. Mais Dieu ne l'autorise pas. D'où la vigilance. Comme les disciples sont nés de l'Esprit, alors ils vivent par l'Esprit et, à ce titre, doivent marcher par l'Esprit. Dieu l'exige car ceux qui marchent par la chair sont

ennemis de Dieu selon qu'il est écrit : «*Les tendances de la chair sont ennemies de Dieu, parce que la chair ne se soumet pas à la loi de Dieu, elle en est même incapable.*» (**Romains 8:7**). L'homme naturel ne peut pas marcher par l'Esprit car l'Esprit est absent et lui est totalement inconnu. Il ne peut suivre que les tendances de la chair car son esprit est mort, coupé de Dieu. Tout esprit non régénéré par l'Esprit Saint est mort. Comme l'homme naturel n'a pas l'Esprit en lui, il n'appartient pas à Christ. Et celui qui n'appartient pas à Christ est mort. Le disciple, en revanche, a l'Esprit Saint demeurant en lui et c'est pourquoi, il vit par l'Esprit, qu'il le veuille ou non, le comprenne ou non, l'accepte ou non, le cautionne ou non. Maintenant, sur cette base, il doit impérativement marcher par l'Esprit pour accomplir la justice de Dieu. Cependant, il lui est possible de renouer avec les tendances de la chair car il reste toujours enfermé dans une enveloppe terrestre. Dieu est contre ces tendances comme l'apôtre Paul le faisait savoir aux Galates qui, après avoir marché par l'Esprit, étaient retombés dans les travers de la chair. Aussi l'apôtre leur rappelait que, comme ils vivaient par l'Esprit, alors ils devaient marcher par l'Esprit et abandonner les tendances de la chair. Il fit bien de leur rappeler que, jadis, ils marchaient par l'Esprit pour s'étonner de

> les voir retomber, subitement, dans les tendances de la chair dont ils n'étaient plus redevables. Celui qui ne vit pas par l'Esprit, ne peut marcher par l'Esprit. Or marcher par l'Esprit, c'est faire preuve de foi. Celui qui ne marche pas par l'Esprit, n'a pas la foi et *sans la foi, on ne peut plaire à Dieu.* (**Hébreux 11:6**).

Le fait pour les disciples du Christ, de vivre dans le monde, ne les autorise pas à partager les valeurs du monde, sans précaution ni considération. Cette cohabitation voulue par Jésus-Christ Lui-même doit se faire avec délicatesse. Jésus a demandé à Ses disciples de veiller et de prier, de se sanctifier (séparation d'avec les tendances charnelles au profit de celles de l'Esprit), d'être *prudents comme les serpents et simples comme les colombes* (**Matthieu 10:16**).

Application : Le disciple et sa famille biologique

> *«Quelqu'un lui dit :* ***Ta mère et tes frères*** *se tiennent dehors et cherchent à te parler. Mais Jésus répondit à celui qui le lui disait :* ***Qui est ma mère, et qui sont mes frères ?*** *Puis il étendit la main sur ses disciples et dit : Voici ma mère et mes frères. En effet,* ***quiconque fait la volonté de mon Père qui est dans les cieux, celui-là est mon frère et ma sœur et ma mère.****»* **Matthieu 12:47-50**.

- **Il n'y a aucun rapport entre les liens du sang et la foi du disciple**

Il est généralement difficile de congédier les membres de sa propre famille. Encore plus lorsque, parmi ces membres, se trouve celle qui vous a allaité. C'est insoutenable. Pourtant cela n'a pas ébranlé le Seigneur Jésus-Christ. Cet exemple redéfinit la notion de fraternité que le disciple du Christ doit avoir sur la terre. Seuls ceux qui font la volonté du Père peuvent se réclamer d'une fraternité avec les disciples du Christ. Parce que le disciple en a fini avec le sang, la volonté de la chair et la volonté de l'homme. Dans la pratique, ce n'est pas aisé. Mais c'est une limite tracée par le Seigneur. Le disciple ne peut pas la fouler aux pieds quels que soient les prétextes, si humains soient-ils. Comme Jésus-Christ fit, nous devons L'imiter. Il n'y a pas d'alternative.

Le disciple doit, ici, éviter l'extrémisme. Ainsi donc, ceux de sa parenté qui font la volonté du Père sont ses frères, ses sœurs et sa mère. Dans le cas contraire, ils ne peuvent se prévaloir des liens de fraternité avec les disciples. Si en revanche, ceux qui n'ont aucun lien biologique avec le disciple, font la volonté du Père, alors ils sont ses frères, ses sœurs, sa mère, etc. Si les membres de la famille biologique ne veulent pas de Christ dans leur vie, le disciple n'a rien à faire avec eux. Dans la pratique, c'est difficile. Mais le Seigneur a prévenu le disciple en disant : «*Le frère livrera son frère à la mort, et le père son enfant, les enfants se soulèveront contre leurs parents et les feront mourir.*» **Matthieu 10:21**. Ainsi libellé, le disciple vivant dans un environnement paisible n'a pas idée que de tels événements tragiques eurent lieu dans un passé lointain. Comment les membres d'une même famille peuvent-ils être si cruels envers les leurs ? C'est la réalité spirituelle cachée qui se manifeste au dehors. La consanguinité n'a aucun lien avec la foi et l'Esprit. Quiconque n'a pas l'Esprit du Christ, n'appartient pas à Christ, est mort, parent biologique ou pas. La cohabitation dans le même espace de vie n'affecte pas cette vérité. Si un parent biologique s'attache au disciple, le disciple ne l'esquivera pas. Mais il n'a rien à faire avec ceux qui le rejettent, du fait de la menace ci-dessus. Il doit suivre le Seigneur Jésus-Christ partout où Il l'amènera. Remarquons que le Seigneur Jésus-Christ n'avait aucun lien biologique avec Ses disciples. Et c'est parce que Sa mère fut présente au pied de la croix, au moment de Sa crucifixion, que Jésus la confia au disciple qu'Il aimait le plus. Ses autres parents biologiques tels que Jacques, futur ancien de Jérusalem, et Jude, tous deux auteurs des livres éponymes du nouveau testament, n'étaient pas présents. Jésus ne donna donc aucune consigne les concernant. Par la grâce de Dieu, ces deux frères devinrent de précieux instruments du Seigneur, comme l'attestent les épîtres éponymes du nouveau testament. L'histoire aurait pu en décider autrement. Mais lorsque Jésus prêchait sur la terre, ces deux frères biologiques ne se manifestaient pas. Jésus-Christ n'eut pas soin d'eux, mais seulement des affaires de Son Père au nom de Qui, Il était en mission.

Notons que les circonstances jouent un rôle important. Ainsi peut-on être frère le matin et ennemi dans l'après-midi. Le Seigneur demande par conséquent de veiller et de prier, de ne pas se fier aux apparences. Lui-même en a donné un aperçu en criant sur Pierre : «*Arrière de moi Satan !*» peu de temps après avoir signifié à Pierre qu'il était cette *pierre sur laquelle Il fonderait Son église*. C'est parce que le Seigneur ne se fiait pas aux apparences qu'Il pouvait, sans préavis, avoir ce revirement à cent quatre-vingts degrés. Dans le cas contraire, s'Il avait été hypocrite et sournois comme beaucoup, Il n'aurait pas crié sur Pierre de la sorte.

Dans la réalité, il est difficile d'intégrer cette réalité familiale dans la vie de disciple. Le disciple essuiera de nombreuses injures de la part de son entourage. Il faut cependant choisir entre le Seigneur et la famille biologique. Ceux qui succombent devant la famille biologique attristent le Seigneur. Ceux qui tiennent ferme supportent l'opprobre du Christ et glorifient le Seigneur Dieu selon qu'il est écrit «*Heureux serez-vous, lorsqu'on vous insultera, qu'on vous persécutera et qu'on répandra sur vous toute sorte de mal, à cause de moi.*» **Matthieu 5:11**.

Le disciple du Christ est né non du sang, ni de la volonté de la chair,
ni de la volonté de l'homme, mais de Dieu, d'eau et d'Esprit

- Le Seigneur prend soin de la famille biologique du disciple au temps prévu par Ses soins

> «*Ils répondirent : Crois au Seigneur Jésus, et tu seras sauvé, **toi et ta famille**.*» **Actes 16:31**.

Cette déclaration des apôtres Paul et Silas indique que le Seigneur Jésus-Christ n'a pas oublié les membres de la famille du disciple. Il sait la force des liens biologiques dans le monde. Il sait aussi qu'un disciple sera très affecté par les malheurs qui atteindront les membres de sa famille biologique. Mais le Seigneur ne peut pas mélanger les affaires de l'Esprit avec les affaires du monde. Un disciple doit déposer aux pieds du Seigneur le sort de sa famille biologique. Le Seigneur ne tolérera aucun chantage de la part des disciples. Si un disciple conditionne sa foi à la conversion des membres de sa famille biologique, alors ce disciple n'entrera pas dans le royaume des cieux. Le disciple doit avoir totalement confiance en Christ. Le salut est d'abord une affaire individuelle. Nous ne connaissons pas toujours les mystères qui entourent les membres de nos familles biologiques. Nul ne sait dans quelle circonstance il a été conçu. Parfois les tests ADN révèlent une partie de ces mystères. Mais il peut en exister d'autres que le Seigneur seul sait. Le disciple ne doit donc pas lier son salut à l'attitude des membres de sa famille biologique. Dans certains cas, plutôt heureux, il peut arriver qu'ils soient touchés par l'évangile au même moment que le disciple selon qu'il est écrit «*Lorsqu'elle eut été **baptisée avec sa famille**, elle nous invita en disant : Si vous me jugez fidèle au Seigneur, entrez dans ma maison et demeurez-y. Et elle nous pressa très instamment.*» **Actes 16:15**. Cette femme s'appelait Lydie. Elle crut et sa famille la suivit aussitôt. Ces cas existent mais ne constituent pas un standard dans la communauté chrétienne. Dans certains cas, les disciples sont persécutés par les membres de leur famille biologique. Il n'y a donc pas de règle universelle. Le disciple doit laisser le Seigneur conduire toute chose. Le disciple doit observer ce qui se passe. Des fois c'est celui-là même, en qui il avait le plus confiance, qui combattra sa foi avec virulence. Des fois, c'est celui-là qui lui était totalement indifférent qui montrera un grand intérêt au Seigneur. Rien n'est établi d'avance sur ce qui arrivera. Si une personne exige comme condition à sa propre conversion, que toute sa famille biologique l'accompagne, elle se trompe et indique, par son attitude, qu'elle ne croit pas. Tous les hommes et les femmes de la terre savent que la vérité ne trouve pas d'ami aisément. Tous savent que les ennemis de la lumière sont partout, même dans les maisons familiales. Ainsi celui qui reçoit la lumière et se convertit comprendra qu'il vient de découvrir la vérité, un trésor qu'il se dépêche d'aller sécuriser. Que sa famille le suive maintenant ou plus tard est secondaire. Les disciples philanthropiques auront à cœur que tous les membres de leur famille biologique reçoivent la même grâce qu'eux. Ce désir est compréhensible. Toutefois, les résultats peuvent être divers et surprenants. Il doit prendre son mal en patience et savoir que certains croiront tout de suite et d'autres plus tard, voire pas du tout. L'exemple du Seigneur Jésus-Christ peut les rassurer. Ses propres frères biologiques ne Le suivirent pas tout de suite selon qu'il est écrit «*Ses frères lui dirent : Pars d'ici et va en Judée, afin que tes disciples contemplent aussi les œuvres que tu fais. Personne n'agit en secret, s'il cherche à se mettre en évidence ; si tu fais ces choses, manifeste-toi au monde. En effet, ses **frères non plus ne croyaient pas en lui**.*» **Jean 7:3-5**. Ainsi, si les propres frères biologiques de Jésus-Christ L'ont contesté durant Son passage terrestre, les disciples ne peuvent pas exiger le salut de leurs familles comme condition de leur propre conversion.

- Le disciple ne doit pas contraindre sa famille biologique à le suivre

> «*Jésus leur (Ses frères) dit : Le moment n'est pas encore venu pour moi, **mais pour vous le moment est toujours opportun**. Le monde ne peut vous haïr ; il a de la haine pour moi, parce que je rends de lui le témoignage que ses œuvres sont mauvaises.*» **Jean 7:6-7**.

Le monde considère Jésus-Christ comme le fondateur de la religion chrétienne, au même titre que les fondateurs d'autres confessions connues telles que l'Islam, le Bouddhisme, le Shintoïsme, etc. Nous ne prétendons pas savoir comment les hommes et les femmes, adeptes de ces confessions, se conduisent en leur sein. Toutefois, dans toutes les religions, le christianisme y compris, un regard neutre permet de déceler une certaine tendance des chefs de famille à imposer leur foi à leurs parents biologiques. Par ce verset, nous pouvons dégager le Seigneur Jésus-Christ de cette dictature. Jésus-Christ n'a nullement imposé le salut qu'Il prêchait à Sa famille biologique. Aucun disciple du Christ ne peut être plus royaliste que le roi. Jésus a prévenu Ses disciples qu'ils n'étaient pas plus grands que leur Maître et qu'ils seront rejetés là où Lui, le Seigneur, fut rejeté. Jésus-Christ ne faisait donc pas du rejet de Sa personne, une grosse affaire. Ses disciples doivent donc s'attendre à être rejetés, non pas à cause de leur piètre prédication, mais parce que leurs interlocuteurs auront rejeté le Seigneur. Ceci est peut-être difficile à accepter par les chefs de famille qui, forts de leur autorité, verraient comme un crime de lèse majesté tout rejet de leur vocation spirituelle par des obligés. Pour ces chefs de familles trop exigeants, toute la maisonnée doit impérativement suivre leur foi. Ce passage des saintes écritures ne cautionne pas cette attitude. Jésus-Christ fut rejeté par les membres de Sa famille biologique et Il se rendit en Judée sans eux. Durant tout Son passage terrestre au milieu de Ses disciples, Il ne fit allusion à aucun membre de Sa famille comme pour espérer leur soutien. Il avait confié le sort de Sa famille à Dieu. L'histoire indique que seule Sa mère Marie L'avait suivi jusqu'à la croix. Toutefois, après la résurrection du Christ, Sa mère et Ses frères biologiques faisaient partie des cent-vingt disciples qui priaient et louaient Dieu le jour de la Pentecôte (**Actes1:14-15 ; 2:1-4**). Ainsi, bien que Jésus-Christ n'imposât pas le salut à Sa famille biologique, cette dernière fut gagnée à la foi après Sa mort. Tout disciple doit donc, même au prix de souffrances, accepter ce verdict. Il n'a pas à imposer sa foi aux membres de sa famille biologique. Il doit confier le sort de sa famille biologique à Dieu, se concentrer sur son propre appel et suivre le Seigneur de tout son cœur, de toute son âme et de toute sa force. Le Seigneur agira comme il Lui semble bon. Nous devons, ici, éviter toute méprise. Tout disciple de Christ doit chercher à rendre témoignage à sa famille biologique et à ne pas cacher sa foi. C'est en essuyant un rejet ferme de son témoignage que le disciple est dégagé de cette contrainte. Jésus n'avait pas caché Sa vocation à Sa famille. C'est cette dernière qui Lui tourna le dos. La nuance mérite d'être soulignée. On ne peut pas cacher sa foi à sa famille biologique au motif qu'ils ne croiront pas de toutes les façons. Il n'appartient pas au disciple d'en juger.

Application : Le disciple est dans la main de Dieu comme le vent

> «*Le vent souffle* où il veut, et tu en entends le bruit ; mais tu ne sais pas d'où il vient ni où il va. Il en est ainsi de quiconque est né de l'Esprit.» **Jean 3:8**.

Sur la base de ce verset, le disciple doit se considérer comme un vent dans les mains du Seigneur. De ce vent, il est dit qu'on ne sait ni d'où il vient, ni où il va. Mais qu'on en entend uniquement le bruit. Le Seigneur attend de tous Ses disciples qu'ils méditent particulièrement sur cette réalité spirituelle. Le vent est par nature insaisissable. Comment le Seigneur peut-il comparer le disciple à quelque chose d'insaisissable ? Tel est pourtant ce à quoi le Seigneur prépare Ses disciples. Il appartient à Ses disciples de peser, méditer et appréhender la profondeur de cette vérité et son impact sur leur vie.

On peut déjà constater que cette vérité n'arrive pas par hasard puisque, dans le passé, selon l'ancien testament, de nombreux serviteurs de Dieu étaient, par leur mode de vie, insaisissables. Les prophètes de Dieu en particulier. En réalité, tout enfant de Dieu, dans l'ancien et le nouveau testament, est insaisissable par son mode de vie et ses aspirations, contrairement au monde qui l'entoure.

Quelques passages dans l'ancien et le nouveau testament viennent étayer cette vérité qui, quoique difficile à vivre, ne manque pas d'intérêt.

Abraham fut le premier à reconnaitre son statut d'insaisissable. A ses contemporains il affirma : «***Je suis un immigrant et un résident temporaire** chez vous ; donnez-moi une propriété funéraire chez vous, pour que je puisse ensevelir le corps de ma femme et l'éloigner de ma présence.*» **Genèse 23:4**. Par cette affirmation, il signifiait à ses contemporains qu'il était insaisissable malgré sa présence sur la terre que Dieu promettait à sa descendance. Non seulement il venait de loin, de la Mésopotamie plus précisément, mais ses interlocuteurs ignoraient jusqu'où cet immigrant irait car, jusque là, Abraham habitait sous des tentes pliables par nature.

Le roi David, siégeant sur le trône d'Israël, n'a pas manqué de rappeler son statut insaisissable dans ses psaumes : «*Écoute ma prière, Éternel, et prête l'oreille à mes cris ! Ne sois pas sourd à mes pleurs ! Car je suis un **étranger chez toi, un résident temporaire**, comme tous mes pères.*» **Psaumes 39:12 (39–13)**. Ainsi, même solidement installé sur le trône d'Israël, il n'échappait pas à David qu'il n'était qu'un résident temporaire, voué à se déplacer d'un endroit à l'autre.

Le Seigneur Jésus a dit de Lui-même qu'Il n'avait pas d'endroit où reposer Sa tête selon qu'il est écrit : «*Un scribe s'approcha et lui dit : Maître, je te suivrai **partout où tu iras**. Jésus lui dit : Les renards ont des tanières, et les oiseaux du ciel ont des nids, **mais le Fils de l'homme n'a pas où reposer sa tête**. Un autre, parmi les disciples, lui dit : Seigneur, permets-moi d'aller d'abord ensevelir mon père. Mais Jésus lui répondit : **Suis-moi et laisse les morts ensevelir leurs morts**.*» **Matthieu 8 :19-22**.

Il ressort de ces différents propos du Seigneur Jésus, deux expressions établissant le caractère insaisissable du disciple : (i) au scribe qui annonce son désir de suivre le Seigneur partout où Il irait, Jésus répond qu'Il n'a pas d'endroit où reposer Sa tête. Par cette réponse, Il faisait comprendre à

Son interlocuteur qu'il devait assumer les conséquences de son désir de Le suivre. A savoir que si jusqu'ici, ce scribe avait bénéficié d'un endroit où il pouvait reposer sa tête, désormais, ce ne serait plus le cas ; (ii) à celui qui demandait la permission d'aller d'abord ensevelir son père, Jésus répondit qu'il fallait Le suivre plutôt que d'aller exécuter cette besogne pourtant légitime. Car les gens du monde savent qu'ils doivent enterrer leurs morts. Désormais, cet homme serait soumis aux caprices du vent s'agissant de sa vie et de ses proches. Partout où vit un disciple du Christ Jésus, les notions d'enterrement des morts ne correspondent plus aux codes du monde. Le disciple peut enterrer les siens partout où le vent le conduira. Abraham ne renvoya pas le corps de sa femme Sara en Mésopotamie d'où il était originaire.

La vie de disciple de Jésus n'est pas de tout repos. Tout disciple doit suivre le Seigneur en sachant qu'il peut être amené à se mouvoir sur la terre au gré du vent. Humainement parlant, cela est difficilement envisageable. Mais dans la bergerie du Christ, c'est le statut qui attend tout disciple du Seigneur. Celui qui marque son opposition à la volonté du Seigneur, de le mouvoir comme Lui, le Seigneur, l'entend, n'est pas le disciple qu'il prétend être, point-barre.

Quels sont les avantages à être insaisissable dans le monde qui nous entoure ? Nombreux en tout cas, la liberté n'étant pas le moindre d'entre eux. «*Or, le Seigneur, c'est l'Esprit ; et* **là où est l'Esprit du Seigneur, là est la liberté.**» **2 Corinthiens 3:17**. La liberté est la chose la plus enviée du monde. Il n'est pas exagéré de dire que l'homme a coutume de dominer son prochain pour mieux l'asservir et l'exploiter. En lui donnant Sa propre liberté, le Seigneur soustrait le disciple aux intrigues des hommes dont on connaît l'esprit tortueux et manipulateur (**Jérémie 17:9**).

Cette liberté est particulièrement convoitée par les loups ravisseurs ou faux frères dissimulés dans l'église du Seigneur. L'apôtre Paul dut faire face à cette réalité dans son épitre aux Galates en écrivant : «*Cependant, à cause des **faux frères** qui s'étaient furtivement introduits et glissés parmi nous, **pour épier la liberté** que nous avons en Christ-Jésus, avec* *l'intention de nous asservir…Nous ne leur avons **pas cédé un seul instant par soumission**, afin que la vérité de l'Évangile soit maintenue parmi vous.»* **Galates 2:4-5**.

La fin de ce verset est un encouragement à ne rien céder de la sainte liberté dont jouit le disciple face aux agissements insidieux des hommes. Agissements invisibles en surface mais terriblement incommodants dans la durée. A la fin, de nombreux disciples de Jésus-Christ se retrouvent enlacés dans des pratiques, vertueuses en apparence, mais secrètement vouées à la confiscation de leur libre arbitre, selon qu'il est écrit : «*Prenez garde que personne ne fasse de vous sa proie par la philosophie et par une vaine tromperie selon la tradition des hommes, selon les principes élémentaires du monde, et non selon Christ.*» **Colossiens 2:8**. «*Si vous êtes morts avec Christ aux principes élémentaires du monde, pourquoi, comme si vous viviez dans le monde, **vous laissez-vous imposer (ces règlements)**: Ne prends pas ! Ne goûte pas ! Ne touche pas ! Toutes choses vouées à la corruption par l'usage qu'on en fait ? Il s'agit de **préceptes et d'enseignements humains, qui ont, il est vrai, une apparence de sagesse**, en tant que culte volontaire, humilité et rigueur pour le corps, mais qui ne méritent pas d'honneur et contribuent à la satisfaction de la chair.»* **Colossiens 2:20-23**.

Hélas, maintes fois hélas, il ressort que plusieurs activités ecclésiastiques d'aujourd'hui ont une apparence de vertu et contribuent à la satisfaction de la chair. Sans vouloir aller plus loin dans cette littérature négative, je soutiens ici que l'une des choses les plus combattues dans les églises modernes est la liberté de l'Esprit. Ceux qui font preuve de cette liberté sont habituellement mal vus des leaders ayant propension à asservir le peuple de Dieu. Leaders qui rappellent ceux que Paul dénonçait aux Galates et Colossiens comme ci-dessus.

Sédentaire ou itinérant ? Cette question a déjà trouvé un début de réponse plus haut, puisque le disciple de Christ est définitivement un résident temporaire. Mais il faut convenir que la vie d'itinérant ou d'immigrant dérange beaucoup de monde. A l'instar du monde sédentaire dans lequel nous vivons, il existe une forte tendance, chez les disciples du Christ, à choisir une vie sédentaire par commodité (femme et enfants scolarisés, proximité des siens). Mais hélas, le Seigneur ne réécrira pas Sa parole parce que le disciple a du mal à s'y conformer. Le *ciel et la terre passeront mais pas Sa parole*, dit la Bible. Le Seigneur sait bien que Sa parole est difficile à suivre mais Il a donné les moyens d'y parvenir : croire et fixer les yeux sur le Christ, et ce que le disciple espère se réalisera. Les difficultés rencontrées dans l'exercice de la parole de Dieu encouragent à redoubler d'ardeur dans la foi et non à se décourager et espérer un infléchissement ou une dépénalisation des exigences de Dieu.

05
Le disciple de Christ est participant de la nature divine

« Par elles les promesses les plus précieuses et les plus grandes nous ont été données, afin que par elles vous deveniez **participants de la nature divine**, *en fuyant la corruption qui existe dans le monde par la convoitise. »* **2 Pierre 1:4**.

« Mais vous, ce n'est pas ainsi que vous avez appris (à connaître) le Christ, si du moins vous avez entendu parler de lui, et si vous avez été instruits en lui, conformément à la vérité qui est en Jésus : c'est-à-dire **vous dépouiller, à cause de votre conduite passée, de la vieille nature** *qui se corrompt par les convoitises trompeuses, être renouvelés par l'Esprit dans votre intelligence, et* **revêtir la nature nouvelle, créée selon Dieu** *dans une justice et une sainteté que produit la vérité. »* **Ephésiens 4:20-24**.

« Faites donc **mourir votre nature terrestre** *: l'inconduite, l'impureté, les passions, les mauvais désirs et la cupidité qui est une idolâtrie [...] Ne mentez pas les uns aux autres, vous qui avez* **dépouillé la vieille nature** *avec ses pratiques et* **revêtu la nature nouvelle** *qui se renouvelle en vue d'une pleine connaissance selon l'image de celui qui l'a créée. »* **Colossiens 3:5,9-10**.

En remontant ces versets du bas vers le haut, nous apprenons d'abord que le disciple de Christ s'est dépouillé de sa nature terrestre (une vieille nature héritée à la maternité, une nature corrompue par les passions et convoitises qui s'y guerroient) en vue de revêtir la nature nouvelle dont la caractéristique est qu'elle se renouvelle selon l'image de celui qui l'a créée. Le **verset 24 du livre d'Ephésiens** précise que c'est Dieu qui a créé la nouvelle nature dans la justice et la sainteté. Le **verset 23** indique que la nouvelle nature est revêtue grâce à l'Esprit qui renouvelle l'intelligence du disciple. Ainsi, nous voyons que la présence de l'Esprit-Saint dans le disciple vise entre autres, à asseoir la sainteté de Dieu dans son intelligence afin de modifier ses tendances, de le faire passer de ses mauvaises tendances naturelles aux nouvelles habitudes qui le pousseront à connaître Dieu dans la vérité (les actes de justice de Dieu).

Le disciple de Christ ne doit donc pas empêcher les actes de renouvellement du Saint-Esprit dans son intelligence en vue de modifier entièrement sa nature. En fait il ne s'agit pas de bonifier l'ancienne nature car elle est incapable de correction. Il s'agit de la jeter au profit d'une nature nouvelle apportée par le Saint-Esprit. Car avant que le Saint-Esprit n'établisse Sa demeure dans l'esprit du disciple, ce dernier était mû uniquement par son esprit humain réputé mort car un esprit naturel, sans le Saint-Esprit, est un esprit non régénéré, un esprit mort. La régénération a lieu lorsque le Saint-Esprit vient établir Sa demeure dans l'esprit du disciple de Christ – *votre corps est le temple du Saint–Esprit qui est en vous et que vous avez reçu de Dieu.* (**1 Corinthiens 6:19**) – et dès cet instant précis, l'ancienne nature perd de son emprise sur le disciple au profit de la nature nouvelle distillée dans l'intelligence du disciple par le Saint-Esprit.

En revêtant donc la nouvelle nature créée selon Dieu, le disciple devient participant de la nature de Dieu. Si la bible appelle dieux (avec un "d" minuscule) ceux qui avaient reçu les commandements de Dieu via l'ange de l'Eternel parlant à Moise, qu'en sera-t-il de ceux qui reçoivent la parole de Dieu par la bouche du Fils de Dieu, Jésus-Christ, supérieur aux anges de l'Eternel. Nous dirons presentement que ceux qui reçoivent la parole de Dieu et la gardent sont participants de la nature divine de Dieu.

Le disciple ne doit pas avoir honte de cette nature renouvelée même si une telle affirmation peut paraitre excessive aux yeux du monde. Le disciple étant né d'eau et d'Esprit, il est évident qu'il sera animé d'une nature autre que terrestre. Il s'agit d'une nature divine vivifiante selon qu'il est écrit «*Et si l'Esprit de celui qui a ressuscité Jésus d'entre les morts habite en vous, celui qui a ressuscité le Christ-Jésus d'entre les morts **donnera aussi la vie** à vos **corps mortels** par son Esprit qui habite en vous.*» **Romains 8:11**. C'est cette vie inoculée dans le disciple par Dieu qui lui confère une nature divine.

Nos corps sont mortels mais la vie qui y est instillée par le Saint Esprit est divine, immortelle. C'est cette vie immortelle en nous qui se renouvelle de jour en jour en vue de la stature parfaite de Christ (**Ephésiens 4:13**).

Application : Passer de la nature humaine à la nature divine

Il ressort de l'ensemble des passages bibliques ci-dessus, notamment **Ephésiens 4:21-23**, que le passage de la vieille nature à la nature nouvelle comprend un **dépouillement** et un **renouvellement**. Ces deux actions sont rendues possibles par la présence du Saint-Esprit dans le disciple du Christ. Sans l'Esprit du Seigneur, il est inutile d'essayer car cela est impossible à l'homme naturel.

Si le disciple ne met pas le cœur à l'ouvrage dans ce processus de dépouillement et de renouvellement, il se rendra vite compte que sa vie n'est pas si différente de celle des païens, malgré le fait qu'il abrite le Saint-Esprit. La présence du Saint-Esprit régénère le disciple qui est alors considéré comme né de nouveau, étant passé de la mort (esprit naturel) à la vie (esprit régénéré).

Le Seigneur invite le disciple au dépouillement de la vieille nature et au renouvellement dans une nature non corrompue parce que Son Esprit est au-dedans du disciple. Quelles que soient les difficultés rencontrées, le disciple doit Lui faire confiance et ce qu'il désire obtenir apparaîtra devant ses yeux ; tel est le principe de la foi en Christ : *l'assurance de ce qu'on espère et la démonstration de ce qu'on ne voit pas*. Il faut d'abord espérer ce qu'on ne voit pas, tout en ayant le cœur (les yeux intérieurs) fixé sur

Dieu qui a le pouvoir de l'exaucer. C'est alors que Dieu fera émerger ce qu'on a demandé, du monde invisible vers le monde visible. Fin de la démonstration.

Une fois conscient de la nécessité de se dépouiller de l'ancienne nature au profit de la nouvelle, le disciple doit accepter les choix de Dieu dans toutes les circonstances où la vie le conduira. Parmi les tendances dont il doit se dépouiller, **Colossiens 3:5** mentionne en particulier *l'inconduite, l'impureté, les passions, les mauvais désirs et la cupidité*. Il existe une pléthore d'autres tendances dont il doit se dépouiller et qui ont un lien étroit ou lointain avec celles-là.

Nous devons préciser que le dépouillement de l'ancienne nature n'est pas toujours une chose agréable. C'est même une perte sèche car au chapitre des anciennes tendances, il y a des choses ayant une apparence de vertu telles que : *ne goûte pas, ne mange pas, attendre tel jour, pas dans tel lieu* etc. Certaines tendances sont même appréciées des traditions humaines et ne feront jamais l'objet d'une condamnation terrestre.

Aussi le disciple évitera de juger la parole de Dieu à travers l'opinion et les tendances des hommes et femmes de ce monde. Seule la parole de Dieu devra lui servir de boussole. Ce qui est interdit par la parole de Dieu, il devra s'en passer tel que, de nos jours, l'homosexualité qui fait l'objet d'une dépénalisation galopante dans le monde (**1 Corinthiens 6:10, 1 Timothée 1:10, Jude 1:7**). Ce que la parole de Dieu autorise, il devra l'accepter quelles que soient les considérations, l'hostilité et les divergences qu'il affrontera dans le monde. Car *le ciel et la terre passeront mais la parole de Dieu ne passera pas*. En fait tout ce qui est visible passera. Et l'observateur avisé peut déjà se rendre compte que les saintes écritures sont restées intactes alors que les pays et les traditions ont connu de nombreuses évolutions. Les grands pays que nous voyons aujourd'hui de nos yeux (Etats-Unis, France, Angleterre, Suisse, Brésil, Inde, Chine, Japon etc.) n'étaient pas populaires dans l'Antiquité où l'Egypte, la Grèce, l'Italie (Rome), l'Iran (Perse) jouaient les premiers rôles. Il en sera de même dans le futur lointain car il n'est pas garanti que les pays développés d'aujourd'hui soient toujours aux avant-postes à cette occasion. Il peut paraître fou de dire cela aujourd'hui comme il était fou, jadis, d'imaginer la disparition des pharaons d'Egypte et des empereurs romains dont l'épopée dura des siècles. Mais ce qui n'a pas changé et ne changera jamais reste et demeure la parole de Dieu.

Le regard de Dieu n'est pas et ne sera jamais celui du monde. Le Seigneur Dieu attend que les disciples du Christ observent Sa parole et modifient leur vécu. La meilleure façon d'instiller la nouvelle nature dans un corps, habitué aux tendances anciennes pendant des millénaires et des générations d'hommes et de femmes, c'est de s'éloigner des pratiques de ce monde, quoiqu'il arrive.

Il existe une forte tendance des disciples du Seigneur à imiter ce qui est bien dans le monde. Nous ne pensons pas que tous les actes posés par ce monde soient mauvais, autrement, il faudrait renier tous les actes administratifs tels que l'état civil. Le Seigneur demande que les actes de Ses disciples se rapportent à Sa parole avant toute chose. Ce que Sa parole accepte, ils doivent l'accepter. Ce que Sa parole rejette, ils doivent le rejeter. C'est alors qu'ils seront Ses disciples.

Par exemple le Seigneur demande de ne pas se venger et de Lui laisser l'exclusivité de la rétribution. Il demande au disciple d'être heureux lorsqu'on répandra des mauvaises nouvelles sur lui. Ceci met en garde les disciples de Christ contre toute recherche de la reconnaissance populaire. Ceux qui cherchent à être bien vus des hommes ou ceux qui ont peur d'être mal vus ne pourront pas être les disciples irréprochables que le Seigneur recherche. Le Seigneur demande à Ses disciples de tendre la seconde joue après qu'ils ont été frappés sur la première, de faire deux kilomètres quand on les force à en faire un ou de donner une seconde tunique lorsqu'on leur a arraché la première. Cela n'est possible que lorsqu'on a l'Esprit Saint en soi. Et les disciples ne doivent pas trouver des excuses et des faux prétextes pour s'y soustraire. De même, le Seigneur leur demandera d'aimer leurs ennemis et de les saluer. Ils doivent obéir pour être Ses disciples. C'est ainsi qu'ils se dépouilleront de l'ancienne nature au profit de la nouvelle, celle des enfants de Dieu.

Application : La nature humaine ne capitulera pas volontairement devant la nature divine

Il faut des précisions sur ce qu'on entend par nature. Il s'agit en somme d'un ensemble d'habitudes, de tendances et de principes que l'on observe dans son environnement. Ainsi la nature humaine n'est pas le corps humain, mais un ensemble de tendances et de principes destinés à la satisfaction de la chair et de la volonté de l'homme. De même, la nature divine n'est pas l'Esprit de Dieu, mais un ensemble de tendances et de principes destinés à la satisfaction de la volonté divine. Il n'y a donc pas lieu de confondre le corps humain avec la nature humaine, ni l'Esprit avec la nature divine. Bien que corps humain et nature charnelle soient familiers, tout comme l'Esprit et la nature divine, il ne faut pas les confondre parce que la nature change mais pas le corps humain, ni l'Esprit. Ainsi dans le corps humain, on aura soit des tendances charnelles sous l'influence de l'esprit naturel, soit des tendances divines sous l'influence de l'Esprit présent dans l'homme régénéré.

Le corps humain étant donc le siège où ont lieu les batailles de positionnement et de contrôle, il faut que le disciple comprenne que ses vieilles tendances charnelles, héritées à la naissance et au gré des aléas de la vie terrestre, ne lâcheront pas prise facilement devant la conquête de son corps par la nature divine. C'est ici la persévérance des disciples. Le seigneur dit que les tendances de la chair sont contraires à l'Esprit et que s'ils font de ces tendances, leur fond de commerce, ils mourront selon qu'il est écrit : «*Si vous vivez selon la chair,* **vous allez mourir** *; mais si par l'Esprit vous faites mourir les actions du corps,* **vous vivrez**» **Romains 8:13**.

Le piège dans lequel tombent facilement les disciples de Christ, c'est de croire que tout ce qui est vertueux dans ce monde est accepté par Dieu. Ou encore que pour être aimé de Dieu, il faut uniquement faire ce qui est bien devant les hommes. Dieu est-Il contre la vertu ? Surement pas. Dieu est seulement contre les pratiques terrestres qui vont à l'encontre des tendances de l'Esprit. Et parmi ces pratiques terrestres, il existe de nombreux actes de vertu. Pour mieux expliquer ce dilemme, il faut se souvenir que la tragédie humaine a fait son apparition dans le jardin d'Eden, après que la femme et l'homme eurent violé l'interdit de Dieu en mangeant de l'arbre de la connaissance du bien et du mal. La conséquence en a été que l'homme et la femme devinrent connaisseurs du bien et du mal en dehors du plan initial de Dieu (**Genèse 3:22**). En clair, l'homme sait ce qui est mal et ce qui est bien. Il peut faire l'un comme l'autre. Qu'il s'agisse du bien ou du mal, c'est la même racine qui est à l'œuvre. Depuis lors, le bien et le mal émanent tous de la même racine : la désobéissance. C'est pourquoi l'homme naturel est spirituellement mort dès la naissance car son esprit est coupé de Dieu. Tout ce qu'il fait émane d'un esprit sans Dieu, un esprit mort dont le propre est qu'il est marqué par la désobéissance héritée de la tragédie d'Eden. C'est pourquoi, Dieu rejette tout ce qu'il fait ou qui se rapporte à lui. Toutes les vertus de ce monde sont donc problématiques devant Dieu car effectuées par des morts, des êtres charnels aux tendances naturelles et terrestres. Le prophète le reconnaît en disant : «*Nous sommes tous devenus comme (un objet) impur, Et* ***tous nos actes de justice sont comme un vêtement pollué*** *; Nous sommes tous flétris comme une feuille, Et nos fautes nous emportent comme le vent.*» **Esaïe 64:6 (64-5)**. L'apôtre Paul reconnaît également l'impossibilité de l'homme à plaire à Dieu dans sa nature terrestre en affirmant «*Il n'y a pas de juste,* ***Pas même un seul*** *; Nul n'est intelligent, Nul ne cherche Dieu. Tous se sont égarés, ensemble ils sont pervertis,* ***Il n'en est aucun qui fasse le bien, Pas même un seul.***» **Romains 8:10-12**. Pourquoi Paul est-il si catégorique ? C'est pour éviter que l'homme naturel ne se serve de ses actes de vertu pour se prévaloir de la sainteté et croire qu'il est sauvé par la surabondance de ses actes de vertu sur ses fautes. Tous ont péché et nul n'est juste, sans aucune exception.

En clair, c'est le penchant du disciple à croire que ses actes de vertu lui garantissent l'agrément de l'Esprit qui l'aveugle. Non, de nombreux actes de vertu ne sont pas agréés par Dieu. De nombreux actes de vertus contribuent à la satisfaction de la chair comme déjà vu plus haut dans les épitres aux **Galates** et aux **Colossiens**.

Ainsi lorsque la nature humaine se sent agressée ou lorsqu'elle ne veut pas faire la volonté de Dieu, elle se réfugie derrière les actes de vertu pour faire diversion. Jésus a dit «*Si donc tu présentes ton offrande à l'autel, et que là tu te souviennes que ton frère a quelque chose contre toi, **laisse là ton offrande devant l'autel, et va d'abord te réconcilier avec ton frère**, puis viens présenter ton offrande.*» **Matthieu 5:23-24**. Ce verset relate un cas typique du fautif qui vient glorifier Dieu par une offrande. Mais Dieu, au lieu de l'accepter, fait comprendre à cet adorateur qu'il doit d'abord se réconcilier avec son frère courroucé. Dieu ne veut pas que cet adorateur se réfugie derrière l'offrande pour se soustraire à l'obligation de réconciliation comme si Dieu pouvait être acheté.

Cet exemple, comme bien d'autres dans la bible, justifie le fait que Dieu n'est pas charnel comme l'homme naturel. Combien de fois les hommes dissimulent-ils les actes compromettants derrière des apparences louables ! C'est un moyen de camouflage très efficace utilisé par les hommes, en général, et les manipulateurs en particulier. L'abandon de la nature humaine ne se fera donc pas sans douleur car on imagine bien la douche froide reçue par l'adorateur fautif de **Matthieu 5:23-24** quand le Seigneur freine son élan en lui recommandant un détour par la case réconciliation.

Application : Se dépouiller de la vieille nature pour revêtir celle qui se renouvelle en Dieu

Se dépouiller de la vieille nature ne consiste pas à la contrer, de temps en temps, comme s'il s'agissait d'un exercice récurrent auquel le Seigneur nous astreint. Ce serait lourd pour les nerfs et on finirait par craquer. Dépouiller c'est rejeter définitivement. Ce qu'on a abandonné ne doit pas être récupéré ; autrement, il ne s'agirait plus d'abandon mais de trêve. Le Seigneur veut que ce qu'on a abandonné ne revienne plus. Il ne s'agit pas de faire un tour dans la nouvelle nature, d'admirer la face de Dieu, puis de revenir aux vieilles habitudes, cette nature qui se corrompt facilement. Le disciple doit s'armer de la pensée que Dieu le débarrassera définitivement de cette vieille nature car celle-ci n'a de cesse de pécher et d'inviter les disciples à pécher. Et comme le Seigneur déteste le péché et la vie de péché, Il s'est arrangé à libérer le disciple de la nature ancienne, non pas en l'encourageant à exercer une résistance récurrente aux mauvais penchants de cette nature, mais en le dépouillant tout simplement de ladite nature. Dépouiller et non juste résister. C'est ainsi qu'à force de foi et d'attachement au Seigneur, le disciple découvrira qu'il n'est plus tellement envahi par les convoitises charnelles.

Certains objecteront que dans la pratique, cela est impossible. A cette objection, on répondra que «*ce qui est impossible aux hommes est possible à Dieu*». Comme il ressort de l'intelligence renouvelée par l'Esprit, le Seigneur n'appelle pas le disciple à faire, mais à croire. C'est une erreur de penser que la vie nouvelle en Jésus-Christ a quelque chose à voir avec les œuvres. La chair ne sert de rien car ses tendances sont contraires à celles de l'Esprit. L'obéissance à Jésus-Christ n'est pas, à première vue, une affaire de réalisation ou d'accomplissement d'une œuvre. Autrement seuls les disciples ayant des capacités matérielles seraient sauvés. Tandis que les handicapés de tout genre – le pauvre pouvant être, lui-aussi, considéré comme handicapé par le manque d'argent et de moyens – seraient perdus. Si Dieu réservait le salut à ceux-là seuls qui ont les moyens matériels, alors le nouveau testament ne serait qu'une affaire de muscles et de riches. Au contraire, la parole de Dieu est la vérité et nous soutenons que l'évangile du salut n'est ni une affaire de muscles, ni une affaire de riches. De nombreux passages du nouveau testament étayent cette vérité.

Interrogeant Jésus sur l'œuvre qu'ils pouvaient accomplir pour être au service de Dieu, les juifs se virent répondre comme suit : «*Ce qui est l'œuvre de Dieu, c'est que vous croyiez en celui qu'il a envoyé.*» **Jean 6:29**. Cette réponse donne déjà un aperçu du fait que le salut n'est pas fondé sur les œuvres que l'on accomplit pour Dieu, mais sur la foi en Christ, autrement dit, sur le fait de fixer le regard sur le Christ comme il advint que les israélites, mordus au désert par le serpent, durent fixer le regard sur le serpent de bronze sculpté par Aaron pour être sauvés. Il apparaît de plus en plus aux yeux des églises contemporaines que la vie chrétienne se résume à ce qu'on accomplit pour le Seigneur, notamment les œuvres de charité en faveur des nécessiteux. Ainsi, en donnant aux nécessiteux, elles pensent donner au Seigneur. Si le Seigneur, durant son passage terrestre, a volé au secours des nécessiteux, résumer la vie de sanctification à une affaire de charité et d'aide aux pauvres revient à se méprendre sur la mission salvatrice du Seigneur. Si la vie de sanctification se résumait à cela, il suffirait de sortir une calculatrice et la sainteté des hommes se mesurerait au volume de ce qu'ils mettent dans l'assiette des pauvres. Sous ce rapport, les riches, les commerçants et trafiquants de toutes sortes devanceraient les disciples dans le royaume des cieux. Le Seigneur a logé tous les hommes à la même enseigne afin que le salut ne repose pas sur l'œuvre des uns et des autres, mais sur la grâce par le moyen de la foi. Dans l'histoire du serpent de bronze ci-dessus, quel rapport y avait-t-il entre la morsure du serpent dont le venin est mortel et le regard fixé sur le serpent de bronze ? Il n'y en avait pas car nous savons que seul un sérum antivenimeux peut arrêter la propagation du venin, et non le fait de fixer l'image d'un serpent sculpté. Mais il fallait obéir. Ceux qui obéirent furent guéris et ceux qui focalisèrent leur attention sur un probable antivenimeux périrent. Quel rapport y avait-il entre les cinq pains plus deux poissons et les cinq mille hommes qui en bénéficièrent lors de la multiplication des pains par Jésus-Christ ? Aucun sauf qu'il fallait croire et obéir et il en resta douze paniers pleins de morceaux qui en restaient (**Matthieu 14:16-20**). Quel rapport y a-t-il entre le fait de se dépouiller de l'ancienne nature et l'avènement d'une nouvelle nature qui se renouvelle ? Aucun sinon qu'il faut croire et obéir.

> On se débarrasse de la vieille nature en marchant par l'Esprit et non par la chair.

Application : Marcher par l'Esprit pour ne pas accomplir les œuvres de la chair

L'expression «marcher par l'Esprit» est très utilisée dans les actes de l'apôtre Paul et par ricochet chez les disciples. Et nous devons reconnaître, l'expérience aidant, qu'une énorme confusion entoure cette expression. D'abord parce qu'on ne voit pas l'Esprit comme on verrait un objet matériel. Comment donc marcher selon ce que nul ne peut voir ? On est habitué à marcher par la chair parce que l'homme est fait de chair et parce que ceux qui lui parlent sont visibles en chair et en os. Très honnêtement, dès le début de la foi, cette expression semble floue dans la tête du jeune converti. Même s'il n'hésite pas à paraphraser cette expression, plus par mimétisme que par conviction, la réalité est bien souvent trop confuse dans la mesure où peu de gens ont une vie de sanctification suffisamment irréprochable pour servir de modèle. Puis il faut reconnaître que de toutes les épîtres du nouveau testament, l'apôtre Paul est le seul à avoir tenu ce propos : *marcher par l'Esprit*. On peut le comprendre en raison de la riche carrière intellectuelle qu'il traînait derrière lui comme docteur de la loi en Israël. Il avait donc un côté intello très poussé, ce qui explique qu'il ait signé, à lui tout seul, plus de la moitié des livres du nouveau testament, c'est-à-dire quatorze (ou quinze si l'on inclut *les actes des apôtres* écrits par son secrétaire Luc, auteur de l'évangile éponyme) sur vingt-sept.

En interrogeant de nombreux disciples, chacun essayera de décrire les circonstances dans lesquelles ils détectent la voix du Seigneur. Il m'est arrivé d'entendre des disciples parler d'une certaine excitation dans le corps comme confirmation de la volonté de Dieu. Ou d'autres gris-gris semblables. Bien que de telles explications ne puissent faire école, il faut reconnaître que la bible développe une doctrine assez pauvre sur le *«marcher par l'Esprit»*. De la même manière que la bible évoque davantage la foi pratique plutôt que la foi doctrinale, la bible insistera aussi sur la pratique de la marche par l'Esprit aux dépens des aspects purement doctrinaux.

Par le *marcher par l'Esprit*, beaucoup font souvent allusion au fait d'entendre la voix du Seigneur, ce qui n'est ni faux, ni exagéré. Toutefois, là également, une énorme confusion règne dans les églises contemporaines à ce propos, au point que cette question est souvent rare dans les prédications dominicales.

- **Obéir à la parole de Dieu plutôt que d'en élaborer le schéma**

Il est clair que tout être humain respire l'air ambiant et se sent bien. Dans la réalité, la respiration consiste en deux parties : une inspiration ou entrée d'air dans le nez et une expiration ou sortie d'air du nez. Lors de l'inspiration, l'organisme extrait l'oxygène de l'air pour ses besoins car l'oxygène est le principal carburant du corps humain dans la transformation des aliments. Lors de l'expiration, en revanche, le nez rejette le gaz carbonique résultant de la transformation ci-dessus. Toutefois, la respiration est perturbée lorsqu'on tente de mesurer sa fréquence. Celui qui veut mesurer sa fréquence respiratoire, sans l'aide d'un tiers tel que le médecin, se rendra vite compte qu'il a du mal à respirer, une chose pourtant imperceptible en temps normal et pendant le sommeil. Ce qui compte, c'est que nous respirions sans nous poser des questions sur cette science. L'homme n'a pas besoin de connaître, dans le détail, le mécanisme de la respiration. De même il est difficile pour un mille-pattes (iule) d'avancer en ligne droite s'il se préoccupe de savoir laquelle de ses pattes avancera la première, la seconde et ainsi de suite jusqu'à la millième. Il finira par s'immobiliser. Ce qui compte, c'est qu'il marche sans se poser des questions sur le comment. Enfin, la même réflexion est valable sur le système nerveux dans ses communications discrètes avec le corps humain. Nous savons que les organes du corps humain fonctionnent en harmonie grâce au système nerveux. Est-ce que tous les hommes maîtrisent le transfert des informations vers le cerveau et du cerveau vers les organes ? Cette science est utile aux spécialistes de la question mais n'intéresse pas l'homme ordinaire. Ce qui compte est que ça se passe bien. Tout comme l'essentiel est de marcher par l'Esprit, sans rentrer dans la science du processus. Pour la simple bonne raison que ces recherches ont souvent abouti à la confusion et qu'il vaut mieux se préoccuper de marcher par l'Esprit, en pratique, que d'en maîtriser la doctrine.

- Entendre la voix de Dieu : c'est Dieu qui fait entendre Sa voix et non l'homme

Beaucoup se demandent comment ils pourraient entendre la voix du Seigneur. C'est une saine préoccupation qui ne doit pas inquiéter le disciple outre mesure car c'est le Seigneur qui, avant tout, désire que Ses disciples entendent Sa voix. Il dit d'ailleurs «*Je connais mes brebis, et mes brebis me connaissent [...] Mes brebis **entendent ma voix**. Moi, je les connais, et **elles me suivent**. Je leur donne la vie éternelle ; elles ne périront jamais, et **personne ne les arrachera de ma main**.*» **Jean 10:14, 27-28**. Ces paroles du Seigneur devraient rassurer tout disciple du Christ sur le fait que le Seigneur s'arrangera pour que lui, le disciple, puisse entendre Sa voix et non celle de l'étranger mercenaire. Le Seigneur n'a pas précisé comment Il procèderait. Et même dans tout le nouveau testament, personne n'a décrit ni démontré le processus détaillé par lequel le Seigneur parle de telle ou telle manière. Ce qu'il faut retenir, c'est que Dieu parle à Ses enfants et que Ses enfants L'entendent sans difficulté. La bible et de nombreuses expériences vécues indiquent que le Seigneur parle de plusieurs manières. Nous citerons de manière non exhaustive : la bible, les prophètes, les autres disciples de Christ, les messagers divers, les songes, les révélations, les observations et bruits, les déductions. La liste est loin d'être exhaustive. On sait encore que le Seigneur entretiendra avec chacun de Ses disciples une interface personnelle selon la place spécifique de ce disciple dans le corps de Christ. Ainsi le Seigneur aura une manière particulière de parler à un prophète, un apôtre, un évangéliste, un enseignant, un guérisseur, une sentinelle, un chef de peuple ou patron. Ceci afin que le disciple puisse reconnaître la voix du Seigneur au milieu d'une multitude de voix. Un enfant ne peut ignorer la voix de sa mère. Il saura la reconnaître entre mille. De même une mère ne peut ignorer l'appel de son enfant. Pourtant les rapports entre le Seigneur et Ses disciples sont plus profonds que ceux entre une mère et son enfant. Car bien que mère et enfant soient proches, ils ne peuvent vivre l'un dans l'autre comme le Saint-Esprit et le disciple.

En matière d'écoute de la voix de Dieu, il faut souligner que c'est Dieu qui prend l'initiative et décide de faire entendre Sa voix dans l'homme et non l'homme lui-même, comme si la voix de Dieu était un CD enregistré. De même que personne ne peut faire parler un tiers, sans l'aval de ce dernier, de même on ne saurait faire parler Dieu comme s'Il était un message préenregistré. Pour entendre la voix de Dieu, il faut déjà que Dieu accepte de coopérer et que le disciple soit dans de bonnes dispositions d'esprit et de sanctification. La seule parole qu'un disciple, marchant de travers, peut entendre de la part de Dieu, c'est le silence réprobateur suivi, parfois, d'une mesure disciplinaire lorsque le disciple persiste dans une voie d'égarement. On sait, selon la bible, que le Seigneur n'apparaissait plus au roi Saül après que ce dernier eut désobéi au prophète Samuel dans l'affaire des sacrifices que le roi avait abusivement offerts (**1 Samuel 13:13-14**).

La voix de Dieu n'a jamais contredit la bible et ne saurait la confondre. La lecture fréquente de la bible et l'obéissance à son contenu sont des références solides pour évaluer le degré de spiritualité d'une parole imputée à Dieu. En effet, plusieurs leçons de vie ont été attribuées à Dieu alors qu'elles provenaient des traditions humaines. Jésus, au siècle de la bible, avait déjà dénoncé cette tendance chez les scribes et les pharisiens qu'Il traitait d'hypocrites (**Matthieu 15:6**). De même de nombreuses traditions ayant des apparences de vertu ont fait leur apparition dans les assemblées chrétiennes. Le drame est qu'on semble plus s'attacher à ces traditions qu'à la parole de Dieu. Or la focalisation du disciple sur les traditions humaines le conduira vers la confusion car il prendra ce qui vient des hommes comme venant de Dieu. Outre l'exemple cité par Jésus dans **Matthieu 15:6** au sujet des traditions humaines introduites par les pharisiens, on peut citer «*aide-toi et le ciel t'aidera*» comme une des traditions païennes tolérées dans l'église. Cette pensée est positive, avec une grande apparence de vertu, mais elle ne vient pas de Dieu et ne se trouve nulle part rapportée dans la bible, même de manière implicite. Du temps de l'apôtre Paul, les disciples juifs d'Asie tentaient d'imposer la circoncision aux païens convertis, ce à quoi Paul s'opposa énergiquement, soutenant qu'on ne pouvait pas imposer le judaïsme aux gentils (païens). Cela fait partie des griefs que ses ennemis lui reprochèrent avant de le persécuter devant les tribunaux jusqu'à Rome. Pourtant il n'y a rien de mal à la pratique de la circoncision. Mais quoique sans danger, son introduction relevait des traditions humaines et non de la volonté de Dieu. Il s'agissait d'un moyen astucieux d'asservir les disciples de Christ (**Galates 2:4**). Car une fois cette circoncision acceptée, un autre élément allait arriver, puis un autre et ainsi de suite jusqu'à ce que l'assemblée toute entière soit sous la coupe d'un groupe d'individus aux desseins inavoués.

Si un disciple a des doutes au sujet de l'origine de la parole entendue, il peut toujours insister devant Dieu dans la prière afin d'en avoir confirmation. Dieu n'est pas méchant et ne sévira pas devant une prudence sincère si elle ne masque pas une propension à la désobéissance. Car de nombreux prétextes peuvent être invoqués pour résister à Dieu. Souvenons-nous de cet adorateur fautif qui venait présenter son offrande à Dieu alors qu'il avait un contentieux avec son frère (**Matthieu 5:23-24**). Offrir des offrandes à Dieu, quoi de plus spirituel ! Mais se réconcilier c'est mieux. L'offrande peut voiler le besoin de réconciliation devant les hommes, mais pas devant Dieu. Celui qui a un cœur sincère n'aura aucune peine à écouter la parole de Dieu.

Dieu connaît, en particulier, la partie de Sa parole que le disciple maîtrise et celle qui lui échappe. Il se servira de la partie qu'il maîtrise pour S'assurer de son obéissance. Il ne manquera pas de compassion lorsque le disciple flanchera sur la part incomprise de Sa parole, même si Sa volonté récurrente est de l'amener à tout savoir. Devant la tentation ou un appel ne venant pas de Lui, Dieu s'attend à ce que le disciple se serve de la partie connue de Sa parole pour agir de telle ou telle manière. Si un appel l'invite au vol, à la trahison, à un faux témoignage ou à d'autres grossièretés telles que l'adultère ou le meurtre, toutes choses que Dieu condamne dans la bible, alors il doit rejeter cet appel quelles que soient les conséquences, même si le coup est rude à supporter. Dieu lui en saura gré d'avoir subi des pertes en Son nom. Et c'est une excellente chose. En dehors de la parole de Dieu, deux autres moyens peuvent permettre au disciple de cerner la volonté de Dieu. Il s'agit des circonstances et du sentiment intérieur auquel on peut associer le prophète qui parle au nom de Dieu. Mais aucun de ces deux moyens ne peut supplanter la bible. Quand la bible a déjà parlé de manière claire, il vaut mieux toujours suivre la bible. Dans le cas du prophète, en cas de doute fondé sur la bible, il vaut mieux lui faire part de ce doute et entendre sa réaction. La bible révèle que des prophètes, même habitués à servir Dieu fidèlement, peuvent agir dans la précipitation ou s'égarer comme Balaam, fils de Beor, qui manœuvra contre Israël lors de la conquête de la terre promise. S'agissant des circonstances, il est clair qu'on ne peut pas intervenir sur une situation qui se déroule à des centaines de kilomètres de là où l'on se trouve, telle qu'éteindre un incendie ou venir en aide à un nécessiteux. Dans de tels cas, une prière à Dieu suffira afin que les circonstances du lieu de l'action agissent en faveur du nécessiteux. De même, des besoins urgents et pressants ne peuvent pousser à voler ou abuser de la confiance de son prochain, sous prétexte d'une cause légitime. Dieu est puissant pour arranger les circonstances en faveur du disciple ou dans une direction qui L'arrange, Lui, quelles que soient les situations fâcheuses pouvant même entrainer la mort (et nous pesons nos mots). A l'heure choisie pour rappeler Son disciple à Lui, le disciple ne doit pas résister à la décision de Dieu car, comme le dit l'apôtre Paul «*Christ est ma vie et **la mort m'est un gain**.*» (**Philippiens 1:21**). Pour ce qui est du sentiment intérieur, pouvant être favorable ou non à une action inspirée de Dieu, on en a besoin généralement lorsqu'il est question des décisions sur la vie quotidienne, dans des cas ne violant pas les commandements de Dieu. Le disciple de Christ pourra décider, comme il lui semble bon, sachant que dans un cas comme dans l'autre, Dieu l'instruira. Il ne faut pas croire qu'un échec est définitivement un échec car par les échecs, Dieu instruit toujours Ses enfants.

Revenir à ses premiers amours : cette expression est employée dans la bible pour redresser celui qui s'est égaré loin du Seigneur. En effet, avec le temps et les épreuves, les disciples sont confrontés à tellement d'aléas, de problèmes et d'opérations qu'ils peuvent s'égarer sans le savoir, et ne plus cerner les sentiments intérieurs quand la confusion augmente autour d'eux. C'est alors que l'appel à se souvenir de ses premiers amours résonne avec force. Les premiers amours se rapportent aux actes que Dieu a posés lorsque, nouvellement converti, le disciple débutait sa marche avec Dieu. En ce moment là, Dieu agissait avec lui en tenant compte de sa jeunesse et de ses dents de lait au regard des défis à relever. C'est ici qu'il lui faut se rappeler que son appel est en rapport avec la place que Dieu lui a dédiée dans le corps de Christ sachant que, comme le corps humain comprend des membres qui ne sont pas en conflit les uns avec les autres, les disciples de Christ, non plus, ne peuvent entrer en conflit dans le corps. Si c'est l'apostolat, la prophétie, l'évangélisation, l'enseignement, la surveillance, la présidence ou tout autre rôle que le disciple est appelé à jouer dans le corps de Christ, Dieu agira différemment dans la croissance de chacun. Et cela commence dès le début de la conversion. Les premières expériences de la conversion vont fixer et conditionner le cadre dans lequel le Seigneur interagira avec le disciple tout au long de sa vie. La tendance de plusieurs disciples, surtout les plus avancés, à vouloir que tout le monde soit ou fasse comme eux, peut avoir une apparence de vertu comme venant de gens généreux, mais va fondamentalement à l'encontre de la volonté de Dieu qui ne souhaite pas que, dans un même corps, l'œil fasse comme l'oreille, la bouche comme le nez, la main comme le pied. Tous sont pourtant membres du même corps mais agissent différemment. L'œil voit, la bouche mange, le pied marche etc. A la fin, quelles que soient les attributions séparées de l'œil, du nez, de la bouche, de l'oreille, du pied et de la main, le corps humain est bénéficiaire et s'édifie dans l'harmonie. Il en est de même des disciples de Christ. Ils agissent séparément mais contribuent à l'édification du corps du Christ. Vouloir que tous imitent un disciple leader n'est pas conforme à l'Esprit de Dieu malgré l'apparence de vertu que cette intention peut avoir (**1 Corinthiens 12**). Il sera donc salutaire qu'un disciple du Christ, en difficulté, se rappelle les moments essentiels de ses premières années dans la foi : son attachement à la parole de Dieu, les leçons reçues, les moyens matériels et humains utilisés par Dieu pour le sortir de différentes situations de la vie. Les risques qu'un disciple s'égare

> à cause des aléas de la vie sont élevés. C'est pourquoi un retour à ses premiers amours est très utile pour retrouver le fil conducteur que le Seigneur avait commencé à bâtir au début de sa foi.

Il faut donc que le disciple reste vigilant lorsque des gens, animés par des intentions plus ou moins sincères, prétendent écouter la parole de Dieu pour lui. Dieu, conscient de l'importance de la question, fournira les moyens et même les hommes et femmes qui compteront dans sa marche avec Lui, à condition que ces moyens matériels et humains lui aient servi par le passé. C'est-à-dire que Dieu doit avoir eu recours à ces moyens, de manière récurrente, pour lui communiquer Sa volonté. Il doit aussi compter avec l'onction du Saint-Esprit pour le guider (**1 Jean 2:27**). Dieu est fidèle et veille sur le disciple comme la poule veille sur ses poussins.

- Marcher par l'Esprit, ne pas L'attrister, obéir sans façon aux commandements du Seigneur

Que signifie donc «*marcher par l'Esprit*» ? Marcher par l'Esprit, c'est poser des actes favorables à l'Esprit, des actes qui ne L'attristeront pas. La parole de Dieu exhorte en effet à ne pas attrister le Saint-Esprit qui habite le disciple selon qu'il est écrit : «*N'attristez pas le Saint–Esprit de Dieu, par lequel vous avez été scellés pour le jour de la rédemption.*» **Ephésiens 4:30**.

> La condition nécessaire et suffisante pour marcher par l'Esprit, c'est d'avoir l'Esprit au-dedans de soi. Celui qui ne L'a pas est un homme naturel dont l'esprit ne saisit pas les choses de Dieu. Et il ne peut les appréhender même s'il le désire ardemment. Sa première intention devrait le pousser à se réconcilier avec Dieu

> (repentance et conversion) pour devenir disciple et recevoir le Saint-Esprit qui est, comme indiqué précédemment, le gage (sceau) du salut éternel.

Le paragraphe d'**Ephésiens 4:25-6 :18**, duquel est issu le verset ci-dessus, précise que marcher par l'Esprit, c'est :
- rejeter le mensonge et dire la vérité à son prochain V4:25
- éviter de pécher une fois en colère V4:26
- ne pas donner accès au diable V4:27
- ne pas dérober mais travailler pour aider les autres V4:28
- éviter de prononcer des paroles malsaines V4:29
- ne pas attrister le Saint-Esprit V4:30
- éviter toute amertume, animosité, colère, clameur, calomnie, ainsi que toute méchanceté V4:31
- faire preuve de bonté et de compassion V4:32
- être des imitateurs de Dieu V5:1
- marcher dans l'amour V5:2
- aucune inconduite, aucune forme d'impureté ou de cupidité V5:3
- aucune grossièreté, ni propos insensés, ni bouffonnerie, mais plutôt des actions de grâces. V5:4-5
- ne pas se laisser séduire par de vains discours V5:6
- ne pas avoir part avec les fils de la rébellion (débauchés, impur, cupide, idolâtre) V5:7
- examiner ce qui est agréable au Seigneur V5:10
- n'avoir rien en commun avec les œuvres stériles des ténèbres, mais les dénoncer V5:11
- veiller sur sa conduite, non comme des fous, mais comme des sages V5.15
- racheter le temps car les jours sont mauvais V5:16
- ne pas être sans intelligence, mais comprendre quelle est la volonté du Seigneur V5:17
- ne pas s'enivrer de vin, mais être rempli de l'Esprit V5:18

- s'entretenir par des psaumes, des hymnes et des cantiques spirituels ; chanter et célébrez le Seigneur de tout son cœur V5:19
- rendre toujours grâces pour tout à Dieu le Père, au nom du Seigneur Jésus-Christ V5:20
- se soumettre les uns aux autres dans la crainte de Christ V5:21
- aux femmes : se soumettre à son mari, comme au Seigneur car le mari est le chef de la femme, comme Christ est le chef de l'Église, qui est son corps et dont il est le Sauveur V5:22-23
- aux maris : aimer sa femme, comme le Christ a aimé l'Église V5:25
- aux enfants : obéir à ses parents selon le Seigneur, car cela est juste. Honorer son père et sa mère — c'est le premier commandement accompagné d'une promesse — afin d'être heureux et de vivre longtemps sur la terre. V6:1-3
- aux pères : ne pas irriter ses enfants, mais les élever en les corrigeant et en les avertissant selon le Seigneur V6:4
- aux serviteurs : obéir à son maître selon la chair avec crainte et tremblement, dans la simplicité de cœur, comme au Christ. Les servir de bon gré comme si on servait le Seigneur et non les hommes V6:5-8
- aux maîtres : agir de même à l'égard des serviteurs ; s'abstenir de menaces, sachant que leur Maître et le Leur est dans les cieux et que devant Lui il n'y a pas de considération de personnes. V6:9
- avoir à ses reins la vérité pour ceinture ; revêtir la cuirasse de la justice ; mettre pour chaussures à ses pieds les bonnes dispositions que donne l'Évangile de paix ; prendre, en toutes circonstances, le bouclier de la foi, avec lequel on pourra éteindre tous les traits enflammés du Malin ; prendre aussi le casque du salut et l'épée de l'Esprit, qui est la Parole de Dieu. V6:14-17
- Prier en tout temps par l'Esprit, avec toutes sortes de prières et de supplications. V6:18.

Marcher par l'Esprit n'a rien à voir avec des théories sur le quand, où, pourquoi et comment. Ce serait rentrer dans des doctrines indigestes pour l'homme simple. Dieu veut la simplicité, l'obéissance dans la pratique car trop de doctrine déforme la réalité et produit des visionnaires du néant. Marcher par l'Esprit, c'est obéir simplement à Dieu comme tout fils désireux de plaire à son père, sans l'attrister. Marcher par l'Esprit consiste donc à ne pas attrister le Saint-Esprit qui est en nous en violant les prescriptions et règles listées ci-dessus. En cas d'immixtion d'éléments extérieurs, comme par exemple le diable, le Seigneur donnera au disciple le moyen de s'en sortir, de distinguer le vrai du faux, ce qui est de Lui de ce qui ne vient pas de Lui. Si le disciple ne sait pas distinguer entre ce qui est du Seigneur et ce qui est du diable, sa vision sera faussée, et l'on pourra avoir des doutes sur la présence ou non du Saint-Esprit en lui. Seule la lumière de Dieu, le Saint-Esprit, peut distinguer ce qui vient de Dieu de ce qui vient du diable. Les disciples ne devraient pas avoir honte de se poser la question de la présence réelle ou non du Saint-Esprit en eux, ni redouter la réponse de Dieu à cette question. Il vaut mieux partir du bon pied, pendant que le temps est favorable (avant sa mort ou avant le retour du Seigneur), et franchir les étapes essentielles d'une vie irréprochable de disciple plutôt que de fuir en avant et découvrir, plusieurs années après, qu'on n'a jamais appartenu à la bergerie du Seigneur.

L'apôtre Paul, ce grand exégète de la parole, avait organisé ses épitres afin d'éviter toute équivoque dans l'interprétation de ses lettres car, reconnaissons-le, il fut la plupart du temps incompris de ses contemporains au point que l'apôtre Pierre lui vint en aide dans un de ses épîtres (**2 Pierre 3:15**). L'apôtre Paul structurait ses lettres de la même façon : (i) une salutation (ii) une introduction dans laquelle il posait le problème (iii) un développement des thèmes annoncés dans l'introduction (iv) une conclusion et (v) des adieux sous forme d'au revoir.

Il est intéressant de noter que les conclusions de Paul débouchaient, tout le temps, sur des aspects pratiques afin que les saints ne se méprennent pas sur le sens réel de ses explications, en s'abandonnant aux rêveries et aux visions de chimères. Essayons d'examiner ces aspects pratiques de l'épître aux Corinthiens jusqu'à la lettre aux Hébreux.

* Conclusions de Paul aux Corinthiens I (1 Corinthiens 16:13-14)
- Veillez, demeurez fermes dans la foi, soyez des hommes, fortifiez-vous : V13
- Que parmi vous, tout se fasse avec amour : V14.

* Conclusions de Paul aux Corinthiens II (2 Corinthiens 13:11)
- Soyez dans la joie, tendez à la perfection, consolez-vous, ayez une même pensée, vivez en paix : V11.

* Conclusions de Paul aux Galates (chapitre 6:1-10)
- Redresser le frère fautif avec douceur : V1
- Porter les fardeaux les uns des autres : V2
- Que celui à qui l'on enseigne la parole fasse participer à tous ses biens celui qui l'enseigne : V6
- Ne pas se moquer de Dieu : V7
- Ne pas se lasser de faire du bien : V9
- Pratiquer le bien envers tous, surtout envers les frères en la foi : V10.

* Conclusions de Paul aux Ephésiens (chapitre 6:1-18)
Voir plus haut dans la partie introductive.

* Conclusions de Paul aux Colossiens (chapitre 4:1-6)
- Maîtres, accordez à vos serviteurs ce qui est juste et équitable, sachant que, vous aussi, vous avez un Maître dans le ciel : V1
- Persévérez dans la prière, veillez-y avec actions de grâces : V2
- Priez également pour nous (Paul et ses collaborateurs) : que Dieu ouvre une porte à notre parole, afin que je puisse annoncer le mystère du Christ [...] et en parler clairement comme je le dois : V3-4
- Conduisez-vous avec sagesse envers ceux du dehors. Rachetez le temps : V5
- Que votre parole soit toujours accompagnée de grâce, assaisonnée de sel, afin que vous sachiez comment vous devez répondre à chacun : V6.

* Conclusions de Paul aux Thessaloniciens I (chapitre 5:8-22)
- Soyons sobres : revêtons la cuirasse de la foi et de l'amour, ainsi que le casque de l'espérance du salut : V8
- Exhortez-vous mutuellement et édifiez-vous l'un l'autre : V11
- Ayez de la considération pour ceux qui travaillent parmi vous, qui vous dirigent dans le Seigneur et qui vous avertissent. Ayez pour eux la plus haute estime avec amour, à cause de leur œuvre. Soyez en paix entre vous : V12-13
- Avertissez ceux qui vivent dans le désordre, consolez ceux qui sont abattus, supportez les faibles, usez de patience envers tous : V14
- Que personne ne rende le mal pour le mal ; mais recherchez toujours le bien, soit entre vous, soit envers tous : V15
- Soyez toujours joyeux : V16
- Priez sans cesse : V17
- En toute circonstance, rendez grâces ; car telle est à votre égard la volonté de Dieu en Christ-Jésus : V18
- N'éteignez pas l'Esprit : V19
- Ne méprisez pas les prophéties ; mais examinez toutes choses, retenez ce qui est bon : V20-21
- Abstenez-vous du mal sous toutes ses formes : V22.

* Conclusions de Paul aux Thessaloniciens II (chapitre 3:1-15)
- Frères, priez pour nous, afin que la parole du Seigneur se répande et soit glorifiée comme elle l'est chez vous, et afin que nous soyons délivrés des hommes insensés et méchants ; car tous n'ont pas la foi : V1-2
- Eloigner-vous de tout frère qui vit dans le désordre et non selon la tradition que vous avez reçue de nous [...] car si quelqu'un ne veut pas travailler, qu'il ne mange pas non plus : V6-12
- Ne vous lassez pas de faire le bien : V13
- Si quelqu'un n'obéit pas à ce que nous disons dans cette lettre, prenez note de lui et n'ayez avec lui aucune relation, afin qu'il en ait honte : V14

- Ne le considérez pas comme un ennemi, mais avertissez-le comme un frère : V15.

* Conclusions de Paul à Timothée I (chapitre 6:1-20)
- Que les serviteurs estiment leurs propres maîtres comme dignes de tout honneur, afin que le nom de Dieu et que la doctrine ne soient pas calomniés : V1
- Que ceux qui ont des croyants pour maîtres ne les méprisent pas, sous prétexte qu'ils sont frères : V2
- Si donc nous avons la nourriture et le vêtement, cela nous suffira : V8
- Ceux qui veulent s'enrichir tombent dans la tentation, dans le piège et dans une foule de désirs insensés et pernicieux, qui plongent les hommes dans la ruine et la perdition : V9
- Pour toi, homme de Dieu, fuis ces choses et recherche la justice, la piété, la foi, l'amour, la patience, la douceur : V11
- Combats le bon combat de la foi, saisis la vie éternelle, à laquelle tu as été appelé : V12
- Garde le commandement sans tache, sans reproche, jusqu'à l'apparition de notre Seigneur Jésus–Christ : V14
- Recommande aux riches du présent siècle de ne pas être orgueilleux et de ne pas mettre leur espérance dans des richesses incertaines, mais de la mettre en Dieu qui nous donne tout avec abondance, pour que nous en jouissions : V17
- Qu'ils fassent le bien, qu'ils soient riches en œuvres bonnes, qu'ils aient de la libéralité, de la générosité, et qu'ils s'amassent ainsi un beau et solide trésor pour l'avenir, afin de saisir la vraie vie : V18-19
- Garde le dépôt, en évitant les discours vains et profanes, et les disputes de la fausse science : V20.

* Conclusions de Paul à Timothée II (chapitre 4:2-5)
- Prêche la parole, insiste en toute occasion, favorable ou non, convaincs, reprends, exhorte, avec toute patience et en instruisant : V2
- Sois sobre en tout, supporte les souffrances, fais l'œuvre d'un évangéliste, remplis bien ton service : V5.

* Conclusions de Paul à Tite (chapitre 3:1-11)
- Etre soumis aux gouvernements et aux autorités, leur obéir, et être prêts à toute œuvre bonne : V1
- Ne médire de personne, être paisibles, conciliants, pleins de douceur envers tous les hommes. Car nous aussi, nous étions autrefois insensés, désobéissants, égarés, asservis à toute espèce de désirs et de passions, vivant dans la méchanceté et dans l'envie, odieux et nous haïssant les uns les autres : V2
- Eviter les folles discussions, les généalogies, la discorde, les disputes relatives à la loi, car elles sont inutiles et vaines : V9
- S'éloigner, après un premier et un second avertissement, de celui qui cause des divisions, car un tel homme est perverti, pèche et se condamne lui–même : V10.

* Conclusions de Paul aux Hébreux (chapitre 13:1-18)
- Persévérez dans l'amour fraternel : V1
- N'oubliez pas l'hospitalité ; car en l'exerçant, quelques–uns, à leur insu, ont logé des anges : V2
- Souvenez-vous des prisonniers, comme si vous étiez en prison avec eux, et de ceux qui sont maltraités comme étant, vous aussi, dans un corps : V3
- Que le mariage soit honoré de tous, et le lit conjugal exempt de souillure. Car Dieu jugera les débauchés et les adultères : V4
- Que votre conduite ne soit pas inspirée par l'amour de l'argent ; contentez-vous de vos biens actuels, car Dieu lui–même a dit : Je ne te délaisserai pas ni ne t'abandonnerai : V5
- C'est pourquoi nous pouvons dire avec courage : Le Seigneur est mon secours ; je n'aurai pas de crainte. Que peut me faire un homme ? V6
- Souvenez-vous de vos conducteurs qui vous ont annoncé la parole de Dieu ; considérez l'issue de leur vie et imitez leur foi : V7
- Jésus–Christ est le même hier, aujourd'hui et pour l'éternité : V8
- Ne vous laissez pas entraîner par toutes sortes de doctrines étrangères. Car il est bon que le cœur soit affermi par la grâce, et non par des aliments qui n'ont servi de rien à ceux qui en ont usé : V9

- Sortons donc hors du camp pour aller à lui (Jésus), en portant Son opprobre : V13
- Car nous n'avons pas ici de cité permanente, mais nous cherchons celle qui est à venir : V14
- Par lui, offrons sans cesse à Dieu un sacrifice de louange, c'est-à-dire le fruit de lèvres qui confessent son nom : V15
- Cependant, n'oubliez pas la bienfaisance et la libéralité, car c'est à de tels sacrifices que Dieu prend plaisir V16
- Obéissez à vos conducteurs et soyez-leur soumis. Car ils veillent au bien de vos âmes, dont ils devront rendre compte. Faites en sorte qu'ils puissent le faire avec joie et non en gémissant, ce qui ne serait pas à votre avantage : V17
- Priez pour nous ; car nous sommes convaincus d'avoir une bonne conscience, avec la volonté de nous bien conduire à tous égards : V18.

Ces propos de l'apôtre Paul sont ceux d'un pasteur qui, pour l'édification de ses brebis, ne se contente pas seulement de dispositions morales, mais les exhorte à une vie de sanctification face aux aléas de la vie de tous les jours, veillant sur chaque détail afin que le disciple de Christ soit irréprochable et ne donne pas un avantage à l'ennemi (**Apocalypse 12:10**).

Toute autre théorie sur la marche par l'Esprit, comprenant des allusions aux excitations du corps humain, doit être sujette à caution. D'une part, il n'est pas permis de réfuter ce que les gens ressentent réellement l'instant où le Seigneur leur parle, d'autre part, ces manifestations extraordinaires ne sauraient faire école parmi les enfants de Dieu en raison de leur personnalisation si grande que la confusion s'installerait parmi les disciples, en plus de l'ennemi qui ne manquera pas d'attiser le feu. Le dénominateur commun qui devrait faire autorité parmi les disciples de Christ, réside dans la vie pratique. Est-ce que la vie de ce disciple de Christ se conforme-t-elle à tout ce qui a été décrit par l'apôtre Paul, dans les conclusions des lettres épistolaires reprises ci-dessus ? Si oui, ce disciple est crédible. Dans le cas contraire, il n'est pas crédible et on devrait redoubler de vigilance à son égard, mais dans la douceur.

En mettant bien en évidence les conclusions de l'apôtre Paul, comme ci-dessus, on peut mesurer, avec le recul nécessaire, l'étendue et la richesse des bénédictions dont Dieu avait béni ce serviteur. On a l'avantage aujourd'hui de disposer de toutes les lettres épistolaires de l'apôtre Paul alors que ses contemporains ne recevaient que la part de messages qui leur était destinée en propre, les télécommunications et l'imprimerie n'existant pas encore. Les lettres aux Galates étaient lues aux Galates mais pas aux Colossiens, et vis-versa. On note que Paul comprenait l'importance de la pratique dans la conduite des enseignements.

Il est rare, dans les églises d'aujourd'hui, que des prédications se terminent par des exemples de choses à faire ou à ne pas faire alors qu'il existe de nombreux défis à relever dans la vie quotidienne. Cela donne l'impression qu'on a affaire à de discoureurs talentueux, certes, mais qui endorment l'audience par une litanie de versets bibliques. Les aspects pratiques devraient meubler les prédications pour assurer leur plein enracinement dans la tête du disciple de Christ.

Comment marche l'homme naturel dont l'esprit n'a pas été régénéré ? Il marche par le sang, par la chair et par la volonté de l'homme. Il n'a pas besoin d'être enseigné. Il sait le faire naturellement parce qu'il est né de ces choses. En revanche, un disciple, né d'Esprit, vit par l'Esprit et devrait par conséquent marcher par l'Esprit. Pour se faire, il n'y a pas d'autre miracle que de suivre les prescriptions et règles rappelées plus haut, tirées pour la plupart des épîtres de Paul.

En conclusion, *marcher par l'Esprit*, c'est poser des actes favorables à l'Esprit, des actes qui ne L'attristeront pas, des actes simples que la vie de chaque jour rend possibles à tous. Pas besoin de grosse théorie imaginée par ceux qui ont depuis abandonné le Christ pour se complaire aux visions stériles, sans emprise sur la vie réelle. On n'a pas besoin de vivre une vie de sanctification dans des grottes, sous prétexte de fuir un monde corrompu. Ce serait violer la parole du Christ qui, dans sa dernière prière à Dieu, a dit : «*Je ne te prie pas de les ôter du monde, mais de les garder du Malin.*» **Jean 17:15.**

Tous les disciples de Christ sont exhortés à marcher par l'Esprit pour s'affranchir des œuvres de la chair dont les tendances sont aussi envahissantes que le monde alentour.

Application : l'Eglise du Christ n'est ni du monde, ni une formation pyramidale au sens du monde

- L'église n'est pas du monde (humaine)

> «*Je leur ai donné ta parole, et le monde les a haïs, **parce qu'ils ne sont pas du monde**, comme moi, je ne suis pas du monde. Je ne te prie pas de les ôter du monde, mais de les garder du Malin. **Ils ne sont pas du monde**, comme moi, je ne suis pas du monde.*» **Jean 17:14-16.**

L'église est le corps de Christ. Cette vérité est assenée partout dans le nouveau testament. Il faut cependant se garder de considérer le corps de Christ comme purement virtuel, une simple vue de l'esprit, alors qu'il est parfaitement réel. L'église est le corps réel du Christ. Penser le contraire, c'est dénier au Christ une vérité essentielle de Son évangile. En permettant à Ses disciples de manger Sa chair et de boire Son sang (**Jean 6:53**), par le moyen de la cène, Jésus entend nourrir les membres de Son propre corps comme l'homme prend soin de son corps par la nourriture. L'ensemble des disciples de Christ forme le Corps de Christ. Chaque disciple de Christ, en particulier, est un membre de ce Corps autant que l'œil, la main, le pied, l'oreille, sont les membres du corps humain, chacun pour sa part.

Jésus-Christ étant devenu céleste, en s'asseyant à la droite du Père qui est aux cieux, Sa place étant désormais au ciel, Ses disciples étant nés, non du sang, ni de la volonté de la chair, ni de la volonté de l'homme, mais d'eau et d'Esprit, alors, les membres du corps du Christ ne sont plus du monde comme l'indique le passage de Jean ci-dessus, ni des humains ordinaires comme ceux nés de sang par la volonté de l'homme. Ils constituent désormais un corps dont la tête, Christ, est au ciel.

Bien que le sang continue de circuler dans l'enveloppe terrestre des disciples de Christ, ils sont appelés à vivre une vie nouvelle conforme à la parole de Dieu. Ils sont appelés à se dépouiller de la vieille nature corrompue par les convoitises du monde en vue de revêtir la nature nouvelle (divine) qui se renouvelle chaque jour.

Nous disons bien que les disciples de Christ (corps) vivent sur la terre mais que Christ, leur Tête, est au ciel. Cette disposition enlève complètement à l'église de Jésus-Christ, le statut d'organisation humaine tirée du monde. Le corps du Christ, quoique sur la terre, est un démembrement de la tête, Christ, qui siège désormais au ciel. Sur cette déclaration, nous prions le lecteur de noter que toute allusion au «Christianisme Céleste», expression entendue ailleurs, n'est que pure coïncidence. Ce chapitre n'en a pas la prétention.

N'étant plus charnels, c'est-à-dire soumis aux tendances de la chair, les disciples de Christ ne doivent pas mourir comme les humains. Dans la bible, nous lisons les paroles suivantes dans les psaumes de David attribuées au prophète et chantre Asaph : «*J'avais dit :* **Vous êtes des dieux**, *Vous êtes tous des fils du Très-Haut.* **Cependant vous mourrez comme les humains**, *Vous tomberez comme un prince quelconque.*» **Psaumes 82:6-7**. Ce verset fut rappelé par Jésus quand Ses contemporains, incrédules, L'accusaient de Se faire l'égal de Dieu (**Jean 10:34-36**). Dans ce rappel du Christ, Il précise que ceux qui reçurent la parole de Dieu, dans l'ancien testament, par le moyen d'un ange de l'Eternel, étaient appelés dieux avec "d" minuscule. A ce titre, mourir comme un humain était dégradant pour ces dieux. En effet, dans le verset des Psaumes, le mot "cependant" traduit un reproche, une rupture d'avec l'idéal souhaité. Autrement dit, le chantre insiste qu'en tant que dieux, ceux à qui la parole de Dieu fut révélée (via Moïse) par les anges n'auraient jamais dû mourir comme des humains. Mais ils durent mourir comme des humains parce qu'ils décevaient le Très-Haut. A plus forte raison les disciples de Christ seront-ils comme des "dieux" voire supérieurs puisque Jésus-Christ, de qui ils reçoivent la parole de leur salut, est supérieur aux anges. Si on appelle "dieux" ceux qui reçoivent la loi par les anges de Dieu, à plus forte raison ceux qui reçoivent le salut d'un plus grand (Christ) que ces anges seront-ils des "dieux" supérieurs en dignité.

L'église est composée des membres d'un corps dont la tête, Jésus-Christ, réside au ciel. Jésus-Christ étant au ciel, en tant que tête de l'église, Ses membres Lui ressemblent même s'ils demeurent sur la terre ; tout comme les mains, le nez, l'œil et les pieds ressemblent à la tête à laquelle ils sont rattachés par les nerfs, les tissus cellulaires et les muscles. C'est pourquoi les disciples-membres ne sont plus du monde terrestre et charnel. Tout disciple de Christ doit donc intégrer cette réalité dans sa vie. Ne pas le faire, c'est manquer de foi et *sans la foi, il est impossible de plaire à Dieu*.

- L'église n'est pas une structure terrestre pyramidale

> «*Jésus leur dit : Les rois des nations **les dominent** et ceux qui ont autorité sur elles se font appeler bienfaiteurs. **Il n'en est pas de même pour vous**. Mais **que le plus grand parmi vous soit comme le plus jeune**, et celui qui gouverne comme celui qui sert. Car qui est le plus grand, celui qui est à table, ou celui qui sert ? N'est-ce pas celui qui est à table ? Et moi, cependant, je suis au milieu de vous **comme celui qui sert**.*» **Luc 22:25-27.**

> «*Alors il s'assit, appela les douze et leur dit : **Si quelqu'un veut être le premier**, qu'il soit le dernier de tous et le serviteur de tous.*» **Marc 9:35.**

« Le plus grand parmi vous sera votre serviteur. »
Matthieu 23:11.

Cette vérité apparaît comme une pomme de discorde récurrente entre Dieu et Ses enfants, qu'il s'agisse des israélites, hier, ou des disciples de Christ, aujourd'hui. Par ces versets, nous comprenons que les disciples de Jésus, du temps de Son passage terrestre, s'étaient déjà disputés pour savoir lequel d'entre eux était le plus grand après le Maître.

D'où vient l'envie de commander chez les êtres humains en général ? Si l'on regarde les choses positivement, il vient du souci légitime de bien organiser les choses. Dans un bateau, il faut toujours un capitaine qui coordonnera l'action des matelots pour faciliter l'arrivée du bâtiment à bon port. Dans une maison, il faut un responsable qui s'assurera que tous les occupants suivent le même règlement intérieur. Dans une organisation humaine, il faut un chef pour s'assurer que tous les acteurs agissent dans la même direction afin que l'organisation fonctionne harmonieusement.

Le Seigneur est-Il contre l'organisation hiérarchique pyramidale ? Assurément pas. Mais la particularité des relations spirituelles que Dieu désire entretenir avec Ses disciples est que **le chef de l'église, c'est Christ et seulement Lui,** mais jamais un disciple à qui Il délèguerait cette autorité sur les autres disciples.

Pourquoi le Seigneur ne souhaite-t-Il pas que Son église suive la hiérarchie pyramidale, pic en haut, du monde actuel ? Pourquoi Jésus veut-Il que le plus grand parmi Ses disciples soit le serviteur de tous ? C'est d'abord parce que le chef visible ne tardera pas à usurper la place du véritable Chef Jésus-Christ ou le Saint-Esprit qui, Lui, est invisible. Dieu est invisible. Jésus crucifié allait céder la place à l'Esprit Saint qui, Lui aussi, serait invisible. En évitant donc une pyramide, pic en haut, dans Son église, le Seigneur veut empêcher l'homme de se substituer à Lui pour commander ses semblables avec tous les abus imaginables, une propension qui, jadis, avait poussé l'astre brillant, devenu Satan le diable, à vouloir s'emparer du trône de Dieu. Celui qui ambitionne de commander accepte rarement d'être, lui même, commandé. En outre, il sera habité par le désir incessant de conquérir de nouveaux territoires de domination. L'astre brillant eut ainsi le désir démesuré de ravir au Très-Haut Son autorité sur la création que lui, l'astre brillant, n'avait pas créée. Le Seigneur ne veut pas que Ses disciples oublient le principe suivant : seul Christ est le chef et nul ne peut exercer cette fonction à Sa place. Christ désire conduire Lui-même l'œuvre du salut des hommes. Il ne déléguera jamais cette responsabilité à l'homme car il sait de quoi l'homme est capable. *L'esprit de l'homme est tortueux.* C'est pourquoi, en quittant ce monde, Il annonça «*Et voici, je suis avec vous **tous les jours** jusqu'à la fin du monde*» **Matthieu 28:20**. C'est par le Saint-Esprit demeurant en Ses disciples qu'Il est avec eux tous les jours.

Pour illustrer le type d'organisation qu'est l'église de Dieu, il faut se rappeler comment Dieu dirigea le peuple israélite après leur entrée dans la terre promise. Dieu exerçait l'autorité sur Israël par le biais des juges. En fait, Israël est le peuple que Dieu s'est choisi sur la terre pour y exercer la royauté. Tous les autres peuples peuvent se donner un roi suivant un processus spécifique tel que l'hérédité ou l'élection selon l'intérêt supérieur de la nation. Mais Dieu est roi sur Israël, nation fondée par Ses soins depuis la sortie d'Abraham de la Mésopotamie, jusqu'à l'entrée de ses descendants dans la terre promise, via Moise et Josué.

Israël était le seul pays sur la terre où Dieu exerçait directement la royauté. Les juges à sa tête n'exerçaient pas les responsabilités qu'un chef exerce habituellement sur ses obligés. Un chef pose des actes dont il assume l'entière responsabilité. Tel n'était pas le cas des juges d'Israël. Ces derniers n'étaient que des canaux de transmission des ordres de Dieu en faveur du peuple. C'est pourquoi ces juges étaient appelés «messies» (envoyés) de l'Eternel. Le peuple était conscient que ces juges n'agissaient pas selon leur propre volonté, mais qu'ils exécutaient les ordres du Dieu invisible d'en haut. Nous nous souvenons tous comment Moïse consultait Dieu chaque fois qu'une affaire lui était présentée. Il invoquait Dieu sans exprimer d'opinion personnelle car il se gardait d'inférer dans les affaires propres au Très-Haut. Le fait d'être choisi par Dieu ne lui conférait pas des compétences divines. Il n'était qu'un couloir et non une source indépendante capable de répondre aux besoins du peuple. Quand le peuple réclamait, il consultait Dieu pour lui. Quand le peuple était silencieux, Moïse vaquait à ses propres occupations. C'est pourquoi le peuple lui faisait confiance car il savait que c'est de Dieu que Moïse tenait ses réponses et n'en faisait pas à sa tête. En effet, ce n'est pas par un ordre de Moïse que les israélites sortirent d'Egypte, mais sur ordre de Dieu transmis par le canal de Moïse. Josué et les juges qui se sont succédé en Israël firent de même. Ainsi, en tant que missionnés par Dieu, ces juges n'étaient pas responsables des conséquences de leurs actes auprès du peuple, mais Dieu seul. Dieu étant le seul roi, personne ne pouvait exercer la royauté sur Israël, même par délégation. Dieu seul exerce la royauté et utilise des canaux humains pour atteindre Son peuple. Dieu seul assume les conséquences des actes qu'Il commande à Ses messies.

Souvenons-nous maintenant de la colère du prophète Samuel, dernier juge d'Israël, quand les israélites exigèrent un roi. Par cette demande, les israélites rejetaient le mode de royauté que Dieu exerçait jusqu'alors par les juges. Il est en effet écrit : «*L'Éternel dit à Samuel : Écoute la voix du peuple dans tout ce qu'il te dira ; car ce n'est pas toi qu'ils rejettent,* **c'est moi qu'ils rejettent, pour que je ne règne plus sur eux**.» **1 Samuel 8:7**. Bien que Samuel leur expliquât les contraintes que le futur roi allait occasionner, les israélites ne revinrent pas sur leur position et Dieu leur céda selon qu'il est écrit : «**Le peuple refusa d'écouter la voix de Samuel.** *Non ! dirent-ils ; il y aura un roi sur nous [...] L'Éternel dit à Samuel :* **Écoute leur voix : tu établiras un roi sur eux**» **1 Samuel 8:19,22**.

Cet exemple indique déjà que, dans l'ancien testament, les juges qui dirigeaient Israël n'étaient ni des chefs, ni des rois. Dieu était le véritable roi qu'ils étaient sur le point de rejeter au profit de la royauté humaine. Cela témoigne de la propension du peuple de Dieu à insupporter un roi qu'il ne voit pas au profit des rois visibles. Le peuple de Dieu a toujours montré de l'antipathie pour l'autorité directe de Dieu sur lui. Le peuple veut un chef visible et non un chef invisible comme le Dieu de l'ancien testament ou le Saint-Esprit du nouveau testament.

Toutefois, pour ne pas voir disparaître l'héritage d'Abraham à qui Il avait fait une promesse, sachant qu'un chef quelconque pourrait compromettre éternellement cet héritage, Dieu déposa Lui-même, via le prophète Samuel, la constitution des futurs rois d'Israël, en exigeant que ces derniers conservent le statut de messie. Ainsi ils seraient rois, mais toujours sous l'autorité de Dieu qui les choisissait par l'onction d'huile administrée soit par un prophète, soit par un souverain sacrificateur.

L'ironie de l'histoire veut que ce soient ces rois, demandés par les israélites au détriment de la royauté directe de Dieu, qui aient entraîné Israël dans toutes formes d'idolâtries et d'abominations avec pour conséquence, la sécession du territoire en deux royaumes et la déportation des juifs vers la Babylone et l'Assyrie. Leur requête pour l'installation d'un roi humain à la tête d'Israël devint donc un piège pour eux.

Aujourd'hui, le peuple de Dieu s'est organisé autour des églises à la tête desquelles se trouvent des chefs-pasteurs dont la propension à supplanter l'Esprit de Christ, le vrai chef, est avérée. Il s'agit d'une joue tendue au diable et d'une lanière donnée à ce dernier pour flageller à volonté le peuple de Dieu. Encore que, dans la plupart des cas, de nombreux pasteurs sont choisis par les congrégations ou les membres eux-mêmes. Jésus, en quittant cette terre, avait bien précisé qui Le remplacerait : ce ne serait ni Pierre, ni aucun autre apôtre, ni aucun de ceux qui seraient appelés au loin par le moyen de l'évangélisation, mais le Saint-Esprit selon qu'il est écrit : «*Et moi (Jésus), je prierai le Père, et **il vous donnera un autre Consolateur qui soit éternellement avec vous, l'Esprit de vérité**, que le monde ne peut pas recevoir, parce qu'il ne le voit pas et ne le connaît pas ; mais vous, vous le connaissez, parce qu'il **demeure près de vous et qu'il sera en vous**. Je ne vous laisserai pas orphelins, je viens vers vous [...] Jésus lui répondit : Si quelqu'un m'aime, il gardera ma parole, et mon Père l'aimera ; nous viendrons vers lui et **nous ferons notre demeure chez lui**.*» **Jean 14:16-23**.

L'esprit de chefferie dans les églises a régulièrement été dénoncé par les apôtres, notamment Paul. Pour bien cerner l'astuce humaine utilisée pour subjuguer et soumettre les hommes, il y a la multiplication des pratiques ayant des apparences de vertu, mais qui ne contribuent nullement à l'édification du corps du Christ.

Quelques unes de ces pratiques sont citées dans la bible. En voici quelques unes :

L'observation religieuse des jours, lieux et repas "saints". «*Mais maintenant, après avoir connu Dieu, et surtout après avoir été connus de Dieu, comment retournez-vous à ces faibles et pauvres principes élémentaires auxquels vous voulez à nouveau vous asservir ? Vous observez les jours, les mois, les temps et les années !*» **Galates 4:9-10**. «*Ainsi donc, que personne ne vous juge à propos de ce que vous mangez et buvez, ou pour une question de fête, de nouvelle lune, ou de sabbats : tout cela n'est que l'ombre des choses à venir, mais la réalité est celle du Christ.*» **Colossiens 2:16-17**.

Le zèle pour des pratiques d'apparence vertueuse mais sans valeur ajoutée spirituelle. «*Le zèle qu'ils ont pour vous n'est pas bon, mais ils veulent vous détacher (de nous), afin que vous soyez zélés pour eux.*» **Galates 4:17**.

La circoncision comme critère d'appartenance à Christ. «*Voici : moi Paul, je vous dis que, si vous vous faites circoncire, Christ ne vous servira de rien.*» **Galates 5:2**. «*Car eux–mêmes, ces circoncis, n'observent pas la loi ; mais ils veulent que vous vous fassiez circoncire pour se glorifier dans votre chair*» **Galates 6:30**.

Des discours vains qui n'apportent rien. «*Que personne ne vous séduise par de vains discours ; car c'est pour cela que la colère de Dieu vient sur les fils de la rébellion. N'ayez donc aucune part avec eux.*» **Ephésiens 5:6-7**.

Leurs préférences pour des intrigues de bas étage. Il s'agit des sujets qui, en tout temps, ont provoqué l'excitation de l'homme. C'est le cas du nationalisme dans l'église, du tribalisme, du racisme et toute espèce de division comme le fait de se réunir entre personnes semblables ou ayant des choses en partage (race, culture, tribu, ethnie, sexe, lobbies). Il est écrit : «*Il n'y a là ni Grec ni Juif, ni circoncis ni incirconcis, ni barbare ni Scythe, ni esclave ni libre ; mais Christ est tout et en tous.* » **Colossiens 3:11**. «*Il en est plusieurs qui marchent en ennemis de la croix du Christ ; je vous en ai souvent parlé et j'en parle maintenant encore en pleurant : leur fin, c'est la perdition ; leur dieu, c'est leur ventre, ils mettent leur gloire dans ce qui fait leur honte ; ils ne pensent qu'aux choses de la terre.*» **Philippiens 3:18-19**.

Leur sympathie pour des hommes et des femmes de haut rang social. «*Mes frères, ne mêlez pas à des considérations de personnes votre foi en notre Seigneur de gloire, Jésus-Christ. S'il entre dans votre assemblée un homme avec un anneau d'or et un habit resplendissant, et s'il y entre aussi un pauvre avec un habit misérable ; si, pleins d'attention pour celui qui porte l'habit resplendissant, vous lui dites : Toi, assieds-toi ici à cette place d'honneur ! Et si vous dites au pauvre : Toi, tiens-toi là debout ! Ou bien : Assieds-toi au-dessous de mon marchepied ! Ne faites-vous pas en vous-mêmes une distinction, et n'êtes-vous pas des juges aux pensées mauvaises ?*» **Jacques 2:1-4**.

La propension des dirigeants à privilégier l'animation culturelle au détriment de la parole de Dieu.

Tous ces subterfuges contribuent à affaiblir la croix du Christ et à concentrer l'attention des disciples sur des choses terrestres aux apparences de vertu. Le système est tellement bien huilé que la non dénonciation de ces pratiques, dès le début de leurs manifestations, finit par convaincre la multitude qu'elles sont spirituelles ou, à tout le moins, qu'elles sont sans danger. Par l'endormissement des sens spirituels et l'habitude à ne rien dénoncer, les auteurs de ces pratiques finissent par éteindre la flamme de l'Esprit dans l'assemblée. Tout devient caricatural et la puissance spirituelle fait défaut dans l'église. La puissance de l'Esprit est galvaudée par le plaisir humain de se réunir entre personnes recherchant un certain confort. L'animation culturelle domine et la puissance spirituelle cède le pas aux traditions humaines.

Dieu sait à quoi rime le commandement des hommes. Les hommes commandent toujours pour leur égoïsme. La réticence des disciples à se soumettre à la seule direction du Saint-Esprit encourage les loups ravisseurs à s'infiltrer dans la tanière et à occuper une place de chef apparemment vacante, car ne voyant pas le Saint-Esprit invisible. Car les faux disciples ne comprennent pas les intentions de l'Esprit et, encore moins, que le chef de l'église (Jésus) soit invisible. Ce qui épate ces faux disciples déguisés, c'est que les disciples soient assez stupides pour ne pas avoir de chef visible. Alors ces faux disciples tentent de suppléer à ce vide. Le drame est qu'il n'y a personne pour le leur rappeler car nous venons tous d'un monde où l'organisation hiérarchique autour d'un chef va de soi. Cette tendance à la domination charnelle est imputée par la bible au désir d'Agar, *femme qui accouche selon la chair*, de dominer la descendance de Sara, l'élue qui accouche selon l'Esprit. Il est en effet écrit : «*Pour vous, frères, comme Isaac, vous êtes enfants de la promesse.* **Mais comme autrefois celui qui avait été engendré selon la chair (Ismaël fils d'Agar) persécutait celui qui l'avait été selon l'Esprit (Isaac fils de Sara), ainsi en est-il encore maintenant.** *Or que dit l'Écriture ? Chasse l'esclave et son fils, car le fils de l'esclave n'héritera pas avec le fils de la femme libre. Ainsi, frères,* **nous ne sommes pas enfants de l'esclave, mais de la femme libre.**» **Galates 4:28-31**.

Le fait est que la hiérarchie du monde engendre, de la part de ceux qui dominent, abus et assujettissement dans des proportions souvent inacceptables. Pour éviter ces tendances dans Son église, Jésus-Christ interdit à quiconque de s'approprier le titre de chef selon qu'il est écrit : «*Jésus leur dit : Les rois des nations* **les dominent** *et ceux qui ont autorité sur elles se font appeler bienfaiteurs.* **Il n'en est pas de même pour vous.** *Mais* **que le plus grand parmi vous soit comme le plus jeune**, *et celui qui*

*gouverne comme celui qui sert. Car qui est le plus grand, celui qui est à table, ou celui qui sert ? N'est-ce pas celui qui est à table ? Et moi, cependant, je suis au milieu de vous **comme celui qui sert**.»* **Luc 22:25-27.**
*«Alors il s'assit, appela les douze et leur dit : **Si quelqu'un veut être le premier, qu'il soit le dernier de tous et le serviteur de tous**.»* **Marc 9:35.**
«Le plus grand parmi vous sera votre serviteur.» **Matthieu 23:11.**

L'église de Jésus-Christ est organisée autour des anciens, lesquels exercent une surveillance au regard de la parole et de leur expérience dans le Seigneur. Mais jamais il ne leur est permis de dominer le peuple de Dieu comme les chefs des nations (autorités gouvernementales) dominent leurs administrés. A côté des anciens, ceux qui ont un don ou ministère transmis par l'Esprit participent librement à l'édification du corps du Christ. Ces ministres peuvent exercer en dehors de l'église locale (apôtres) ou à l'intérieur (prophètes, évangélistes, docteurs, pasteurs, enseignants, faiseurs de miracles, guérisseurs, parleurs en langues, etc.). En général chaque disciple a un don qui peut être visible (cas de ceux qui avaient deux à cinq talents dans la parabole des talents) ou peu visible (ceux qui avaient un talent). Dans les deux cas, ils ont droit à un égal respect de la part de la communauté chrétienne. Tous, surtout les moins visibles, doivent être traités avec le même égard, si ce n'est plus, selon qu'il est écrit : *«Les membres du corps qui paraissent être les plus faibles sont nécessaires ; et **ceux que nous estimons être les moins honorables du corps, nous les entourons d'un plus grand honneur**. Ainsi nos membres les moins décents sont traités avec le plus de décence, tandis que ceux qui sont décents n'en ont pas besoin. Dieu a disposé le corps de manière à donner plus d'honneur à ce qui en manquait, afin qu'il n'y ait pas de division dans le corps, **mais que les membres aient également soin les uns des autres**.»* **1 Corinthiens 12:22-25.**

Un chef à la tête de l'église de Dieu sera attaqué par le diable et son armée. Seul Jésus-Christ, le chef, ne peut succomber. Jésus fut tenté par le diable, à trois reprises, mais ne succomba pas. Il ne céda pas à l'offre du diable de Lui céder toutes les richesses du monde en contrepartie de Sa soumission. Les rois d'Israël succombèrent à l'attrait du pouvoir au détriment des commandements de Dieu, au point que certains tuèrent les prophètes qui dénonçaient leurs abus. Un chef humain, à la tête d'une église, subira les coups du diable et de ses serviteurs très nombreux. C'est pourquoi, les apôtres du Christ ne pouvaient pas diriger les églises qu'ils créaient. Ils désignaient systématiquement les anciens à leur tête. Il est facile à Satan d'attaquer et de faire tomber un homme qui chapeaute une église, et par voie de conséquence, l'église entière comme à l'époque des rois d'Israël dont les fautes personnelles conduisirent à la déportation du peuple. Tandis que si un ancien succombe, d'autres anciens sécuriseront l'église et l'action destructrice du diable sera relativisée et contenue. Si un apôtre succombe, l'église sera aussi préservée parce que l'apôtre aura pris soin de confier l'église aux anciens. La direction de l'église par le collège des anciens et non par un homme, est une stratégie du Seigneur pour casser les plans de l'ennemi. Les églises qui ont failli à cette mesure de précaution, ont perdu leur puissance spirituelle au profit d'animations culturelles qui satisfont la chair et non l'Esprit. L'apôtre Paul pouvait

> être emprisonné et subir de la part de ses geôliers, toutes espèces de frustrations, cependant les églises qu'il avait créées ne s'en trouvaient pas menacées pour autant. Tout au long du premier siècle chrétien, de nombreux apôtres de Jésus-Christ connurent des persécutions diverses mais les églises, fondées par leurs soins, furent préservées grâce à la structuration de ces dernières autour des anciens, système qui plombe l'action nuisible de l'ennemi.

Outre le ministère de la parole, sous la surveillance des anciens, se trouvent les diacres dont le rôle principal est de *servir aux tables*, c'est-à-dire la logistique de distribution en faveur des nécessiteux. Ce rôle, même s'il est exercé par un disciple de Christ, ne saurait empiéter sur le ministère de la parole comme précisé par les apôtres lors de l'institution des premiers diacres : «*Il ne convient pas que nous délaissions la parole de Dieu pour servir aux tables*» **Actes 6:2**. Le Seigneur fait tout pour que l'argent, *racine de tous les maux*, ne perturbe pas le ministère de Sa parole en donnant un avantage au diable. Les églises qui ont négligé cette frontière, ont rencontré bien de mésaventures, au point que les disciples se sont retrouvés devant les tribunaux, à cause de faux disciples introduits parmi eux, offrant ainsi un spectacle indigne du Christ. Il existe de nombreux autres collaborateurs dans l'église qui n'ont pas besoin d'être appelés diacres. Timothée et Tite étaient des collaborateurs de Paul dans la création et l'édification des églises du premier siècle. Luc le médecin était secrétaire. Il y avait aussi des archivistes. Ils n'étaient pas des diacres.

Il faut humblement reconnaître que le mode idéal de fonctionnement de l'église du Christ sur la terre suit une pyramide inversée car *le plus grand est le serviteur de tous*, contrairement au monde où le plus grand est le patron de tous, le dominant. Pour être honnête, il est difficile, voire impossible, d'être le serviteur de tous sur cette terre des hommes. Aussi devons-nous reconnaître que le Seigneur avait exigé cette condition afin de dissuader les disciples de rechercher la première place dans l'église. N'oublions pas que cette précision du Seigneur intervint lorsque Ses disciples se chamaillaient pour savoir lequel d'entre eux était le plus grand après Jésus-Christ. L'occasion était donc favorable pour que le Seigneur les dissuadât de poursuivre cette ambition. Le mode de fonctionnement de l'église de Jésus-Christ est donc un cauchemar et un scandale pour le monde alentour, c'est pourquoi la bible parle de ceux qui veulent priver les disciples de la liberté qu'ils possèdent. Oui, nous réaffirmons avec force que les disciples de Christ sont libres, d'une liberté concédée par l'Esprit. Ceux qui veulent la leur contester, au sein des églises, prouvent par leur attitude qu'ils sont enfants d'Agar, celle qui enfante pour l'esclavage. Les disciples de Christ ne sont esclaves de personne. Ils sont libres, d'une liberté garantie par l'Esprit qui habite en eux. Ceux qui aspirent à dominer les disciples dans les églises n'ont probablement pas l'Esprit habitant en eux, autrement, ils n'essaieraient même pas car la liberté de l'Esprit est une denrée de très grand prix qu'un disciple ne saurait ni échanger ni contester chez d'autres disciples.

> Il existe une vérité implacable au ciel, sur la terre et dans les eaux plus bas que la terre : la tête impacte le corps. Les actes posés par la tête engagent le corps qui lui est rattaché. Cette vérité est partout reflétée dans la bible et l'histoire des hommes. Adam, premier homme (tête) créé par Dieu, compromit par sa désobéissance le reste de la descendance humaine (corps), et la mort qu'il subit condamna le reste de l'humanité après lui, condamnation qui persiste jusqu'à ce jour. Abraham, premier hébreux (tête), crut à la promesse de Dieu qui l'étendit au reste de sa descendance, Isaac et Jacob-Israël (corps). De nombreux

rois d'Israël (têtes) s'éloignèrent de Dieu par leurs pratiques idolâtriques et abominables, et il en résulta de nombreuses souffrances pour le peuple d'Israël (corps), allant de la réduction de territoire à leur déportation. Le roi David (tête) se distingua historiquement en voulant bâtir une maison à l'Eternel qui, en récompense de cette sollicitation, garantit à sa descendance (corps) un trône perpétuel, matérialisé par le Christ, descendant de David, assis aujourd'hui à la droite de Dieu. Lorsque le roi David (tête) commit l'erreur de recenser le peuple de Dieu, la peste extermina soixante-dix mille gens du peuple (corps). C'est donc un principe spirituel fortement répandu dans l'univers, à savoir que la tête impacte le corps en bien comme en mal. Jésus-Christ étant la Tête de l'église, Ses bénédictions profitent à l'église qui Lui obéit. Le Christ ne souhaite donc pas qu'un homme, quel que soit son don spirituel, assume ce rôle à la tête de Son église. Car toutes les erreurs de ce chef-homme impacteront négativement l'église qui en pâtira. C'est pourquoi, Dieu envoyait des messies et non des chefs à Son peuple, car les messies n'étaient pas des chefs. Quand un messie commettait une erreur, sa faute retombait sur sa tête seule, sans compromettre le reste d'Israël. La faute de Moïse, près des eaux de Mériba, retomba seulement sur Moïse et Aaron. La faute d'un apôtre ne peut retomber que sur lui seul car l'apôtre n'est pas chef. L'apôtre fonde des églises et nomme des anciens qui auront la charge de ladite église. Le cas de l'apôtre Paul est très pertinent. Pour montrer qu'il n'était pas un chef prêt à embarquer les églises créées par ses soins dans toute sorte d'aventures, il mit en garde ces églises contre lui-même : «*Mais si **nous-mêmes**, ou si un ange du ciel vous annonçait un évangile différent de celui que nous vous avons annoncé, **qu'il soit anathème !***» **Galates 1:8.** Paul indiquait à ces églises qu'elles étaient libres de juger son action et de se détourner de lui si, d'aventure, elles estimaient que l'apôtre avait dévié de l'évangile du salut. Paul ne se serait jamais exprimé ainsi s'il avait été investi de l'autorité d'un chef sur ces églises car quand le chef commet des erreurs, ses ouailles le supportent fort bien. De nombreux passages dans la bible attestent que Paul avait souffert que des églises fondées par ses soins lui réclament des lettres de recommandation (**2 Corinthiens 3:1**). Ces églises n'auraient pas procédé ainsi si Paul avait été leur chef. Il est en outre coutumier que le peuple (corps) donne raison à son chef (tête) au détriment des contradicteurs de ce dernier. Le monde lui-même est prompt à accepter les décisions du chef. Il est rarement enclin à suivre les opposants au chef. L'apôtre Pierre n'a jamais été chef. Le Seigneur ne lui a jamais confié ce rôle dans Son église. Ce qui n'enlève rien à l'importance de Pierre dans l'édification du corps de Christ. Mais Pierre n'était pas chef. S'il avait été intronisé chef, jamais ses confrères apôtres ne l'auraient interpelé avec tant de véhémence lors de sujets ayant ébranlé l'église du premier siècle. Il dut s'expliquer devant la communauté qui l'accusait de déviance dans l'affaire du païen Corneille qu'il avait baptisé (**Actes 10**). Pierre s'éclipsa tout confus lorsque Paul le reprit, devant tous, au sujet d'une attitude hypocrite à Antioche (**Galates 2:14**). Si Pierre avait été chef, jamais Paul, son cadet de dix ans dans la foi, n'aurait tenu à son encontre cette critique publiquement vexante. S'il avait été chef, Pierre se serait défendu en lui rappelant ses attributions. Mais sachant que devant le Christ, seule la vérité (lumière) compte, il renonça à se défendre contrairement aux chefs soucieux de redorer leur blason terni. Le drame des églises d'aujourd'hui est qu'elles sont fondées par les missionnaires qui, plutôt que de nommer les anciens qui auront la charge de l'église, y élisent domicile et rendent inopérant le rôle de ces derniers. Cette configuration est catastrophique pour l'église car, en refusant de prendre du recul par rapport aux églises qu'ils fondent, ces missionnaires s'érigent en chefs dominant tout. Comment les anciens se comporteront-ils indépendamment de celui-là qui les a nommés après les avoir conduits au Seigneur comme c'est souvent le cas ? Et pas seulement les anciens, même la communauté toute entière. Comment la communauté acceptera-t-elle l'autorité des anciens en présence du missionnaire résident ? Elle préférera toujours se référer au missionnaire. Ne voit-on pas des églises se vider lorsque le missionnaire est en congé ? Comment la communauté tolérera-t-elle la moindre critique de l'ancien ou d'un disciple contre le missionnaire fondateur qui, en plus, aura baptisé l'ancien ou le disciple en question ? Nul ne peut être surpris qu'aujourd'hui, on ne puisse pas indiquer, dans les églises, qui est ancien et qui ne l'est pas. Car la charge d'ancien a tellement été galvaudée qu'on a perdu de vue son importance. C'est la raison pour laquelle le missionnaire (apôtre) ne doit pas diriger l'église qu'il a fondée, ni s'y installer, car cette tâche incombe aux anciens qui superviseront l'église avec toute l'autorité dévolue par Dieu. Il n'est pas nécessaire de justifier les entorses à cette règle par des contraintes sociales et pratiques, comme si le Seigneur n'était pas le Dieu des contraintes sociales et pratiques touchant Son église. Il a le pouvoir de bâtir Son église conformément au schéma défini depuis le premier siècle. Les modifications intervenues dans l'église, depuis l'édit de l'empereur romain interdisant tout autre culte que le christianisme, devenu religion officielle, ne devraient pas l'emporter sur le Seigneur pour Qui *le ciel et la terre passeront, mais pas Sa parole*. Les contraintes sociales et pratiques ont leurs conséquences, uniquement à titre provisoire, mais ne devraient pas s'imposer dans la durée au risque de se substituer à la loi de Dieu, ce que le Seigneur Jésus reprocha sévèrement aux scribes et pharisiens hypocrites. Ces derniers transgressaient la loi de Dieu au profit des traditions humaines (**Matthieu 15:3-6**). Les circonstances pratiques nourrissent les traditions des hommes mais ont le malheur de supplanter la parole de Dieu lorsqu'elles sont maintenues dans la durée. De nombreuses traditions humaines existent dans l'église. Elles ont bien souvent été introduites en un temps de fortes persécutions. C'est le cas de Martin Luther, l'initiateur de la réforme qui donna naissance au courant protestant. Pour contrer l'ire papale qui déferlait par grosses vagues et un clergé intimidant par ses cathédrales et costumes d'apparat, Luther dut organiser le courant naissant en désignant des pasteurs bien habillés (à l'instar des prêtres) et en construisant des temples aussi impressionnants que les cathédrales catholiques. En réalité, les pasteurs de Martin Luther étaient ses collaborateurs dans la mission de réveil qu'il conduisait. L'idéal aurait voulu, qu'à l'instar de Timothée, Tite et Philémon, collaborateurs de l'apôtre Paul, les collaborateurs de Luther se contentassent d'organiser les églises en désignant les anciens, sans s'y installer. Si ce temps de persécution dont le monde garde un souvenir sombre a perturbé le déroulement du culte pendant un moment, il ne saurait en être ainsi tout le temps. Même David, futur roi d'Israël, dans sa fuite loin du roi Saül qui en voulait à sa vie, dut manger les pains de proposition interdits par la loi de Moïse à la tribu de Juda dont David descendait. Toutefois cette aide ponctuelle et urgente ne devint pas la norme car, bien après, David fut recadré quand il prit l'initiative de faire monter l'arche de Dieu dans la cité de Jérusalem, en violation de la loi qui attribuait cette prérogative à la tribu de Lévi. Le serviteur qu'il commit à la tâche périt en voulant rattraper l'arche avec ses mains (**2 Samuel 6:6-10**). Plus tard, David confessa son péché (**1 Chroniques 15:13**). Le respect de la volonté de Dieu est donc primordial afin de maintenir l'Esprit de Dieu dans Ses attributions, et éviter de les transgresser durablement. Les tendances de la chair, même les plus vertueuses, sont ennemies de Dieu. Le narrateur précisa que David piqua une grande colère face à cette tragédie. Certainement pensait-il que Dieu aurait dû récompenser son initiative sincère. Le fait est que ce qui est Esprit est Esprit et ce qui vient de la chair est chair, même ses bons côtés. L'Esprit doit supplanter la chair quelles que soient les considérations sociales ou pratiques. En demandant que le premier d'entre Ses disciples soit le serviteur de tous, Jésus veut dissuader les disciples dans leur recherche de la première place car en vérité, la première place est et sera toujours occupée par Jésus-Christ. Il ne veut ni concurrent, ni équivalent à cette place qui Lui a été échue par le Père (**Ephésiens 1:10,22**). Les disciples ne devraient donc jamais rechercher la première place, ni dans l'église du Seigneur, ni même dans les affaires du monde selon qu'il est écrit : «*Qui s'élèvera sera abaissé, et qui s'abaissera sera élevé.*» **Matthieu 23:12**. La différence entre une église supervisée par les anciens et une église dirigée par un homme-chef est significative. Le Seigneur ne veut pas du second modèle. La question n'est pas de savoir si le premier modèle fait désordre ou pas car l'homme issu d'un monde structuré selon une pyramide, pic en haut, optera naturellement pour le second modèle. Ainsi la tendance des disciples à penser que l'église est mieux organisée sous l'autorité d'un homme est compréhensible mais charnelle car privant

> Dieu de Sa liberté de vie. Cela doit se savoir. Les disciples qui adoptent cette structure hiérarchique charnelle sont dans la désobéissance. Le Saint-Esprit ne Se soumettra jamais aux hommes-chefs que les disciples installent ou tolèrent à la tête des églises du Christ. Car bien souvent, les disciples n'installent pas ces chefs, les chefs s'installent tout seul au moyen d'intrigues raffinées. D'abord une poignée de disciples conduits au Seigneur par le chef, puis une multitude de disciples qui suivent les premiers à la lettre, les premiers qui n'ont jamais trouvé cette configuration anormale par rapport au schéma de Dieu. Le chef, plus instruit, se gardant bien de se dénoncer lui-même. Paul écrit à son collaborateur Tite : «*Je t'ai laissé en Crète, afin que tu mettes en ordre ce qui reste à régler, et que, selon mes instructions,* **tu établisses des anciens dans chaque ville**» Tite 1:5. C'est un impératif que les anciens soient établis dans les églises locales et aient la charge de conduire le peuple de Dieu. Tite, collaborateur de l'apôtre, ne pouvait que s'exécuter sans chercher, lui-même, à diriger lesdites églises, quelles que soient les circonstances favorables ou non.

Ainsi dans le monde, les païens aspirent en général à gouverner par tous moyens possibles selon une pyramide, pic en haut, car celui qui gouverne est le patron de tous, le dominant. Tel n'est pas le cas dans l'église du

Christ où le plus grand est le serviteur de tous. Il n'a pas où reposer sa tête. Il est le dernier à se réjouir, après que toutes les brebis ont été servies. Quand la hiérarchie du monde est structurée de manière pyramidale, pic vers le haut, celle de l'église du Christ suit une pyramide inversée, afin qu'aucun être visible, disciple, ne s'hasarde à prendre la première place qui revient à Christ seul. Dieu sait que la configuration qu'Il agrée est humainement difficile à mettre en œuvre. Mais Il exige que cela soit fait par Ses disciples selon Ses règles. Et Ses disciples peuvent le faire car *c'est Christ qui opère (produit) en eux le vouloir (capacité) et le faire (exécution) selon Son dessein bienveillant*. Il suffit de Lui faire confiance.

- **Quelle stratégie les pasteurs peuvent-ils mettre en œuvre pour normaliser l'église ?**

Ne nous faisons pas d'illusion, la présence d'un chef à la tête d'une église, quelle que soit sa spiritualité ou le titre dont on l'affuble, est nuisible à l'église. Jésus est l'unique chef de l'église car l'église est sainte et son chef doit être sans tâche, ni ride et sans défaut. Ce que les disciples ne sont pas. Personne ne peut Lui ravir ce titre. Jamais il n'a été laissé à Pierre d'assumer la fonction de chef de l'église du Christ car Pierre était pécheur. Outre le fait qu'il n'hésita pas à trahir Jésus à trois reprises, il y a cette hypocrisie dénoncée par l'apôtre Paul aux Galates. L'église a besoin d'un chef immaculé afin de la sanctifier. Seul le Christ réunit cette condition. La présence d'un chef, autre que Christ, à la tête d'une église, est donc pernicieuse à plus d'un titre, n'en déplaise à la communauté des disciples de Christ qui, comme les israélites du temps du prophète Samuel, veulent des chefs visibles par commodité. Un chef non immaculé à la tête d'une église conduira le peuple de Dieu dans l'impasse à l'instar des rois d'Israël et de Juda qui, par leurs idolâtries, conduisirent le peuple israélite à la destruction.

La tâche qui attend tout pasteur désireux de normaliser une église affectée est immense. Nous allons examiner les étapes, non exhaustives, pouvant l'amener à faire évoluer une église malade de sa chefferie vers une église normalisée.

Assumer la vérité de l'évangile : en prenant conscience de la nécessité de normaliser l'église dont il se voit attribuer la responsabilité de pasteur, donc de chef, le disciple doit mesurer les conséquences de son choix. Il passera du statut de pasteur-en-chef à celui de missionnaire chargé d'organiser les églises du Seigneur dont celle-ci, églises devenant, par la même occasion, indépendantes dans leur gestion interne par les anciens. Ces derniers pouvant, dans le futur, s'affranchir du missionnaire qu'il est.

La repentance : le serviteur de Dieu, vivant une telle anomalie, doit poser le problème devant Dieu en confessant le mal que l'église a commis en s'attribuant un chef, celui qu'il est, à la place du Saint-Esprit. En confessant la compromission de l'église de s'être éloignée de la normalité (collège des anciens) au profit d'un compromis humain (avec un chef à sa tête).

Eviter toute polémique : le disciple doit éviter toute polémique avec les disciples bornés et étroits d'esprit. Car l'ennemi est puissant et ne manquera pas d'ameuter ses propres serviteurs, infiltrés dans l'église, afin qu'ils dressent les conservateurs contre la réforme en vue.

La prière et l'intercession : il n'est pas nécessaire d'insister là-dessus car cela va de soi. Des prières ferventes seront nécessaires. Le disciple n'hésitera pas à y associer ceux des collaborateurs convaincus, ayant la capacité d'assumer le rôle d'ancien.

Désigner les anciens et les associer à la stratégie : le disciple doit multiplier les messages préparant l'église à accueillir les anciens. A ce niveau, les membres de l'église ne se méfient pas encore de l'orientation future car il est parfaitement indiqué, dans le nouveau testament, que les églises ont des anciens. Toutefois, les anciens doivent être désignés conformément aux recommandations de la bible (**1Timothée 3:1-7 et Tite 1:5-9**).

Désigner les diacres : cette préoccupation n'est pas difficile à mettre en place car les églises semblent les adopter facilement. Et c'est compréhensible car ils ne gênent pas l'action du chef-pasteur. L'essentiel est d'avoir une église bien structurée comme le veut le Seigneur et que les diacres soient désignés conformément aux saintes écritures, avec mise à l'épreuve (**1Timothée 3:1-7**).

Commencer à animer l'église autour de la nouvelle configuration : en principe, à ce niveau, cela est déjà suffisant pour passer à autre chose. Mais pour éviter que l'église ne soupçonne une quelconque "trahison" du pasteur, il vaut mieux maintenir une présence scénique sur place. Permettre à d'autres disciples ou aux anciens, d'officier le culte. Permettre une rotation pour éviter la starisation d'un leader dominant qui mettra à mal tous les efforts ci-dessus en ramenant l'église vers les anciens travers. Car l'ennemi rode toujours. Il ne manquera pas de remplacer le pasteur "rebelle" par un opportuniste. On a vu plusieurs successeurs de rois réformistes, ramener le peuple de Juda aux pratiques idolâtriques abandonnées.

Créer une autre église dans une localité lointaine puis l'organiser : cela est possible dans la mesure où, de nombreux disciples, présents dans l'église, n'habitent pas la même localité, mais plus loin.

Poursuivre son œuvre hors de l'église : organiser les églises de Dieu selon le modèle biblique.

Toutes les initiatives doivent être entreprises sans perdre de vue que l'esprit de domination est un esprit ultra séducteur, difficile à combattre, tellement il fait des adeptes. Le commandement ou la domination a un but lucratif consistant à contrôler les hommes et leurs finances. Il est donc très difficile au commun des gens, et même aux disciples moins affermis et peu vigilants, de lui résister. Le danger reste donc permanent et le risque élevé de voir un faux disciple habillé en brebis, supplanter les normalisateurs pour ramener la bergerie au point de départ. Ces brebis galeuses jouent sur le fait que les disciples mal affermis de la bergerie se résigneront en disant qu'ils n'ont pas de problème à avoir un chef comme guide, parce que dans le monde séculier, la présence d'un chef est naturelle dans une assemblée. Qui plus est, la présence d'un chef arrange les paresseux qui apprécieront d'abandonner les responsabilités ecclésiastiques sur les épaules d'une personne volontaire. Le processus de normalisation doit donc se faire avec beaucoup de prudence et un timing soumis et contrôlé par le Seigneur de gloire afin que l'essai se transforme en triomphe.

Le processus décrit ci-dessus doit être vu comme la restauration du Seigneur (Saint-Esprit) dans la plénitude de Son autorité, une autorité paralysée depuis que les églises ont installé des chefs à leur tête souvent avec la bénédiction de César. Ce n'est un secret pour personne que les autorités gouvernementales ont toujours été intriguées par l'église. Dans l'ancien testament, de telles velléités sont déjà palpables. Le roi David voulut faire monter l'arche de l'alliance à Jérusalem, au lieu de s'en remettre aux sacrificateurs lévitiques choisis par la loi. La perte de son serviteur durant ce périple le recadra (**2 Samuel 6:6-10, 1 Chroniques 15:12-13**). Le roi Ozias, dans son excès de zèle envers l'Eternel Dieu, voulut brûler du parfum dans le sanctuaire à la place des sacrificateurs lévitiques désignés à cet effet. Mais Dieu le frappa de lèpre, une impureté dont il souffrit jusqu'à la fin de ses jours, son fils héritier assurant la régence à sa place (**2 Chroniques 26:16-21**). Les accointances entre les autorités gouvernementales et l'église ne datent donc pas d'hier. Elles sont très anciennes. Les autorités gouvernementales manifestent toujours une sorte de curiosité à l'égard des affaires ecclésiastiques. Le pont géant fut franchi lorsque l'empereur romain interdit le culte païen du dieu soleil au profit du culte chrétien, introduisant fortement la cour et l'administration dans les affaires ecclésiastiques, d'où dès cet instant, le désir de l'exécutif de vouloir organiser le clergé et s'assurer que les choses se déroulent dans l'église conformément au modèle de la cité. Il faut signaler que, jusqu'au onzième siècle, le Pape catholique ou évêque de Rome n'entrait en fonction qu'après accréditation officielle de l'empereur romain qui, à certaines occasions, pouvait bouder les choix du clergé. Comment César peut-il organiser l'église en dehors du schéma gouvernemental auquel il est coutumier, celui de Chef ? César a toujours souhaité avoir un interlocuteur valable dans le clergé, d'où la nécessité pour le clergé d'avoir un porte-parole qui, au moyen d'intrigues, finit par s'ériger en chef du clergé. Etant reconnu par César comme le représentant légal du clergé, le chef intriguant pouvait, en contrepartie des services rendus à César, solliciter de ce dernier un appui contre ses potentiels contradicteurs internes.

La raison pour laquelle l'église ne doit pas avoir de chef, autre que Jésus-Christ, a déjà été exposée plus haut. On ne manquera pas de justifier cette disposition au fur et à mesure que nécessité se fera ressentir dans ce livre. Ainsi savons-nous que lors du premier siècle, les apôtres du Christ furent disséminés dans plusieurs endroits de la terre avec, parfois, l'impossibilité de se réunir comme lors de la Pentecôte. Certains s'étant retrouvés très loin de Jérusalem et en difficulté de communication par terre, eau et air. Plusieurs de ces apôtres ont connu des fortunes diverses, allant de la prison à la lapidation, pendaison ou décapitation. L'église n'aura pas disparu pour autant. Si l'église avait eu un chef, l'évangile n'aurait pas eu le succès qu'il connaît par delà les siècles, étant le livre le plus lu du monde. Le système de chefferie instauré par l'institution romaine a connu des fortunes diverses. Car de nombreux schismes sont venus l'ébranler, la plupart résultant de l'opposition d'une partie du monde religieux au dictat du Pape : l'église protestante et le conflit entre Martin Luther et le Pape ; l'église anglicane et le conflit entre la couronne anglaise et le Pape ; l'église orthodoxe et le conflit entre la Constantinople métropolitaine et le Vatican, etc. Ainsi l'église se répand mieux sur la terre quand elle n'est pas placée sous l'autorité d'un chef visible.

> Les chefs, dans les églises, sont intrigants. Ils veulent connaitre tout le monde. Ce qui est suspect en plus d'être un gâchis. Car comment un seul homme (berger) peut-il connaitre, individuellement, des centaines d'autres (brebis) ? Pour quoi faire ? Dans la foulée, chaque membre veut être connu du chef et lui conter son histoire. Il est

spirituellement inefficace, pour un seul homme, de connaitre des centaines de personnes. Il ne pourra pas, efficacement, porter leurs fardeaux devant Dieu. C'est pourquoi les anciens sont nécessaires. Ces derniers peuvent porter, efficacement, des fardeaux légers. Dans des églises où il y a des pasteurs-chefs et des anciens, les membres de l'église ont tendance à aller vers le pasteur plutôt que vers l'ancien, ce dernier étant vu comme un collaborateur du pasteur, plutôt qu'autre chose. Ce qui est faux. On connaît les collaborateurs de l'apôtre Paul. Aucun d'eux n'était ancien, qu'il s'agisse de Timothée, de Tite, de Philémon, pour ne citer que ceux-là. L'apôtre Paul ne citait pas les anciens car il ne s'impliquait pas dans les affaires internes des églises qu'il fondait avec ses collaborateurs. Lui et ses collaborateurs fondaient les églises et les organisaient. Ils ne pouvaient donc pas prendre des responsabilités d'ancien, ce qui les aurait disqualifiés auprès d'autres églises. Le Seigneur arrivant bientôt, comment trouvera-t-Il Son église ? Dans le premier siècle chrétien, les postes les plus élevés, auxquels ont pouvait aspirer, étaient ceux d'anciens ou évêques. Pas celui de pasteur-chef, créé pour les besoins d'un temps de réforme, sans que ce titre ait prétention à s'éterniser, supplantant l'unique référence reconnue par la bible, l'ancien. A cause de

> leur difficulté à rester humbles dans leur mission de messies de l'Eternel, de nombreux rois s'attaquèrent aux prophètes qui les critiquaient. Jéroboam s'attaqua au prophète venu lui signifier la colère de Dieu (**1 Rois 13:4**). Hérode tua Jean-Baptiste parque qu'il s'opposait à lui (**Marc 6:28**). Aujourd'hui, de nombreux chefs d'églises, par le moyen d'intrigues impliquant souvent les autorités administratives, neutralisent les disciples qui les contredisent.

En définitive, si les nations sont mieux organisées par un système hiérarchique, pic en haut (chef), le système de la grâce, matérialisé par l'église, ne peut pas fonctionner de cette manière car Jésus-Christ, l'unique Chef invisible, vit chaque jour avec Ses disciples, jusqu'à la fin du monde, via le Saint-Esprit. Seul un collège d'anciens peut diriger l'église et non un homme qui ne manquera pas d'usurper la place du Saint-Esprit et, partant, d'empoisonner le fonctionnement de l'église par des intrigues propres aux organisations pyramidales selon le monde. La présence d'un chef dans l'église, autre que le Christ ou Son Esprit, est irrémédiablement mortelle, sans alternative.

- Eglise et collège des anciens, mission (ministère) et chef de mission

> *«Pendant qu'ils célébraient le culte du Seigneur et qu'ils jeûnaient,* **le Saint–Esprit dit : Mettez-moi à part Barnabas et Saul pour l'œuvre à laquelle je les ai appelés***. Alors, après avoir jeûné et prié, ils leur imposèrent les mains et les laissèrent partir.* ***Eux donc, envoyés par le Saint–Esprit,***

> *descendirent à Séleucie, et de là ils s'embarquèrent pour Chypre.»* **Actes 13:2-4**.

> *«Je t'ai laissé en Crète, afin que tu mettes en ordre ce qui reste à régler, et que, **selon mes instructions, tu établisses des anciens dans chaque ville**»* **Tite 1:5**.

Ces deux versets illustrent séparément la différence qui existe entre le fonctionnement d'une église dont le chef est le Christ (via Le Saint-Esprit) donnant Ses ordres sous le regard des anciens, et le fonctionnement d'une mission (ministère) sous la responsabilité d'un chef de mission donnant des ordres à ses collaborateurs.

On peut donc déjà déceler l'origine de la confusion qui a amené des chefs à la tête des églises alors qu'un chef doit se trouver à la tête d'une mission (ministère) du Seigneur. C'est parce que, comme relevé plus haut, les missionnaires, plutôt que d'établir des anciens dans les églises fondées par leurs soins, s'y installent et deviennent des chefs contre la volonté du Saint-Esprit. Ils sont à la fois chef de mission (normal) et chef de l'église que leur mission crée (anormal).

Récapitulatif

L'église est le corps du Christ rassemblé en un endroit physique qui peut être concentré (église locale) ou disséminé à une heure précise aux quatre coins de la terre. L'église, bien que vivant sur la terre, est le corps d'un Etre (Jésus-Christ) siégeant au ciel. L'église est par conséquent de nature divine et non humaine, ni naturelle, ni terrestre car le corps (membres) est toujours de la même nature que la tête. L'église ne peut donc pas être administrée comme si elle était une association humaine soumise aux lois sur les associations. D'autant que l'église est le **corps du Christ rassemblé** en un lieu sujet aux aléas de l'espace et du temps (maison, gymnase, stade, espace ouvert, forêt…). Jésus ayant précisé que ce n'est ni à Jérusalem ni ailleurs que les disciples devaient absolument célébrer Son Père (**Jean 4:20-23**), car les vrais adorateurs recherchés par le Père devaient L'adorer en esprit et en vérité, la notion de lieu d'adoration perdait toute sa pertinence dans l'église du Christ. Or les lois sur les associations rendent impérative l'adressage physique. L'église de Christ dans un endroit n'a donc pas d'adresse fixe et ne peut respecter les conditions de création d'une association. Ce qui n'est pas le cas, en revanche, d'une mission ayant un chef à sa tête. Une mission peut bien être domiciliée quelque part avec une adresse physique et un chef-représentant. L'église ne peut pas avoir de chef-représentant car ce dernier réside au ciel (Jésus-Christ) et est invisible pour les autorités gouvernementales. Ce chef est irremplaçable même à titre intérimaire. Seuls les anciens peuvent représenter l'église sans se prévaloir du titre et de l'autorité de chef. La question n'est pas de savoir si l'homme est habitué à ce style de hiérarchie invisible ou pas, si cela lui plaît ou pas. Le Seigneur ne veut pas de chef terrestre à la tête de Son église résidant sur la terre. Seul un collège des anciens peut en assurer la supervision sous Son autorité. Ces anciens ne peuvent pas y exercer le rôle de chef. Ils surveillent en faisant une sorte de police. Aussi loin que nous nous souvenions de la police, nous savons qu'elle n'a jamais assuré un rôle de chef dans la société des hommes. La police fait la police. Personne ne peut et ne doit accepter un rôle de chef dans l'église même si cette hiérarchie visible plaît aux personnes. Plusieurs raisons naturelles expliquent que l'homme naturel prenne plaisir à avoir un chef visible. Mais le disciple de Christ, qui ne vit plus pour lui-même, doit accepter la volonté du Seigneur en matière d'église, Son corps à Lui. Jésus a décidé que Son corps à Lui, une fois rassemblé en un lieu, ne devait pas avoir de chef car Il vit avec les disciples chaque jour jusqu'à la fin du monde. Il est toujours présent par le Saint-Esprit présent chez ceux qui sont réunis.

Le chef se comporte comme un propriétaire, comme si l'église était sa propriété ; et cela, Christ ne le veut pas. Celui qui se comporte comme un propriétaire mettra en avant une stratégie pour le maintien de son autorité avec ses avantages. C'est, de manière subtile, cette politique de défense de ses avantages qui influencera ses décisions et ses choix, et non l'intérêt du

Christ, le vrai chef. Une fois promu premier roi d'Israël par Dieu, Saül fit une guerre perpétuelle à son successeur désigné, David, en menaçant les membres de sa propre parenté qui soutenaient ce rival, notamment Jonathan son fils aîné. Car pour ce roi, David représentait un danger pour le prestige et les avantages de sa lignée royale. D'autres rois, tels Hérode, firent tuer tous ceux qui menaçaient leur pouvoir. Hérode tua en effet tous les enfants âgés de moins de deux ans car il espérait atteindre le Christ dont les mages avaient annoncé la naissance. Cependant, les messies, juges d'Israël, ne menacèrent jamais leurs successeurs connus. Moïse n'eut pas d'aversion pour son successeur déclaré Josué, parce que Moïse et Aaron n'étaient pas des chefs. Ces derniers ne prenaient jamais de décision sans préalablement consulter l'Eternel. Josué et Eléazar (fils d'Aaron) non plus, ne se conduisirent jamais comme des chefs.

En revanche, une mission a un chef, celui à qui le Seigneur a confié un ministère pour l'édification du corps de Christ. Elle a un chef et des collaborateurs aux ordres. A cet effet, le chef de mission doit prendre bien garde de ne pas convertir sa mission en église, pour ne pas braver la colère du Christ. Organiser l'église, tâche que le Seigneur peut éventuellement lui confier, ne lui confère en rien un rôle de chef de l'église. Christ, et seulement Lui, est le chef de l'église même s'Il demeure invisible.

06
Le disciple doit "perdre sa vie", sous l'effet de la croix, afin de la préserver à jamais

> *«Puis il (Jésus) dit à tous : Si quelqu'un veut venir après moi, **qu'il renonce à lui-même, qu'il se charge chaque jour de sa croix** et qu'il me suive.»*
> **Luc 9:23**

> *«Quiconque en effet voudra sauver sa vie la perdra, mais **quiconque perdra sa vie à cause de moi et de l'Évangile la sauvera**.»* **Marc 8:35**

> *«Jésus répondit : En vérité, je vous le dis, il n'est personne qui ait quitté, à cause de moi et de l'Évangile, maison, frères, sœurs, mère, père, enfants ou terres, et qui ne reçoive au centuple, **présentement dans ce temps-ci**, des maisons, des frères, des sœurs, des mères, des enfants et des terres, avec des persécutions et, dans le siècle à venir, la vie éternelle.»* **Marc 10:29-30**

Qu'on se le dise, le Seigneur a clairement averti Ses enfants qu'ils affronteront des tribulations de tous genres, de la part des autorités comme de la part de leurs propres familles. Il a prévenu Ses disciples que seuls ceux qui *persévèreront jusqu'à la fin seront sauvés*. L'expression "persévérer" est utilisée à dessein. On ne parle pas de persévérance dans l'abondance, mais dans les difficultés. Les disciples ne doivent donc pas être surpris lorsque la braise sévit dans leur environnement. Lorsque le Seigneur avertit Ses disciples qu'ils devront se charger de leur croix et Le suivre, Il ne précise ni le poids ni la sévérité de la croix qui s'appesantira sur eux. Il dit *«qu'il (disciple) se charge chaque jour de sa croix et qu'il me suive»*. Rien n'indique aussi que la croix d'un disciple égalera, en poids et en intensité, celle d'un autre disciple. Les apôtres du nouveau testament invitèrent à se souvenir des tribulations de Job (**Jacques 5:11**) qui perdit tous ses biens, ses enfants et sa santé, avant de triompher à la fin, en retrouvant le double de ce qu'il avait perdu et, cerise sur le gâteau, une longue vie jusqu'à la quatrième génération de ses fils et petits-fils. Honnêtement, en dehors de la mort, on peut estimer, sans trop se tromper, que la souffrance de Job est la pire tribulation qu'il ait été donné à un humain d'endurer. L'allusion faite à Job, dans le nouveau testament, signifie que les tribulations des disciples de Christ pourraient prendre des proportions gigantesques. Le disciple de Jésus-Christ doit donc s'attendre à tout.

Rôle de la croix

La croix était le moyen par lequel une personne, condamnée à mort, était exécutée par l'empire romain. Jésus fut crucifié à Golgotha après Sa condamnation à mort par Ponce Pilate. De manière générale, la croix est comparable à tout moyen utilisé par les sociétés humaines pour exécuter les personnes condamnées à la peine capitale. On peut citer : la décapitation, la guillotine, la chaise électrique, l'injection létale, la fusillade, le suicide par arme à feu ou éventration (hara-kiri / seppuku), etc. Le rôle définitif de la croix est donc d'éliminer par le moyen de la mort un paria de la société. Il s'agit d'une élimination totale et absolue. En crucifiant le Christ-Jésus, le monde ne voulait plus jamais entendre parler de Lui.

Pourquoi le disciple doit-il porter sa croix ?

Le Seigneur Jésus-Christ ressuscité veut que le disciple porte sa croix pour deux raisons : (i) parce que, sur un plan symbolique, Lui-même a porté Sa croix et, (ii) parce qu'Il veut éliminer, dans la vie du disciple, tout ce qui fait obstacle à la sanctification, notamment son ego qui entend se réfugier derrière les œuvres bonnes.

- S'identifier à la croix du Christ – réalité et symbole

Jésus étant le Premier-Né de la nouvelle création de Dieu (Adam fut le premier-né de la précédente création), il convient que Ses descendants (disciples) reproduisent Sa vie comme le monde a su reproduire la vie d'Adam. Il s'agit d'un principe divin valable dans les cieux, sur la terre et dans les eaux plus bas que la terre. C'est un principe d'équité. Par exemple, les premiers-nés mâles des israélites devaient être consacrés à Dieu parce que tous les premiers-nés des égyptiens avaient été tués lors de la libération du peuple hébreux de la servitude (**Exode 13:14-15**).

Qu'on ne se trompe pas, si le symbole tend à refléter un fait historique, ses conséquences sont quasi identiques. Ainsi aucun premier-né mâle d'une famille israélite ne lui appartient désormais. Il appartient à Dieu parce que Dieu avait tué tous les premiers-nés mâles égyptiens pour libérer les hébreux de la servitude. C'est pourquoi, Dieu tient à ce que les symboles soient respectés avec grand sérieux. En demandant aux israélites de Lui consacrer leurs premiers-nés mâles parmi les enfants et les portées animales, Dieu fixa un tarif de rachat par tête pour éviter de les éliminer physiquement. Dieu tua les premiers-nés des égyptiens et provoqua chez ces derniers des douleurs intenses qui les forcèrent à relâcher le peuple israélite. Mais Dieu ne veut pas provoquer la même douleur chez les israélites qu'Il a libérés. Aussi va-t-Il se contenter d'exiger un prix à acquitter pour que les israélites récupèrent leurs premiers-nés chez les hommes et les animaux impurs (**Nombres 18:15**).

C'est donc une loi spirituelle chez Dieu quoiqu'en pensent les humains. Il appartient aux disciples du Christ, s'ils veulent avoir une vie prolongée sur la terre, de ne pas enfreindre les symboles qui ont du prix devant Dieu. Les disciples doivent s'attendre à porter leur croix dans une perspective symbolique. Mais pas seulement car si la mort des premiers-nés égyptiens a eu pour effet, la sanctification des premiers-nés israélites, la croix du Christ aura pour effet la consécration (sanctification) du disciple par élimination du péché et de son égo insaisissable.

- **Porter sa croix pour éliminer le péché et accélérer la sanctification**

   *«Nous savons que notre vieille nature a été crucifiée avec lui, afin que ce corps de péché soit réduit à l'impuissance et que nous ne soyons plus esclaves du péché ; car **celui qui est mort est quitte du péché**.»* **Romains 6:6-7**.

Selon la conclusion du verset ci-dessus (*celui qui est mort est quitte du péché*), le but visé par la croix est la "mort" du disciple afin que le péché n'ait plus d'emprise sur lui. Jésus est mort sur la croix, à Golgotha, après un supplice terrifiant. Mais comme la sanctification des premiers-nés israélites fut une réponse à la mort des premiers-nés égyptiens, Dieu va obtenir du disciple, en réponse à la crucifixion du Christ, une mort symbolique mais aux conséquences réelles : l'élimination du péché de la vie du disciple. Comment le Seigneur obtiendra-t-il l'élimination du péché de la vie du disciple ? C'est par la mort car *celui qui est mort est quitte du péché*. La meilleure façon pour que le péché ne règne plus sur le corps du disciple est qu'il "meure". S'il ne "meurt" pas, le péché continuera d'asservir son corps sur la terre. Mais de quelle mort s'agit-il puisque le Seigneur ne destine pas le disciple à la même mort qu'Il a connue à Golgotha ? Il s'agit d'une série d'attentats portés à ce qui le rend esclave du péché : la liberté et l'indépendance vis-à-vis de Dieu et de tout ce qui touche à Dieu. Les hommes aiment vivre par et pour eux-mêmes. Ils sont égoïstes et aiment faire ce qu'ils veulent. En plus de cela, ils aiment juger par l'apparence, ce qui irrite Dieu à cause de la finalité poursuivie qui est la corruption. Toutes nos vies sont orientées vers la satisfaction de la chair. Ce que Dieu veut, c'est qu'après avoir couru et servi la corruption et l'injustice comme esclaves du péché, les membres du disciple soient désormais à Son service comme esclaves de la justice selon qu'il est écrit : *«De même donc que vous avez livré vos membres comme **esclaves à l'impureté et à l'iniquité**, pour aboutir à l'iniquité, ainsi maintenant livrez vos membres comme **esclaves à la justice**, pour aboutir à la* *sanctification.*» **Romains 6:19**. La bonne nouvelle pour le disciple est que la crucifixion du Christ lui a ouvert la voie de cette sanctification. Il y parviendra parce qu'il croit en Christ alors qu'aucun païen ne peut y arriver. Il ne peut tout simplement pas.

L'expérience montre qu'il n'y a pas de meilleure pédagogie de la sanctification que celle de la souffrance par la croix. Même sur un plan humain, les leçons que les hommes retiennent le mieux sont celles issues de la souffrance selon que «*Les blessures d'un ami sont dignes de confiance, Les baisers d'un ennemi sont trompeurs.*» **Proverbes 27:6**. Reconnaissons donc que les blessures issues de la croix du disciple sont dignes de confiance tandis que les baisers de l'huile et du vin (les convoitises charnelles et les passions) sont trompeurs.

Lorsqu'arrivent les tribulations, une introspection peut être nécessaire pour sonder toute trace de désobéissance ou de non sanctification envers Dieu. En cas d'écart constaté à la lumière de l'Esprit, le disciple pourra se mettre à jour et la tribulation cessera. En cas de souffrance malgré une sanctification irréprochable, le disciple doit invoquer la grâce et la miséricorde inconditionnelles de Dieu, en demandant au sang de Jésus de le couvrir, soit pour que le Seigneur allège la pression, soit qu'Il donne à la croix une dose supportable et/ ou un délai d'attente avant soulagement. Dans tous les cas, il doit remettre son âme à Dieu et persévérer dans la justice et le bien (**1 Pierre 4:19**).

Le moment, la nature et la durée de la croix dépendent de Dieu seul qui soulagera le disciple *au temps convenable*, en le relevant complètement comme Il releva Job. Toute action humaine en vue d'alléger la croix du disciple est futile, voire nuisible, car pouvant en prolonger la durée si les résultats escomptés par le Seigneur ne sont pas atteints.

- **Piège à éviter par le disciple qui porte sa croix**

Murmurer. Il n'y a rien de pire pour un disciple de Christ que de porter sa croix en murmurant. Murmurer, c'est rappeler à Dieu qu'Il agit par méchanceté alors qu'Il est mû par l'amour. Imaginons une correction infligée à un enfant fautif par ses parents. Au lieu de retenir la leçon, l'enfant se répand en calomnies dans le quartier. Les conséquences seraient plus affligeantes que la faute elle-même. Le murmure est donc une injure portée au Très-Haut, pire que la faute elle-même. Le murmure tend donc à déformer l'image de Dieu. L'attitude de Dieu face au disciple qui murmure peut être très sévère. L'apôtre Paul rappelle les épisodes de l'ancien testament où les israélites murmurèrent contre l'Eternel Dieu. Il rappelle que Dieu massacra les fautifs dans le désert.

De manière concrète, murmurer c'est revenir à ses anciens péchés à cause d'une croix persistante (le Seigneur conseillera au disciple dans cette situation de revenir à ses premiers amours), baisser de ferveur dans son engagement au Seigneur (plus de jeûnes, moins de cultes, moins de contributions, peu de prières), suivre les païens dans leurs égarements, mépriser les avertissements du Seigneur, agir négligemment en ce qui concerne Dieu, imputer les causes de ses souffrances aux autres (église, parents, collègues, amis) en le leur faisant savoir. En général, les murmures principaux font pécher la bouche tandis que les murmures discrets se dissimulent derrière des postures révoltantes.

Quelle que soit la durée de la croix, le disciple est astreint à une attitude de sagesse, de consécration et de sanctification dans le calme.

Les bénéfices de la croix dans le siècle présent

> «*Jésus répondit : En vérité, je vous le dis, il n'est personne qui ait quitté, à cause de moi et de l'Évangile, maison, frères, sœurs, mère, père, enfants ou terres, et qui ne reçoive au centuple,* **présentement dans ce temps-ci***, des maisons, des frères, des sœurs, des mères, des enfants et des terres, avec des persécutions et, dans le siècle à venir, la vie éternelle.*» **Marc 10:29-30**.

Si l'on ne fait pas attention en lisant la bible, ont pourrait facilement isoler un verset de son contexte et corrompre sa foi car *la foi vient de ce que l'on entend*. Or si ce que l'on entend est partiel, la foi sera partielle et fragile. De nombreux disciples, et le monde avec eux, pensent que la récompense à venir n'interviendra qu'au retour du Christ avec Ses saints anges. Une échéance toujours annoncée comme proche mais sans cesse différée au point que des gens trouvent trop long le temps d'attente des promesses de Dieu. En lisant bien ce verset, on se rend compte que les récompenses peuvent intervenir dans le *présent siècle*, c'est-à-dire, avant le siècle prochain, l'ère nouvelle que le Seigneur inaugurera.

Bien que le Seigneur promette à Ses disciples qu'ils hériteront le royaume des cieux à Son retour, Il a bien pris soin d'annoncer que plusieurs récompenses interviendront longtemps avant cette échéance, notamment dans le siècle présent, l'ère de la grâce où nous nous trouvons.

Il n'est donc pas interdit que les disciples de Christ prospèrent au siècle présent. Il n'y a pas de contradiction avec les vœux de pauvreté que de nombreux disciples peuvent faire pour la gloire de Dieu. Ces vœux ne concernent que ceux qui les font et ne sauraient être une règle pour l'ensemble des disciples. La sagesse voulant qu'on ne fasse pas de vœu car on n'est jamais sûr de les honorer. Il n'est d'ailleurs pas conseillé d'encourager les disciples à faire des vœux car, pourquoi provoquer une occasion de chute pour le disciple ?

Le verset ci-dessus est clair, les récompenses pourront intervenir lors du présent siècle. Même dans l'ancien testament, de nombreuses récompenses ont été reçues du vivant des prophètes : Abraham, Jacob, Joseph, Job, Mardochée, pour ne citer que ceux-là.

Béni soit le Seigneur qui permet des consolations à Ses disciples bien avant Son retour. Ces consolations soulagent bien de disciples et consolident leur foi dans un monde hostile.

L'auto-flagellation et la croix

L'auto-flagellation traduit le remord qu'on peut éprouver après une faute dont on s'est rendu coupable. L'homme naturel peut éprouver du remord. Le disciple de Christ également. Mais pendant que le disciple purifie sa conscience par le sang de Jésus (*«le sang de Jésus son Fils nous purifie de tout péché »* **1Jean 1:7**), l'homme naturel, en revanche, continue d'éprouver du remord car il ne croit pas à l'absolution par le sang de Jésus-Christ. C'est alors qu'il va s'infliger des mutilations et scarifications afin d'alléger sa conscience, punition pouvant comprendre des privations matérielles ou des travaux d'intérêt général. Tout cela pour purifier sa conscience. Il s'agit de l'auto-flagellation qui n'a rien à voir avec la croix.

Les disciples du Christ ne doivent pas se laisser aller à l'auto-flagellation comme un exutoire pour réparer leur faute et laver leur conscience. Seul le sang de Jésus les purifie de tout péché. Ce qu'on y rajoute participe d'un principe humain de vertu qui n'apporte rien spirituellement. La purification par le sang de Jésus n'exclut pas des réparations matérielles. Mais se purifier de la conscience relève de la compétence exclusive du sang de Jésus. La réparation matérielle est un supplément possible ou non selon les circonstances. Tout bien volé, encore entre les mains du coupable, doit être restitué avec compensation si possible au taux de la bible. Le Saint-Esprit conduira le disciple concerné à mieux se pourvoir selon le cas. Il n'y a pas matière à s'alarmer car la vie du disciple est cachée en Christ. Tout ce qui touche au disciple dans le monde, touche à son Seigneur, le Consommateur de sa foi.

De nombreux disciples ont été instruits par certains enseignements à se préparer à vivre des moments difficiles, ce qui a donné lieu à des programmes d'autogestion en situation difficile, notamment aux Etats-Unis à l'approche de l'an 2000. Une telle préparation n'est pas la croix car la croix a pour objectif d'éliminer le corps du péché indépendamment de son propre chef, et non de s'auto-flageller. Celui qui s'inflige un programme d'austérité, ne pourra pas atteindre les objectifs visés par le Seigneur à travers la croix du disciple, car la croix doit maintenir son effet de surprise pour produire les effets escomptés. Tandis qu'une croix préparée d'avance manquera ses objectifs car le mental et la psychologie auront préparé le disciple à la supporter. Ce sera alors la croix des hommes par opposition à la croix du Christ. Si les parents demandent à un enfant de s'infliger une punition, celle-ci ne produira pas chez l'enfant le résultat attendu. Une vie d'austérité conçue pour se préparer aux tribulations à venir, n'a rien à voir avec la sanctification, elle trahit un état de peur et d'appréhension poussant le disciple à anticiper sur ce qui pourrait lui arriver de fâcheux. C'est très psychologique voire judicieux comme approche, mais cela relève de la chair. Et ce qui vient de la chair est chair. Jésus ne S'était pas préparé à porter Sa croix. Au fait, la croix n'était qu'un détail car le plus dur était de porter les péchés de l'humanité, la coupe que le Père Lui demandait de boire. C'est cette coupe qui constituait la chose la plus dure à supporter pour le Seigneur Jésus-Christ. Le film de cette souffrance Le montre dans une grande anxiété, Sa sueur se transformant en grumeaux de sang alors qu'Il veille une dernière fois avec Ses disciples avant Son arrestation.

L'auto-flagellation n'est pas la croix que le Seigneur Jésus-Christ appelle Ses disciples à porter. C'est une fabrication humaine pour personne désireuse d'atteindre la sanctification par ses propres efforts, en anticipant la douleur.

Le disciple doit renoncer à lui-même sous la main de Dieu

> «Puis il (Jésus) dit à tous : Si quelqu'un veut venir après moi, **qu'il renonce à lui-même**, qu'il se charge chaque jour de sa croix et qu'il me suive.»
> **Luc 9:23**

- Une exigence de Dieu

Il est quasi impossible à l'homme naturel de renoncer à lui-même. Jésus l'exige de Ses disciples. Une fois dans la bergerie du Seigneur, le disciple doit renoncer à lui-même, en même temps qu'il doit, si le Seigneur l'exige, renoncer aux membres chers de sa famille. En général, il est difficile à un disciple de renoncer aux pratiques qui ne présentent pas un caractère délictueux. Et encore moins lorsque ces pratiques sont vertueuses. Car le monde érige, en principe de vertu, le fait de penser par soi-même et de soutenir sa famille. La pratique qui consiste à renoncer à soi-même ne relève donc pas de la nature humaine, mais plutôt, de la nature divine.

Parce qu'il n'a jamais appris à renoncer à lui-même dans le monde d'où il vient, et parce que le renoncement à soi-même n'a jamais été érigé en principe de vertu dans le monde, le disciple ne trouvera pas, dans son entourage, de bons exemples à suivre comme c'est souvent le cas dans un processus d'apprentissage. Seul le Seigneur pourra l'instruire et le guider. Tout homme, en effet, a un égo qu'il soigne et entretient. Le renoncement à soi-même revient à renoncer à son égo, chose quasi impossible à l'homme naturel. Ceux qui réussissent à le faire, réussissent après un effort surhumain, sans que ce succès soit garanti dans la durée.

La bible démontre qu'aucun serviteur de Dieu n'a renoncé à lui même sans la main puissante de Dieu, tous testaments confondus.

Abraham fut mis devant une demande, pour le moins curieuse, d'avoir à sacrifier son fils Isaac, son unique. Jamais il n'a été donné à un homme de sacrifier son fils unique volontairement. Et même lorsque cela lui a été imposé, il fallait lui forcer la main. En s'exécutant, sans autre contrainte que son libre-arbitre, Abraham a réussi l'épreuve que Dieu lui imposait, en renonçant à lui-même, en renonçant à la vertu qui consiste, pour un homme, à protéger sa postérité.

Quasiment tous les apôtres de Christ ont dû renoncer à eux-mêmes pour suivre le Seigneur : certains ont abandonné leur métier (cas des disciples Pierre, André, Jean et Jacques), d'autres ont renoncé à accomplir des devoirs naturels comme celui, pour un disciple, d'aller d'abord enterrer un parent, ou d'aller faire ses adieux à ses proches avant de suivre Jésus.

Le disciple doit être prêt à faire ce qui plaît à Dieu, et seulement à Dieu, mais pas ce qui plaît aux hommes contre Dieu. Jean Baptiste ne voulut pas baptiser le Seigneur Jésus car il estimait que c'était à Jésus de le baptiser. Et il avait raison sur la forme car c'est l'autorité supérieure qui baptise l'inférieur. Et dans le cas d'espèce, Jésus était l'autorité supérieure reconnue par Jean lui-même. Mais contre toute attente, Jésus exigea que Jean Le baptise (**Matthieu 3:15**). De même, Pierre ne voulut pas que le Seigneur lui lave les pieds car c'est le disciple qui lave les pieds du maître. Dans le cas d'espèce, Jésus était le maître. Mais Jésus insista et Pierre Le laissa faire (**Matthieu 3:15**).

Face à un acte de renoncement de soi-même, le disciple ne doit ni se focaliser sur l'apparence, ni regarder à sa propre justice. Il doit obéir. De nombreux actes de l'existence exigent que le disciple renonce à lui-même tels que : ne pas se venger quelle que soit l'humiliation endurée, tendre la seconde joue après la première gifle, céder volontairement la seconde tunique après avoir donné la première, ne pas ester en justice pour la défense systématique de ses droits ; au contraire, être prêt à céder, accepter de perdre la face en public sans se défendre, aimer ses ennemis, saluer ceux qu'on ne connaît pas, etc. Toutes ces attitudes ne sont pas courantes dans le monde excepté chez les héros. Mais le disciple doit faire la volonté de son Maître, n'en déplaise aux hommes.

Renoncer à soi, c'est se débarrasser de soi-même. Aucun être humain ne peut le faire de lui-même, qu'il soit païen, disciple du Christ (baptisé d'eau ou du Saint-Esprit) ou Jésus Lui-même. Seule une intervention extérieure est possible. Dans le cas du disciple ou de Jésus Lui-même, Dieu seul est compétent pour conduire le processus. Comprenons bien de quoi il est question. L'homme peut se débarrasser de tout ce qui lui est extérieur : argent, vieux habits, biens (maison, voiture), relations familiales ou amicales, apparence (coiffure et posture). Mais il ne peut se débarrasser de lui-même, de son égo. Il s'agit de ce qui lui reste après qu'il a tout perdu ou qu'il s'est débarrassé volontairement de tout ce qui lui était extérieur. Mais se débarrasser de lui-même, de son égo, il ne peut le faire et n'y a même jamais songé (païen) ou, quand bien même il y songerait (disciple de Christ), il ne le pourrait pas sans contrainte. Le processus de renoncement à soi-même est très douloureux, pénible, largement au dessus des forces d'un homme. C'est pourquoi, Dieu seul est compétent pour l'y conduire. L'église ne peut l'y conduire, ni un disciple ayant une grande foi, ni aucun être humain. Seul Dieu est compétent pour le faire. C'est un domaine dans lequel Il tient à rester seul Maître à bord, afin que le résultat soit pur et sain, et que rien de souillé ni charnel ne vienne l'entacher. La

> seule aide pouvant être reçue d'un autre disciple, ayant passé par ce cap, est un encouragement à persévérer car le processus est douloureux. Dans la pratique, il est rare de trouver ce genre de disciple car l'homme passe souvent par tant d'états d'âme qu'il ignore s'il est un bon exemple. Ainsi, même si un disciple est passé par le processus du renoncement de soi, il n'est pas certain d'avoir été parfait, aussi ne s'avisera-t-il pas à donner des leçons, ni formuler une opinion. Il osera un encouragement à persévérer seulement s'il devine que l'on est en plein renoncement de soi-même. La fin du processus de renoncement de soi-même est marquée par le baptême de feu que le présent livre évoque plus loin.

- Les trois étapes du renoncement de Jésus à Lui-même

La parole de Dieu, la bible, est riche en versets évoquant le renoncement de Jésus à de nombreux avantages terrestres pour donner Sa vie pour le salut de l'humanité. Nous allons nous contenter de l'un des plus marquants.

> «*Lui (Jésus) dont la condition était celle de Dieu, il n'a pas estimé comme une proie à arracher d'être égal avec Dieu, mais **il s'est dépouillé lui–même**, en prenant la condition d'esclave, en devenant semblable aux hommes ; après s'être trouvé dans la situation d'un homme, **il s'est humilié lui–même** en*

*devenant obéissant jusqu'à la mort, **la mort sur la croix**.*» **Philippiens 2:6-7**.

Ce passage des saintes écritures met parfaitement en évidence trois étapes du processus par lequel le Seigneur Jésus a quitté Son Père pour conduire l'œuvre de salut de l'humanité.

1. Jésus S'est dépouillé Lui-même de la gloire divine. Avant d'accepter la mission de Son Père en faveur de l'homme, Jésus jouit auprès de ce Dernier de la gloire divine, Sa condition étant celle de Dieu (**V.6**). Avant Son arrestation par les soldats, Jésus pria : «*Et maintenant, toi, Père, glorifie-moi auprès de toi-même **de la gloire que j'avais auprès de toi, avant que le monde fût**.*» **Jean 17:5**. Ainsi, avant que le monde fût, Jésus était auprès du Père, jouissant d'une gloire (couronne, sceptre, diadème) qu'Il a dû abandonner, le temps de Sa mission terrestre, afin de la réclamer à la fin de celle-ci. Après S'être dépouillé de Sa gloire divine, pour prendre la condition de l'homme (esclave d'un corps humain limité dans le temps et l'espace), Jésus va poursuivre le renoncement de Soi comme ci-devant.

2. Jésus, devenu homme, S'est humilié en devenant obéissant. L'homme peut globalement se classer dans deux catégories sociales : celui d'homme libre et celui d'homme esclave. Les hommes libres sont généralement les grands, les patrons, les chefs et les riches. Les esclaves sont les petits, les serviteurs, les subalternes et les pauvres. Les premiers commandent et donnent des ordres. Les seconds obéissent aux ordres. Jésus, en devenant un homme, aurait pu choisir la classe sociale d'en haut. Mais Il vint dans la famille d'un charpentier, un homme d'en bas, la classe qui obéit aux ordres. Nous savons à quel point il est difficile d'obéir aux ordres quand, parfois, ceux-ci sont capricieux. Pire encore, dans le cas de Jésus, il a été obéissant jusqu'à accepter le boulot qui tue. Mais Son renoncement de Soi ne va pas s'arrêter à cette obéissance parfaite. Le type de mort en est l'illustration comme on le décrit ci-après.

3. Jésus accepte la mort sur la croix de malédiction. Beaucoup diront qu'une mort vaut bien une autre, car elle marque la fin de toute vie sous le soleil. Mais dans le cas du Christ, la mort sur la croix va signifier quelque chose de terrible car, en Israël, seuls les maudits mouraient sur la croix (**Galates 3:13**). Jésus va donc accepter de devenir malédiction pour le salut des hommes. Que signifiait pour Lui de devenir malédiction ? Cela signifiait qu'Il devait accepter de devenir le péché qu'Il combattait en appelant Ses disciples à la sanctification. Comment pouvait-Il accepter cette épreuve si cruelle ? Devenir péché, c'est-à-dire : assassin, adultère, voleur, menteur, cruel, accapareur, parjure, usurpateur, idolâtre, prostitué, traitre, infâme, complice de tous genres d'abus. Tout cela à la fois. Cette troisième étape de renoncement de soi fut la plus cruelle de toutes. D'accord pour se dépouiller de Sa gloire divine, ce qui en soi, était déjà terrible, car on sait ce qu'on perd en passant de la gloire divine à la vie terrestre. Passe encore qu'on soit de la classe d'en bas ou qu'on soit obéissant jusqu'à accepter le boulot qui tue, encore que mourir pour un juste était héroïque. On pouvait encore mourir de mort naturelle comme monsieur tout le monde. Mais de là à devenir malédiction et péché ! Selon qu'il est écrit : «*Celui qui n'a pas connu le péché,* ***il l'a fait (devenir) péché pour nous****, afin que nous devenions en lui justice de Dieu.*» **2 Corinthiens 5:21**. «*Christ nous a rachetés de la malédiction de la loi,* ***étant devenu malédiction pour nous*** *— car il est écrit : Maudit soit quiconque est pendu au bois* » **Galates 3:13**. C'en était trop pour Lui. Dieu le Lui imposa et Jésus n'eut d'autre choix que d'obéir. La bible dit qu'Il sonda Son Père pour savoir s'il existait une alternative à cette terrible coupe de péchés qu'Il devait boire : «*Père,* ***si tu le veux, éloigne de moi cette coupe****. Toutefois que ce ne soit pas ma volonté, mais la tienne, qui soit faite.* ***Alors un ange lui apparut du ciel, pour le fortifier****. En proie à l'angoisse, il priait plus instamment, et sa sueur devint comme des grumeaux de sang, qui tombaient à terre.*» **Luc 22:42-44**. Jésus ne renonça donc pas à Lui-même sans une pression du Père.

La coupe de péchés que le Père imposa à Jésus, ne passa pas sans douleur. Avant même d'aller à la croix, Jésus osa une question à Son Père sur la possibilité que cette coupe s'éloignât de Lui. Devant le silence du Père, Il se plia au sort qui L'attendait. Un ange du ciel vint Le fortifier, tant la souffrance était inhumaine. Cette coupe à boire était Son baptême de feu, sa dernière souffrance avant la gloire éternelle.

Enfin, ces trois étapes de renoncement de Jésus-Christ à Lui-même préfigurent un message très important qui ressort tout au long de ce livre : Le plus grand est le serviteur de tous. Jésus s'est fait le plus petit parmi les hommes pour être le serviteur de tous. En demandant donc à Ses disciples d'être les derniers, s'ils désirent être grands dans le système de la grâce, Jésus ne fait que traduire Sa propre vocation céleste. Il veut que Ses disciples Lui ressemblent en recherchant, non pas la première place, mais la dernière.

07
Le salut est une affaire individuelle avant toute chose

>«*Car Dieu a tant aimé le monde qu'il a donné son Fils unique, afin que* **quiconque** *croit en lui ne périsse pas, mais qu'il ait la vie éternelle.*» **Jean 3:16**.

>«*Alors, de deux hommes qui seront dans un champ,* ***l'un sera pris*** *et l'autre laissé, de deux femmes qui moudront à la meule,* ***l'une sera prise*** *et l'autre laissée.*» **Matthieu 24:40-41**.

C'est un fait indéniable que dans la société humaine, il existe une forte tendance au suivisme et au mimétisme. Nous nous inspirons les uns des autres, reproduisons les actes ou habitudes des uns des autres, comme si tous les membres de la société étaient voués à un seul et unique destin.

Mais la lecture de ces deux passages établit clairement que le salut est une affaire individuelle. Les expressions "quiconque", "l'un, l'une, l'autre" caractérisent une personne individuelle et non collective. Même si le Seigneur encourage Ses disciples à la communion avec d'autres disciples, la vie chrétienne relève d'un choix personnel. L'apôtre Paul s'interrogea : «*Comment savoir, femme,* ***si tu sauveras ton mari*** *? Ou comment savoir, mari,* ***si tu sauveras ta femme***?» **1 Corinthiens 7:16**. Une façon de dire qu'après la conversion d'un disciple marié, il n'y a pas de garantie absolue que le conjoint sera sauvé, lui aussi.

Le disciple de Christ ne doit donc pas s'inquiéter, jusqu'à la mortification, de ce qu'aucun membre de sa famille ou de ses relations ne le suive. Le cas de Jésus-Christ, en personne, est assez significatif du caractère individualiste de la foi. Dès le début de Son ministère terrestre, et jusqu'à la fin, la bible ne mentionne nulle part, dans les évangiles, la conversion des frères et sœurs de Jésus. Jacques et Jude, qui ont écrit deux livres éponymes du nouveau testament, ne sont apparus qu'après la résurrection du Christ. Ne pas confondre ce Jacques (ancien à Jérusalem) avec l'apôtre Jacques, frère de Jean, premier apôtre à être décapité par Hérode.

Exiger que la multitude suive Jésus, préalablement à son propre engagement dans le Seigneur, n'est pas sensé de la part de quiconque veut être disciple de Christ. Tout au long de la sanctification d'un disciple, il devra s'armer de cette pensée : le salut est individuel.

Bien qu'il soit nécessaire de marcher par l'Esprit, de s'éloigner des tendances de la chair, le monde alentour est si envahissant que la vigilance du disciple peut baisser devant des pratiques charnelles (quoique) vertueuses. Parmi ces vertus, il y a le vivre en communauté. Le Seigneur réclame de Ses disciples qu'ils soient en communion avec Lui car, c'est à travers la communion avec Jésus-Christ qu'un disciple est en communion avec ses frères et sœurs en Christ selon qu'il est écrit : «*Mais si nous marchons dans la lumière,* **comme Il (Jésus) est Lui–même dans la lumière, nous sommes en communion les uns avec les autres**, *et le sang de Jésus son Fils nous purifie de tout péché.*» **1 Jean 1:7**. Le Seigneur fait donc de la communion du disciple avec Lui, le fondement de toute communion avec d'autres disciples, membres de Son corps. Malheureusement, la tendance naturelle des hommes à rechercher la chaleur humaine peut pousser le disciple à tisser des liens communautaires sans tenir compte de la condition de base fixée par le Seigneur : c'est seulement si le disciple est en communion avec Lui, dans sa marche quotidienne, que ce disciple sera en communion avec les autres membres du corps de Christ. Dans un monde de plus en plus caractérisé par l'individualisme et l'égoïsme, toute occasion de se faire des amis ou des camarades est la bienvenue, et les églises du Seigneur en fournissent de belles occasions. Le disciple est donc appelé à ne pas mettre sa recherche absolue de la chaleur humaine au dessus des exigences de sainteté chères au Seigneur ; même s'il doit, pour cela, supporter plus de solitude. Il vaut mieux la solitude que la table des méchants.

Si donc, dans l'église, cette condition de sainteté préalable à la communion n'est pas prise en compte, le disciple de Christ devra faire preuve de vigilance au milieu d'elle, quitte à se faire traiter de marginal. Il vaut mieux l'absence de communion que la communion avec la lampe des méchants. Ainsi les disciples de Jésus-Christ doivent connaître le statut spirituel de ceux avec lesquels ils sont en communion. Toutefois, cette procédure doit se faire dans l'amour et la douceur. N'oublions pas que s'il est légitime que les disciples de Christ se préoccupent de l'origine des aliments qui leur sont servis dans les réunions, l'apôtre Paul conseille de *manger de tout ce qu'on présentera, sans se poser des questions* (**1 Corinthiens 10:27**). C'est uniquement lorsqu'on déclare que la viande provient d'un sacrifice, que l'on doit s'abstenir (**V.28**). L'attitude consistant à ne pas poser de question est une attitude de sagesse. Le disciple doit donc accepter toute communion qui lui est proposée dans l'église, sans se poser des questions. C'est lorsqu'il découvre que le communiant est en relation avec les ténèbres qu'il se ravise (**1 Corinthiens 5:11**). Le Seigneur n'acceptera pas que cette communion fraternelle supplante Sa sainteté, même si la multitude n'en fait pas cas.

Quelle que soit la douleur qu'il aura à subir, dans sa chair et dans son âme, le disciple doit veiller à ne pas compromettre son salut individuel par souci du plus grand nombre.

08
Le disciple ne s'appartient plus à lui-même

> «*Ou bien encore, ignorez-vous que votre corps est le temple même du Saint–Esprit qui vous a été donné par Dieu et qui, maintenant, demeure en vous ?* ***Vous ne vous appartenez donc pas à vous–mêmes.***»
> **1 Corinthiens 6:19.** [Bible version Semeur – 2000 (2006)].

> «*En vérité je vous le dis, si vous ne vous convertissez et si vous ne devenez comme les **petits enfants**, vous n'entrerez point dans le royaume des cieux.*» **Matthieu 8:3.**

Une illustration de ce titre nous est donnée par le petit enfant assis aux pieds de sa mère. Un tel enfant est indéniablement la propriété de ses parents. Dans le monde, cette posture perdure jusqu'à la majorité de l'enfant, entre dix-huit et vingt-un ans selon les pays. Au-delà de cet âge-plancher, le jeune adulte est autorisé à voler de ses propres ailes et à assumer des responsabilités civiles et pénales. A partir de sa majorité, le citoyen est libre d'agir comme il lui semble bon, sans plus être tributaire de l'autorité parentale.

Mais dans le Seigneur, nous ne pouvons pas nous affranchir de Sa tutelle. Dans le cas ci-dessus, le parent peut toujours souhaiter jouer un rôle de père si le fils ne trouve pas à redire. Dans le cas du disciple de Jésus-Christ, jamais il ne pourra s'affranchir de la tutelle du Seigneur.

L'on se souvient que Moïse soumettait systématiquement à Dieu, devant l'arche du témoignage, les questions des israélites, sans émettre d'opinion personnelle, bien qu'il fût lui-même, à quatre-vingts ans révolus, pétri de sagesse et d'expérience. Au contraire, il attendait humblement que Dieu lui donne la réponse qu'il répercutait ensuite aux requérants. Par cette attitude, Moïse démontrait que, malgré son âge d'homme d'expérience, il n'avait pas d'opinion qui tienne devant Dieu. Il s'effaçait. Il n'était pas maître de son destin. Nous savons que par la suite, Dieu décida de sa mort et de son lieu d'inhumation, au point qu'à ce jour, personne, ni même les israélites, n'a pu retrouver sa tombe.

Dans la pratique, il n'est pas très commode de rester sans voix devant une situation touchant l'être humain. La tendance à exprimer une opinion est si forte qu'il existe dans le monde une "opinion publique" libre d'émettre son point de vue sur toutes les questions de l'existence. L'exercice consistant, pour un disciple, à soumettre toutes les questions de son existence à la compétence du Seigneur, peut être humiliant. Mais parce que c'est voulu par le Seigneur, le disciple de Jésus-Christ doit l'accepter humblement.

Jésus a dit de Lui-même qu'Il ne faisait que la volonté de Son Père, et non la Sienne propre. Et l'on sait que Son Père décida de la manière dont Son Fils devait quitter ce monde. Le Christ ne put que Se soumettre à la volonté du Père d'aller à la croix, bien qu'Il eût la possibilité de faire intervenir douze légions d'anges pour Le sortir du pétrin.

L'homme étant devenu le temple du Saint-Esprit, Dieu a le pouvoir de décider du sort réservé à ce temple. Le fait, pour le disciple, de ne plus s'appartenir à lui-même, doit l'amener de la confiance en la lettre lue (bible) à un sentiment réel de dépendance totale au Seigneur. Ce sentiment est étrange car on habite un monde qui pense le contraire. Tel est le sort d'un disciple de Christ, il n'est plus avec le monde et il doit le ressentir. Il est crucifié pour le monde et le monde est crucifié pour lui (**Galates 6:4**). Son sort n'est plus celui du monde. Il ne doit pas être surpris que ce qui lui arrive, n'arrive qu'à lui et non aux autres. Dieu est le Seul à assumer ce qui lui arrive car son corps, tout comme sa vie, appartient désormais à Dieu. Ce disciple n'assume plus son existence sur la terre des hommes. Le Saint-Esprit prend place dans son corps et devient progressivement son homme intérieur (**Galates 5:20**). Telle est désormais la vie de ce disciple. Que gloire soit rendue à Dieu qui fait ces choses.

Le disciple de Jésus-Christ doit savoir que Son propriétaire est au ciel tandis qu'il vit en bas, sur la terre, avec le Saint-Esprit pour sceau de son appartenance au royaume des cieux. Il appartient à Christ, tel un nouveau-né appartenant à sa mère. En exigeant de Ses contemporains qu'ils se convertissent et deviennent comme de petits enfants pour entrer dans le royaume des cieux (**Matthieu 18:3**), le Seigneur donnait une idée du statut spirituel du disciple. Souvenons-nous que, dans l'ancien testament, Dieu exerçait déjà Son droit de propriété sur Ses serviteurs les prophètes. Hénoch, septième patriarche dans la généalogie de Jésus-Christ, marcha sur la terre et ne fut plus car il avait été enlevé par Dieu. Moïse fut enseveli à l'endroit que Dieu avait choisi et, à ce jour, personne n'a pu identifier sa tombe en Israël. Elie fut enlevé devant son serviteur Elisée. Les apôtres appartenaient au Seigneur. L'apôtre Jean fut enseveli vivant, à sa demande. Et lorsque, dubitatifs, les habitants alentour voulurent vérifier l'information, on ne put retrouver son corps à l'endroit où il avait été enseveli. Plus près de nous, un disciple indou bien connu, le Sâdhu Sundar Singh, disparut dans un dernier pèlerinage au Tibet en 1929. Le Gouvernement indien le déclara mort en 1932, après trois années de recherches infructueuses. Jésus Lui-même faisait comprendre à Ses parents, Joseph et

Marie, qu'Il devait faire la volonté de Son Père, une façon de leur dire qu'Il ne leur appartenait pas. Le statut spirituel du disciple peut sembler bizarre dans un contexte marqué par un mélange des genres entre les disciples et le monde. Mais le disciple du Christ ne doit se faire aucune illusion car le Seigneur voudra le traiter comme s'il était propriété du royaume des cieux. L'insouciance du disciple par rapport à cette réalité spirituelle dénote un niveau de sanctification encore perfectible. Le baptême est un pacte par lequel, le disciple rompt avec le monde pour devenir citoyen du royaume des cieux. Normal donc que ce royaume s'occupe du corps de ses ressortissants.

09
Eviter les pièges en adorant Dieu en esprit et en vérité

> «*Mais l'heure vient – et c'est maintenant – où* **les vrais adorateurs adoreront le Père en esprit et en vérité** *; car ce sont de tels adorateurs que le Père recherche.*» **Jean 4:23**.

Jésus affirma cette vérité lors d'un entretien à bâtons rompus avec une femme samaritaine, sur une question religieuse au centre de la discorde entre Samaritains et Juifs, deux partitions du peuple hébreux issues de la scission d'Israël après le règne de Salomon. L'histoire veut que les rois de Samarie, voulant protéger leur peuple de l'influence religieuse de Jérusalem, aient choisi une montagne comme lieu d'adoration. La samaritaine tentait, devant un juif (Jésus), de défendre la position de son peuple qui estimait avoir le droit d'adorer Dieu sur une montagne qui avait, par le passé, servi de puits à Jacob, leur ancêtre commun.

A la surprise de la femme samaritaine, la réponse de Jésus renvoya dos-à-dos la Samarie et Jérusalem, en soutenant que les vrais adorateurs recherchés par le Père, étaient ceux qui L'adoreraient en esprit et en vérité.

Il vient naturellement à l'esprit les questions suivantes : comment adorer en esprit ? Quelle différence y a-t-il entre l'adoration en esprit et l'adoration en vérité ?

Commençons par la signification du verbe "adorer" ? Adorer signifie rendre un culte à une divinité, à savoir Dieu pour les disciples de Jésus-Christ. Ce verbe comprend plusieurs synonymes dont on peut citer : admirer, aduler, aimer, bénir, chérir, déifier, glorifier, idolâtrer, prier, raffoler, servir, vénérer, donner.

L'examen attentif de ce verbe et de ses différents synonymes nous amène à conclure que l'adoration se fait de deux manières : (i) selon un état d'esprit favorable à l'être adoré – on parlera alors d'admirer, prier, vénérer, glorifier – et (ii) à travers des réalisations favorables à l'être adoré – telles que les actions de grâces, les offrandes, les dons, etc.

Dieu voulant que Ses vrais adorateurs L'adorent en esprit et en vérité, Il souhaite que Ses adorateurs combinent les deux manières décrites ci-dessus, à savoir : (i) L'adorer par la posture et la pensée et (ii) L'adorer par les actes de vérité, c'est-à-dire les réalisations visibles et palpables. A travers ces deux axes d'adoration, nous avons la certitude que Dieu est véritablement adoré. Dieu ne veut pas qu'on L'adore exclusivement en esprit ou en vérité, Il veut qu'on l'adore en esprit ET en vérité (réalisation).

Ces deux axes d'adoration de Dieu sont donnés aux disciples afin qu'ils détectent les mensonges et pièges de ceux qui prétendent être de Dieu alors qu'ils servent le diable. Car l'ennemi, à travers ses serviteurs, utilise principalement la ruse, la tromperie, le mensonge, le mirage, la duperie. Les disciples de Jésus-Christ doivent croiser ces deux axes d'adoration pour savoir si l'interlocuteur, en face de qui ils se trouvent, vient au nom du Seigneur ou de quelqu'un d'autre. Les disciples de Jésus-Christ doivent être très attentifs sur l'origine de ce qui se présente devant eux. Cela doit être un réflexe. L'apôtre Paul n'hésitait pas à distinguer, dans ses lettres épistolaires, ce qui venait de Dieu (commandements incontournables), de ce qui venait de lui-même, homme pieux et fidèle. Même si Paul menait une vie de sainteté et que ses actes exhalaient un parfum de sainteté, il prenait grand soin de préciser si son conseil était un commandement de Dieu ou une leçon de vie personnelle (**1 Corinthiens 7:10, 12**). Parce que Dieu tient à Sa sainteté, les disciples devraient faire de même.

Plusieurs faux prophètes sont entrés dans le monde depuis le premier siècle chrétien (**1 Jean 4:1**). Entre le premier siècle et aujourd'hui, près de deux mille ans plus tard, le phénomène s'est accentué au point de cristalliser. Point n'est besoin de se demander si les faux prophètes sont dans l'église aujourd'hui. Ils y sont fermement installés même s'ils ne disent pas leurs noms. Je tiens d'un livre témoignage d'un ex-Sataniste repenti, que dans une église d'une cinquantaine de membres environ, il faut compter en moyenne quatre satanistes de haut rang. Bien que l'on doive être prudent avant de généraliser ce témoignage spécifique, on ne peut manquer de faire un rapprochement avec la première église de l'ère chrétienne, celle que Jésus formait avec Ses douze disciples. Ils étaient en tout treize, Jésus y compris, dont un démon, Juda Iscariote. Le fait que le rapport de quatre sur cinquante soit proche d'un sur treize, apporte assez de crédibilité à ce témoigne, pour ne pas en rajouter.

L'un des outils efficaces pour démêler le vrai du faux, dans la maison de Dieu, est l'adoration simultanée en esprit et en vérité. Le disciple doit observer la cible via ce regard croisé. Les faux prophètes, comme leur maître le diable, recourent à de nombreux subterfuges pour flouer les disciples de Christ.

Dans la pratique, il existe deux catégories d'exaltés : une première catégorie qui affirme son attachement à Dieu par une posture religieuse riche en expressions bibliques : l'Esprit, Jésus, les apôtres et leurs actes, tels serviteurs célèbres de Dieu, la prière, le jeûne, la dîme, l'adoration, et autres activités propres à la religion chrétienne. Sur cette base, nous pouvons dire que la personne adore Dieu en esprit. Mais cela ne suffit pas à lui tendre la main de communion. Il faut observer si la personne allie la théorie à la pratique et s'il observe dans sa vie ce qu'il dit, selon l'appel à la prudence de l'apôtre : «*Maintenant, ce que je vous ai écrit, c'est de ne pas avoir de relations avec quelqu'un qui, tout en se nommant frère, serait débauché, ou cupide, ou idolâtre, ou insulteur, ou ivrogne, ou accapareur, et même de ne pas manger avec un tel homme.*» **1 Corinthiens 5:11**. La seconde catégorie d'exaltés ne tient pas des propos bibliques. Ils n'en disent mot mais développent une activité caritative et humanitaire très élogieuse. Parmi eux, vous avez les pacifistes et les associations humanitaires. Des personnes qui se distinguent en donnant l'essentiel de leurs biens et de leur temps aux pauvres. Faut-il pour autant leur reconnaître un statut de disciple ? Négatif parce que plusieurs d'entre eux nient l'existence même de Dieu. Leurs activités consistent à éradiquer la misère pour rééquilibrer un monde où les riches sont plus riches et les pauvres plus pauvres. *Celui qui nie le Fils, n'a pas non plus le Père* (**1 Jean 2:23**). On ne peut donc pas accorder un statut de disciple à quiconque nie le Christ malgré un engagement fort louable contre la pauvreté et la misère.

Aussi les disciples devraient-ils observer toute chose non seulement à travers le prisme de l'adoration en esprit (vocation et paroles), mais également à travers le prisme de l'adoration en vérité (actes). L'un sans l'autre peut dissimuler une ruse du diable et ne doit pas être pris pour argent comptant.

Lorsque Jésus-Christ fit face à la tentation du diable, à trois reprises le diable se servit de la parole de Dieu pour Le compromettre. Et à trois reprises, le Seigneur se servit de la parole de Dieu pour contrer le diable. Ceux qui se servent de la parole de Dieu, pour flouer les disciples du Christ, ont tendance à sortir cette parole de son contexte. Une autre parole dite à propos devrait les mettre dans l'embarras. Il n'est pas prudent, pour un disciple du Christ, de faire confiance, sans précaution, à quiconque arrive avec des paroles tirées de la bible. Ce moyen d'escroquerie est même utilisé par de nombreux filous sur la toile Internet. Les disciples de Jésus-Christ devraient redoubler de vigilance en s'armant de ce regard croisé pour savoir s'ils ont à faire à Dieu ou à quelqu'un d'autre, le diable ou l'homme.

Dans l'idéal, tout doit se faire avec amour. J'ai eu à vivre cette expérience de croisement des deux axes d'adoration pour confondre un serviteur du diable, il y a une vingtaine d'années. Je voyageais en fin d'après-midi, dans un bus de transport en commun, sur un trajet de 300 km qui devait durer environ cinq heures. Le long du trajet, une conversation s'engagea entre les passagers. Et l'un d'eux, que je prénommerai Wilmond (pseudonyme), appuyait ses interventions par des vérités tirées de la bible. Je remarquai que ses citations bibliques étaient tout à fait correctes, ce qui m'encouragea à prêter une plus grande attention aux discussions. Après tout, quoi de plus récréatif pour passer l'ennui d'un long voyage ! La convergence de vue entre lui et moi finit par polariser l'attention de l'assistance au point de nous attirer les sarcasmes de quelques uns (notamment une dame respectable) comme c'est souvent le cas à l'égard de ceux qui tiennent la bible en estime. Néanmoins, je restais prudent à l'égard de ce Wilmond qui m'intriguait car j'avais appris à ne pas me fier aux apparences malgré les points de convergence biblique que lui et moi avions. Finalement le bus fit une pause et tous les passagers descendirent. Wilmond et moi nous sommes écartés du groupe pour poursuivre cette conversation animée jusqu'à nous donner la main de communion. Aussitôt après la poignée de main, la main qui avait tenu la sienne ressentit une vive douleur qui se mit à progresser le long de mon avant-bras. En me fiant aux conseils d'un livre chrétien que je venais de lire sur la délivrance en cas d'attaques de ce genre, il était clair que ma main meurtrie venait de recevoir un implant satanique insidieusement placé par un serviteur du diable. Un implant étant défini comme un traceur GPS au profit du monde occulte. Sans trahir une quelconque émotion, quoique la douleur vive progressât inexorablement, j'ai commencé, en mon fort intérieur, à lier l'esprit de Wilmond et à crier de toutes mes forces : «*Jésus-Christ est le Roi des rois !*» en souvenir d'un songe dans lequel ces propos m'avaient instinctivement sauvé de puissants ennemis. En insistant sur ce bouclier spirituel, la douleur arrêta sa progression pour rebrousser chemin vers sa porte d'entrée, jusqu'à disparition complète. Par précaution, une fois de retour à domicile, je fis une onction d'huile sur l'avant-bras attaqué en condamnant, au nom de Jésus, les démons qui s'étaient manifestés. Je n'honorai plus, comme promis, le rendez-vous fixé avec Wilmond. Cette dame qui fit le trajet en vociférant des noms d'oiseaux à notre égard, eut son sac arraché par des voleurs à l'arrivée du bus, la nuit tombée. Wilmond avait-il tenu des propos conformes à la parole de Dieu ? Oui, il semblait adorer Dieu en esprit. Etait-il pour autant digne de confiance dans le Seigneur ? Non car il m'attaqua avec de puissants démons, un acte contraire à la communion sensée exister entre disciples. Il n'adorait pas Dieu en vérité. D'où la vigilance qui ne peut être efficace qu'en adorant Dieu en esprit (parole de foi) et en vérité (action). Wilmond parlait comme un ange mais agissait comme un démon. Jusqu'à la fin du trajet, ma bouche n'exprima aucun propos belliqueux envers Wilmond. Il m'attaqua frontalement et insidieusement mais je le contrai spirituellement. Je louai le Seigneur qui a déclaré : «*Aucune tentation ne vous est survenue qui n'ait* été humaine ; *Dieu est fidèle et ne permettra pas que vous soyez tentés au-delà de vos forces ; mais avec la tentation, il donnera aussi le moyen d'en sortir, pour que vous puissiez la supporter»* **1 Corinthiens 10:13**. Mon opinion personnelle est que Wilmond devait être un serviteur du diable de rang moyen car suivant les déclarations d'un ex-sataniste de rang élevé, le diable recommande à ses sujets-espions une très grande discrétion. Or la douleur provoquée par Wilmond était trop vive pour rester sous le sceau de la discrétion. J'ai souvenir d'enfants de Dieu qui se font arnaquer sur la toile Internet par de soi-disant frères en Christ, héritiers présumés de grandes fortunes en souffrance dans de paradis fiscaux, en attente de transfert. Ces faux disciples utilisent la technique de l'adoration en esprit sans la vérité pour escroquer leurs victimes. Mais si on les met à l'épreuve des faits (adoration en vérité), ils échouent. La vigilance est donc recommandée et la meilleure arme, c'est d'adorer Dieu à la fois en esprit ET en vérité.

Application : Ne pas s'abandonner aux visions

> *«Que personne, sous prétexte d'humilité et d'un culte des anges, ne vous conteste à son gré (le prix de la course);* **(un tel homme) s'abandonne à des visions***, il est enflé d'un vain orgueil par ses pensées charnelles»* **Colossiens 2:18**.

En exigeant un regard croisé et une adoration en esprit et en vérité, pour savoir si c'est Lui qu'on adore réellement et pas quelqu'un d'autre, le Seigneur sait, en particulier, qu'il est facile d'être otage d'une doctrine. N'oublions pas que le Seigneur a dit que des gens mettront les disciples à mort en croyant rendre un culte à Dieu (**Jean 16:2**). Deux disciples demandèrent au Seigneur la permission de faire descendre le feu du ciel pour consumer des auditeurs incrédules (**Luc 9:54-55**). Le Seigneur les reprit en leur disant qu'ils ne savaient *de quel esprit ils étaient animés*. Ainsi donc, croyant rendre un culte à Dieu, un disciple peut faire de grosses gaffes jusqu'à provoquer la mort. C'est dire l'importance d'être vigilant, faute de quoi, l'on sera otage de schémas figés qui sont des espèces de visions. Un schéma spirituel est une vision que l'on doit soumettre à la sagesse de l'Esprit pour se laisser reprendre si l'on est en tort. D'où la recommandation de l'apôtre Paul afin que les disciples veillent sur leur conduite en se soumettant les uns aux autres (**Ephésiens 5:15-21**). En acceptant d'être repris par les regards extérieurs des autres disciples, frères et sœurs en Christ, on minimise les risques d'égarement au profit de la gloire de Dieu. Il est donc crucial que chaque disciple se rende accessible et ne développe pas une aversion à écouter les critiques, comme c'est le cas dans le monde alentour où plus personne ne veut recevoir de leçon. Recevoir des leçons est toujours désagréable pour son égo car on a l'impression de recevoir des flèches. Mais avec l'exercice, cela devient aisé. Le Seigneur tient à ce que Ses disciples mettent de côté leur égo pour écouter Ses conseils et avertissements car nul n'est encore parfait dans le processus de sanctification qu'on poursuit chaque jour sans relâche. Celui qui fermera ses oreilles aux avertissements du Seigneur, passés directement ou par le biais d'un autre disciple, verra sa croissance spirituelle ralentir et sa foi diminuer, sans compter les conséquences collatérales.

De nombreux cas d'erreurs ne manqueront pas d'ébranler les disciples de Christ dans leur vécu ici bas. La veille est de rigueur. Il est facile de s'égarer, de s'abandonner à des visions, parce qu'on manque de clarté. Le Seigneur sait que l'esprit d'un homme peut l'égarer sous de nombreuses influences. Mais un disciple prudent, discipliné, humble et sage, ne manquera pas d'exercer un regard croisé pour identifier d'éventuelles contradictions. Au cas où quelqu'un fait ce qu'il ne dit pas et dit ce qu'il ne fait pas, il faut rester vigilant à son égard et attendre la lumière du Seigneur. Cette lumière peut aussi être trouvée grâce à l'opinion d'autres disciples, à condition d'être humble et d'écouter.

La marche par l'Esprit, on l'a vu plus haut dans le présent livre, ne consiste pas seulement à connaître la parole de Dieu, mais aussi à la mettre en pratique. En mettant la parole de Dieu en pratique, on pourra éviter des visions faussement imputées à Dieu.

10
Charge et ministère dans l'église : autorité et onction

Lorsqu'on s'intéresse à la structure interne de l'église du Christ, on peut distinguer deux organismes parfaitement complémentaires qui, aux yeux de Dieu, ne peuvent ni se confondre, ni permuter dans l'atteinte de leurs objectifs. Il s'agit : (i) de l'exercice des charges de l'église par les anciens et les diacres et (ii) de l'exercice des dons par tous ceux qui ont reçu le don du Saint-Esprit ; en fait, tous les disciples.

L'exercice des charges au sein de l'église de Jésus-Christ

Il existe deux charges essentielles dans l'église : la charge d'ancien et la charge de diacre. Ces charges n'ont rien à voir avec les dons spirituels. Elles existent par souci de bonne gestion d'une communauté de personnes. Parce que l'édification d'une communauté passe par des rassemblements et leurs corollaires, à savoir : l'accueil des disciples, le protocole de prise de parole, les directives communes à prendre, la vérification des saintes écritures, la répartition des sièges dans le lieu de rassemblement, l'utilisation des ressources de l'église par rapport aux dépenses communes et la prise en charge des nécessiteux dont en particulier, les orphelins, les veuves et les immigrants, en somme toute la logistique d'organisation.

Avant d'entrer en profondeur dans ces différentes charges, il y a lieu de préciser un principe cher au Seigneur : ces charges doivent être tenues dans leur forme la plus simplifiée et, pour certaines, n'exister qu'en cas de grande nécessité. Le Seigneur ne souhaite pas de charges encombrantes car trop de charges tuent la vie de l'Esprit dans l'église. Le souci de montrer, par un déploiement d'envergure, que l'église est importante et présente relève de la chair et ne glorifie pas le Seigneur car, ce qui vient de la chair est chair. Le Seigneur ne veut ni publicité commerciale, ni communication politique dans l'église. Le Seigneur ne souhaite pas que les questions de logistique et d'administration, toutes choses au centre de plusieurs systèmes de gestion, supplantent le service de la parole. Car de nombreux systèmes de gestion ont été développés dans les groupes confessionnels pour donner, en apparence, l'impression que la vie du Seigneur y est fortement développée, ce qui est très souvent erroné. Il est facile de masquer l'égarement par des opérations tape-à-l'œil savamment orientées vers la satisfaction des nécessiteux.

Le Seigneur ayant appelé Ses disciples à la plus grande prudence, Il ne pourra jamais encourager le clinquant et le tape-à-l'œil susceptibles d'attirer aux Siens, tribulations et actes de méchanceté sur fond de jalousie. Les disciples devront mettre leur égo de côté et ne pas rechercher le clinquant, même si, dans l'environnement immédiat, une église voisine fait grand bruit. On n'ouvre pas une église dans le but de répondre, du tac au tac, à une église voisine concurrente, mais pour glorifier et servir le Seigneur.

Les charges doivent donc être exercées, avec un esprit de grande simplicité et en sachant que moins il y aura de charges, mieux on se portera. Le souci de simplicité, et non de publicité, devrait préoccuper au plus haut point ceux qui en ont la responsabilité. L'apôtre Paul prescrivait par exemple à son collaborateur Timothée, d'exiger des disciples qu'ils prennent soin de leurs veuves afin que l'église n'en ait pas la charge. Une façon de dire que l'église ne devait se préoccuper que des cas désespérés, des vraies veuves de plus de soixante ans. Ainsi si une disposition réglementaire permettait de prendre soin des veuves de plus de soixante ans, seules les personnes n'ayant pas de soutien familial pouvaient être prises en compte afin d'alléger la charge de l'église. Les disciples doivent donc éviter de référer leurs parents âgés à l'église sous prétexte qu'ils y versent déjà de substantielles contributions. Ils peuvent en prendre soin afin que l'église en soit déchargée. C'est ce que préconisait l'apôtre Paul (**1 Timothée 5:16**).

- L'ancien dans l'église

Les informations que nous livrent les saintes écritures établissent que les anciens existaient déjà à l'époque où la communauté israélite séjournait en Egypte (**Exode 3:16**). Les anciens des israélites étaient, comme ce nom l'indique, des personnes mûres ayant bonne réputation au sein de la société. Ils n'étaient pas chefs, ni riches, ni soldats, mais des figures tutélaires, consultatives, montrant par leur vie exemplaire qu'ils étaient dignes de confiance. Ce rôle convenait parfaitement à une communauté immigrante n'ayant pas le statut de résident car, souvent, les chefs véritables sont des autochtones. Ce rôle d'ancien fut préservé lors de la sortie des israélites d'Egypte vers la terre promise, et reproduit dans l'église de Jésus-Christ par les apôtres, de tradition israélite, parce que la notion d'ancien se prête mieux à l'église dont l'unique chef est le Christ (via le Saint-Esprit), et parce qu'au fond, tout disciple est un résident temporaire, un immigrant, et non un autochtone. Dieu n'a qu'un seul but : faire résider Ses enfants dans Sa cité céleste, la Jérusalem d'en-haut. En présence d'un chef, l'ancien tient le rôle d'intermédiaire par lequel la multitude qu'il représente reçoit des garanties de bonne foi du chef. N'ayant, dans la majorité des cas, que peu d'atouts à faire valoir en dehors de sa bonne réputation, l'ancien n'est jamais gênant. C'est une personne plus consultative qu'exécutive. C'est un ancien, une figure tutélaire gardienne de l'éthique. Les apôtres disent de lui qu'il doit être *«irréprochable, mari d'une seule femme, sobre, sensé, sociable, hospitalier, apte à l'enseignement, ni adonné au vin, ni violent, mais conciliant, pacifique, désintéressé ; bien diriger sa propre maison et tenir ses enfants dans la soumission, avec une parfaite dignité.»* **1 Timothée 3:2-4.**

En nommant les anciens à la tête des églises de Christ, les apôtres ne courraient pas le risque de créer un conflit d'autorité entre le chef invisible, Christ, et ces anciens, ni entre l'église et les autorités gouvernementales (César).

Il est triste que les chrétiens d'origine païenne n'aient pas suffisamment creusé le statut d'ancien chez les juifs, ce qui les aurait permis d'éviter l'erreur consistant, aujourd'hui, à placer les anciens sous l'autorité hiérarchique du chef-pasteur. En installant les anciens à la tête des églises, soit directement, soit par le biais de leurs collaborateurs, les apôtres n'entendaient pas nommer des chefs dans lesdites églises comme il en existe aujourd'hui.

L'ancien n'est pas la star d'une église. Il apporte son rôle tutélaire, plus consultatif qu'exécutif. Il ne peut s'attribuer le rôle de chef, ni affirmer que le Seigneur doit passer par lui pour influencer l'église. Il doit se faire tout petit car il est un personnage visible. Il doit se faire tout petit comme le serviteur de tous. Il ne doit pas résister à quiconque manifeste, par ses dons, des dispositions spirituelles meilleures et abondantes. S'il manifeste de la jalousie, alors il développera un sentiment de propriétaire qu'on ne voit que chez les chefs. L'ancien n'est ni le propriétaire de sa communauté, ni le chef, mais un leader. S'il devient chef, non seulement il usurpera le rôle dévolu à Christ seul, mais aussi inquiètera-t-il César, car César est jaloux de son autorité et ne permettra pas qu'un autre l'exerce à sa place dans la population, fut-elle à forte résonnance chrétienne. Est-ce ce souci qui poussa un empereur romain à s'impliquer dans le fonctionnement interne de l'église du quatrième siècle au point qu'aujourd'hui, la plupart des églises ont des chefs que les gouvernants du monde assimilent à leurs auxiliaires ? Plausible dans la mesure où, à une certaine époque, les actes d'état civil étaient délivrés par les religieux de plusieurs pays avant que la loi sur la laïcité ne viennent y mettre un terme.

Les conditions de désignation d'un ancien ne reposent pas sur une prouesse quelconque de sa part, car les chefs ont pour coutume d'avoir posé des actes héroïques. En rapportant la crédibilité de l'ancien uniquement à sa moralité et à son expérience de la vie, l'apôtre Paul dénie aux anciens toute compétence de chef selon qu'il est écrit : «*S'il s'y trouve quelque homme irréprochable, mari d'une seule femme, ayant des enfants fidèles, qui ne soient ni accusés de débauche ni indisciplinés...*» **Tite 1:6**.

Respect dû aux anciens. Bien qu'ils n'aient pas le statut de chef, les anciens ne sont pas moins des leaders dignes de respect. Le Seigneur attend de tout disciple qu'il respecte l'ancien, quels que soient l'importance et l'envergure du don reçu par ce disciple. Le Seigneur n'établit pas les anciens en fonction des dons spirituels. Ces dons n'apparaissent pas dans les critères bibliques d'éligibilité de l'ancien. L'ancien, appelé aussi évêque ou surveillant, n'est pas chef car les chefs nomment les surveillants (anciens) pour leur compte quand la nécessité s'impose. Dans le ressort territorial de l'église locale, l'ancien a préséance sur tout ministre des dons du Saint-Esprit, que ce don soit interne à l'église (la plupart) ou transversal (apostolat). Préséance ne signifie pas dominance : sa parole passe avant celle du ministre à l'intérieur de l'église où il officie comme ancien. Le ministre étant tenu d'accepter cette préséance. Dans l'église du premier siècle, l'apôtre Pierre était une colonne. Mais dans l'église de Jérusalem, l'ancien Jacques avait préséance, c'est pourquoi Jacques clôtura les assises de la conférence de Jérusalem (**Actes 15:13-29**). Ceux qui maîtrisent le protocole de tenue des assises savent que c'est le leader de rang le plus élevé qui prend la parole en dernier. Jacques prit la parole en dernier après plusieurs intervenants dont Pierre.

Territoire de compétence de l'ancien. Il nous faut préciser que la charge d'ancien est liée à la présence d'une église dans une ville ou localité, et qu'il est désigné par le chef de la mission apostolique (ex. Paul) ou ses collaborateurs délégués (ex. Timothée). Cette charge n'est pas extensible d'une ville à l'autre. Dès que l'ancien quitte la ville où il a exercé la charge d'ancien, il ne peut, de manière automatique, se prévaloir de cette charge dans une autre ville. Parce que la charge d'ancien n'est ni un don, ni un ministère. Elle a été rendue nécessaire par les nécessités logistiques de tenue d'une communauté des disciples de Christ dans une localité donnée. Dès qu'un ancien se déplace, il est un disciple ordinaire.

Ancien et sentinelle. L'ancien est une sentinelle du fait de la surveillance qu'il exerce au sein de la communauté des disciples. Les critères d'éligibilité de l'ancien commandent qu'il soit parfaitement équilibré, ayant vaincu les pièges de la jeunesse c'est-à-dire, «*irréprochable, mari d'une seule femme, sobre, sensé, sociable, hospitalier, apte à l'enseignement, ni adonné au vin, ni violent, mais conciliant, pacifique, désintéressé ; dirige bien sa propre maison et tient ses enfants dans la soumission, avec une parfaite dignité [...] Qu'il* **ne soit pas nouveau converti***, de peur qu'enflé d'orgueil, il ne tombe sous le jugement du diable. Il faut aussi qu'il reçoive un bon témoignage de ceux du dehors, afin de ne pas tomber dans le discrédit et dans les pièges du diable.*» (**1 Timothée 3:2-4,6-7**). C'est grâce à cet équilibre qu'il est spirituellement équipé pour déjouer les pièges de l'ennemi. En particulier, l'ancien est bien armé pour apprécier l'importance d'une mission apostolique arrivant dans sa localité. Et pas seulement la mission apostolique, mais également de nombreux autres ministères internes à l'église. Les ministres ont souvent un don très spécifique, lié à leur appel et aux besoins du corps. L'ancien est spirituellement équilibré et sage, car il appréhende mieux les interactions des dons, les uns aux autres, dans le processus d'édification du corps. Un ministre du don du Saint-Esprit, quel que soit son niveau spirituel (ex. Pierre), doit accepter l'autorité de l'ancien même spirituellement moins armé (ex. Jacques). Le ministre doit savoir qu'il n'est pas le seul à disposer d'un don pour l'édification du corps de Christ. D'autres ministères sont aussi utiles au corps. Dans une église, on peut énumérer plusieurs ministres des dons du Saint-Esprit. Sur le papier, il y a même autant de ministres qu'il y a de disciples. Tandis que dans une église, il y a beaucoup moins d'anciens. Les ministres exercent leurs dons au milieu d'une foule d'autres ministres alors que l'ancien officie, bien souvent, avec moins de collègues.

Ancien et missions apostoliques. Bien que l'ancien soit désigné et établi par un apôtre (chef de mission ou collaborateur du chef de mission), les rapports entre l'ancien et la mission ne sont pas hiérarchiques. Ils sont discrétionnaires et consultatifs, c'est-à-dire que l'ancien n'a pas de rapport hiérarchique à rendre à la mission apostolique. Compte tenu du rôle de la mission dans la création des églises, des rapports harmonieux sont recommandés entre les anciens représentant l'église locale, et la mission apostolique. C'est l'idéal mais il n'y a aucune obligation. Les anciens sont donc les meilleurs représentants de l'église dont le chef est Christ (via l'Esprit-Saint). Par leur statut, ils ne sont pas usurpateurs de l'autorité de Christ, ni de celle de César (autorité gouvernementale).

- Le diacre dans l'église

Les conditions qui prévalaient à la création de la charge de diacre par les apôtres, ainsi que les critères de leur sélection, font du diacre un gestionnaire de la table. Il tient donc une comptabilité des biens qu'il administre au profit des nécessiteux de la communauté chrétienne. En dehors des biens à gérer, l'appellation perd de sa signification. Les églises exagèrent en considérant comme diacres, les responsables de la logistique et du protocole des réunions. Ces expressions sont des abus de langage. Les diacres sont exclusivement des gestionnaires de la table dont ils doivent tenir une comptabilité. C'est pourquoi, dans le processus de désignation des diacres, la nécessité de les mettre à l'épreuve est exigée alors que ce critère est absent du mode de désignation des anciens (**1 Timothée 3:8-10**).

Un détail important est apparu à la création du diaconat par les apôtres selon qu'il est écrit : «*Les douze convoquèrent alors la multitude des disciples et dirent :* ***Il ne convient pas que nous délaissions la parole de Dieu pour servir aux tables***.» **Actes 6:2**. Le diaconat est donc une activité de délestage afin que les serviteurs de la parole ne s'encombrent pas de la table. C'est dire qu'on ne peut pas exercer ces deux activités en même temps sauf cas de force majeure. Le diaconat étant une activité liée à la gestion des biens en faveur des nécessiteux, on ne saurait la confier à un païen. Seul un disciple réunissant les conditions d'éligibilité peut l'exercer.

A l'instar des anciens, le statut de diacre se rapporte à l'église d'une ville ou localité. Dès que l'on quitte la ville, on redevient un disciple ordinaire. On ne saurait se prévaloir de l'étiquète de diacre comme s'il s'agissait d'un don spirituel (ministère).

Critère d'appréciation du diacre. Comme le diaconat est lié à la gestion des biens en faveur des nécessiteux, on peut trouver beaucoup à dire sur les qualités dont ils doivent faire preuve. Néanmoins, il y a deux témoignages que l'on doit particulièrement surveiller : (i) les bénéficiaires ne doivent pas se plaindre car c'est suite aux plaintes proférées contre l'église que les apôtres trouvèrent opportun de désigner des diacres ; (ii) les diacres doivent conserver un bon témoignage en évitant l'appât du gain. Même si aucun bénéficiaire ne venait à se plaindre directement, une certaine opulence ne doit pas empoisonner l'atmosphère de l'église en bruissant des rumeurs de malversations financières. En fait, si le diacre affiche une certaine opulence grâce aux activités non ecclésiastiques, il pourrait songer à confier la charge à quelqu'un d'autre afin d'éteindre la rumeur et sauvegarder l'image du Christ.

L'exercice des ministères dans l'église

Un ministère est une activité basée sur l'exercice des dons de l'Esprit pour l'édification du corps de Christ à la gloire de Dieu le Père. Dans le cas de la manifestation des dons chez un disciple, on quitte la logistique de l'église pour le service de la parole. Ce ne sont plus les contraintes logistiques de tenue de la communauté des disciples qui comptent ici, mais l'édification spirituelle du corps de Christ. Dans ce cas, seule compte la présence d'un don transmis par le Saint-Esprit.

- Il y a diversité de dons dans l'église, mais le même Esprit

> «*Il y a **diversité de dons, mais le même Esprit ; diversité de services, mais le même Seigneur ; diversité d'opérations, mais le même Dieu qui opère tout en tous***. Or, à chacun la manifestation de l'Esprit est donnée pour **l'utilité (commune)**. En effet, à l'un est donnée par l'Esprit une parole de sagesse ; à un autre, une parole de connaissance,*

> *selon le même Esprit ; à un autre, la foi, par le même Esprit ; à un autre, des dons de guérisons, par le même Esprit ; à un autre, (le don) d'opérer des miracles ; à un autre, la prophétie ; à un autre, le discernement des esprits ; à un autre, diverses sortes de langues ; à un autre, l'interprétation des langues.* **Un seul et même Esprit opère toutes ces choses, les distribuant à chacun en particulier comme il veut.**» **1 Corinthiens 12:4-11**.

Suivant le premier verset de ce passage, l'on remarque que tout commence par les dons transmis au disciple par l'Esprit qui habite en lui. Ensuite, le Seigneur oriente les dons du disciple dans les activités (*services*) concourant à l'édification du corps de Christ (*utilité commune*). Enfin, Dieu agit (*opère*) en lui, en toutes choses, pour Sa gloire, de telle manière que le disciple ne puisse pas s'attribuer la moindre parcelle de gloire. Le disciple n'est qu'un vase communicant et un canal au service de Dieu, pour l'utilité de tous.

Une fois réglés les problèmes logistiques de l'église dans une localité, via la désignation des anciens et des diacres, examinons l'exercice des dons spirituels par les disciples. L'exercice récurrent d'un don spirituel donne lieu à une activité permanente appelée ministère. La parole de Dieu affirme que chaque disciple fait partie du corps de Christ, de la même manière que l'œil, l'oreille, la main et le pied font partie du corps humain (**1 Corinthiens 12**). Comme chaque membre du corps humain a été conçu et défini pour exercer le rôle attendu de lui par le corps tout entier, le ministère est le rôle assigné par le Seigneur au disciple-membre de Son corps. Il n'y a aucun texte biblique qui stipule qu'on puisse avoir le Saint-Esprit, au-dedans de soi, sans posséder un ou plusieurs dons parce que, d'une part, le Saint-Esprit est un don reçu après le baptême (**Actes 2:38**) et, d'autre part, le disciple est le temple du Saint-Esprit (**1 Corinthiens 6:19**). La main a donc un talent exercé au maniement des objets. L'œil a un talent exercé à l'observation des choses. Le pied a un talent exercé au déplacement du corps humain d'un endroit à l'autre, etc. Tout disciple, membre du corps de Christ, tient un rôle spécifique dans ce corps, qu'il soit médiatisé, visible ou non. A l'intérieur du corps humain, il existe de nombreux organes invisibles à l'œil nu, difficilement indentifiables sans le recours à la radiologie ou au scanner. Néanmoins, ces organes ont une utilité dans la bonne santé du corps humain. Dans la parabole des talents (**Matthieu 25:15**), tous les serviteurs avaient reçu au moins un talent à fructifier. On ne pouvait imaginer un ouvrier sans talent, ce qui aurait fait penser que cet ouvrier avait été embauché sans qualification. Chaque disciple du Christ a un don, ce qui lui procure la qualification pour exercer.

- **Les dons ne sont pas choisis par le disciple, mais distribués par l'Esprit, à chacun en particulier, selon le bon vouloir de l'Esprit**

> *« Un seul et même Esprit opère toutes ces choses,* ***les distribuant à chacun en particulier comme il veut.*** *»* **1 Corinthiens 12:11**

La liberté totale et exclusive du Saint-Esprit, dans le choix des disciples et des dons à leur transmettre en particulier, empêche l'égo de l'homme (la chair) de s'immiscer dans les choses du Seigneur (l'Esprit). Le Seigneur, seul Chef de l'église, n'autorisera jamais un disciple, quelle que soit sa spiritualité, à distribuer les dons de l'Esprit qu'il est incapable de générer. Les dons sont donnés par l'Esprit, à Sa guise, à quiconque est choisi par Lui et seulement Lui, pour l'utilité commune des enfants de Dieu. Le corps des enfants de Dieu est le corps du Christ.

Un disciple ne peut être formé dans la maîtrise des dons qu'il n'a pas reçus de l'Esprit Saint. Les facultés de théologie sont ouvertes à tous ceux qui désirent y parfaire leur éducation. Les matières enseignées dans ces institutions ont la même valeur académique que la littérature, les mathématiques, les sciences naturelles, la géographie, l'histoire, etc. En effet, les matières bibliques qui y sont enseignées, telles que l'évangélisation, la prophétie, l'enseignement, entre autres, ne viennent pas du don de l'Esprit, mais de la faculté de théologie qui en a fait un programme diplômant avec attribution des certificats de formation. Par ces propos, loin de nous l'intention de rabaisser les facultés de théologie qui sont des institutions reconnues par les autorités gouvernementales. Les connaissances théologiques ont, autant que les sciences humaines, toute leur importance dans l'éducation des peuples. Ce qui est bon à savoir, c'est que dans l'église de Jésus-Christ, ces facultés et les attestations qu'elles délivrent n'ont aucune compétence dans le choix et l'attribution des dons de l'Esprit aux disciples, et encore moins des ministères qui en découlent. En revanche, il serait bienvenu qu'un disciple, une fois sa vocation céleste confirmée, reçoive des rudiments de connaissance nécessaires à l'exercice du don reçu de l'Esprit. Cela peut se faire dans une faculté de théologie ou autrement car l'Esprit pourvoit généralement à tout ce qui est nécessaire, comme ce fut le cas des disciples du premier siècle de l'ère chrétienne. Pierre, Jean, Jacques, Paul, une fois appelés, n'ont consulté ni la chair, ni le sang. Ils persévéraient dans la prière, l'adoration et la communion avant de lancer leur ministère dont nous voyons aujourd'hui les résultats. Ainsi le recours à la faculté de théologie doit être vu comme une facilité et non comme un impératif.

Le drame des églises, dont les serviteurs ont reçu une formation théologique non fondée sur le don souverain de l'Esprit, vient du fait que les disciples, investis des dons de l'Esprit, seront combattus et contrariés, soit par les serviteurs diplômés des facultés de théologie, soit par la volonté des églises de démocratiser l'accès aux activités ecclésiastiques. La tendance démocratique, malgré son apparence de vertu, est charnelle car elle attribue des activités sur les critères de volontariat et de disponibilité, plutôt que sur les dons souverains de l'Esprit. Les dons spirituels ne sont pas des charges soumises au suffrage populaire comme l'ancien et le diacre.

Ce qui vient de la chair est chair et n'aura jamais une once de vie. Le serviteur qui enseigne sur la base d'une formation théologique ou du suffrage populaire, et non sur une base d'élection de l'Esprit, transmettra au corps du Christ la lettre qui tue et non l'Esprit qui vivifie.

Dans le choix des dons et l'attribution des ministères, seule la compétence de l'Esprit doit être reconnue et non les critères humains basés sur le volontariat, la disponibilité des disciples ou le suffrage populaire, quels que soient les besoins pressants des églises. L'église n'étant pas une association humaine, soumise aux conditions d'exercice des activités telles que le diplôme, la disponibilité et le volontariat, les disciples doivent veiller à ne pas mêler aux affaires de l'Esprit, leurs tendances charnelles et rationnelles. Servir le Seigneur ne consiste pas à se mettre à la disposition des hommes, pour honorer leurs besoins, mais plutôt, à se mettre à la disposition de l'Esprit pour l'utilité commune et l'édification du corps de Christ. Ici, ce ne sont pas les membres du corps qui définissent leurs besoins de spiritualité, mais l'Esprit qui édifie le corps en ciblant les dons qui seront utiles à cet effet. Le disciple doit donc s'assurer, non pas des suffrages humains en sa faveur, mais plutôt, que l'Esprit est d'accord avec le don qu'Il manifeste. Il est clair que le choix de l'Esprit, non suivi de l'adhésion de l'église, manquera d'efficacité. Mais dans tous les cas, le choix de l'Esprit est la condition fondamentale avant tout début d'activité. Le suffrage des hommes, très utile, pourra venir après que le Seigneur aura déblayé le terrain.

- Identifier et libérer les dons de l'Esprit chez les disciples

Une fois que l'exclusivité de l'Esprit a été parfaitement reconnue derrière l'attribution et la manifestation des dons, place à leur identification. Il ne faut pas perdre de vue que cette tâche est de la plus grande importance car chacun sera jugé sur la manière dont il aura servi le Seigneur. L'œuvre qui ne résistera pas à l'épreuve du feu sera comptée à perte pour le disciple. D'où l'importance de la tâche d'identification des dons de l'Esprit chez le disciple du Seigneur. Il ne s'agit surtout pas d'une compétition dans laquelle les disciples se battraient, les uns contre les autres, pour quelque trophée au ciel. Il s'agit du travail qui vient de Dieu, opéré par Dieu pour la gloire de Lui seul.

Identification directe par l'Esprit. L'identification du don peut être faite directement par l'Esprit, sans aucune autre intervention. C'est le cas des apôtres Paul et Barnabas selon qu'il est écrit : «*Pendant qu'ils célébraient le culte du Seigneur et qu'ils jeûnaient, le Saint-Esprit dit :* **Mettez moi à part Barnabas et Saul (Paul) pour l'œuvre à laquelle je les ai appelés**. *Alors, après avoir jeûné et prié, ils leur imposèrent les mains et les laissèrent partir.*» **Actes 13:2-3**. Ici, le Saint-Esprit parle directement lors d'une assemblée des enfants de Dieu. Il n'y avait pas d'équivoque car l'Esprit fut très nominatif. Aucune confusion n'était possible. L'Esprit n'avait pas dit «*J'ai identifié deux personnes au milieu de vous pour l'œuvre à laquelle je les ai appelées*». Auquel cas, ils se seraient regardés dans une atmosphère d'interrogation et de suspicion. Comme on aurait pu avoir trois ou quatre personnes à se désigner, ce qui aurait accru la confusion. Nous devons donc savoir que l'Esprit connaît bien le nom de chacune des personnes réunies au même endroit, et exiger des précisions par le même Esprit avant de se lancer. Il n'y a vraiment rien de pire que de s'entendre dire par le Seigneur, après plusieurs décennies de service, que le service effectué pour Lui ne L'a jamais honoré.

Identification par révélation prophétique. «*Ne néglige pas le don qui est en toi et* **qui t'a été donné par la prophétie**, *avec l'imposition des mains du* *collège des anciens.»* **1 Timothée 4:14**. La révélation prophétique est à prendre très au sérieux. Dans la prophétie, aucun doute ne doit s'immiscer dans l'esprit du disciple. La prophétie doit être nominative. Les circonstances de cette prophétie doivent aussi être examinées. En effet, dans le contexte du présent verset, Paul est le père spirituel de Timothée pour l'avoir converti, circoncis et baptisé. Paul jouait donc un rôle majeur dans l'édification spirituelle de Timothée. Venant de Paul, Timothée n'avait pas intérêt à douter. Nous devons donc analyser les conditions dans lesquelles la prophétie est prononcée et attendre une confirmation si on a des doutes. La lettre à Timothée, venant de Paul, son père spirituel à plusieurs titres, était une excellente confirmation.

Identification par l'église. Seule une église spirituelle, c'est-à-dire humble et prudente, peut réussir à révéler les dons de l'Esprit chez un disciple de Jésus-Christ. Les réunions de manifestation de dons sont recommandées pour y parvenir. Les églises devraient initier des réunions de manifestation de dons, sous la discipline de l'Esprit, afin que pendant les réunions, l'Esprit puisse mettre en évidence des dons spécifiques chez tel ou tel disciple. Si un disciple prend la parole, on se rendra vite compte de la facilité avec laquelle il exprime son talent. Il conviendrait alors que, dans les occasions ultérieures identiques (prière, étude de la bible, parler en langues, guérisons, etc.), on laisse plus de temps d'expression à ce disciple s'il a été brillant ou très peu de temps s'il a été médiocre. La question n'étant pas de mettre les disciples en compétition, les uns avec les autres, pour savoir qui fait mieux que qui dans quoi et comment, mais de mettre chacun devant le talent qui le met en évidence. Si les prophéties ou intercessions d'un disciple ont tendance à se réaliser, alors nous avons déjà une idée du don de l'Esprit concernant ce disciple. On pourra lui accorder plus de temps d'expression à la prochaine réunion prophétique ou d'intercession. Dans le cas contraire, il faudra limiter son temps d'intervention dans ce même type de réunion. Si une église agit avec humilité et discipline dans la direction de l'Esprit, sachant que les acteurs ne recherchent pas leur gloire, ni leurs intérêts égoïstes, l'Esprit ne tardera pas à montrer qui est qui dans l'église. Mais si des acteurs agissent pour la recherche des intérêts égoïstes, le Saint-Esprit se taira dans l'église et on n'aura rien, sinon des disciples exerçant charnellement des activités, administrant la mort au lieu de la vie.

Les disciples doivent donc comprendre que les dons sont donnés pour l'utilité commune et non pour la satisfaction des égos. Le Saint-Esprit veut que ce principe soit compris de tous. A ce titre, il incombe à un disciple de savoir à quoi le Seigneur l'a appelé, plutôt que de s'accrocher à une activité qui le passionne tout juste. C'est l'élection par l'Esprit et non le volontariat ou la détermination qui compte. L'Esprit distribue les dons à chacun comme Il veut, Lui, pas le disciple. Dans les églises où ce principe n'est pas compris, l'Esprit se tait. Ce qui retarde la manifestation des dons dans l'église, ce n'est pas le Seigneur, mais les égoïsmes de ceux qui, par intérêt personnel ou recherche de la première place, tentent de s'immiscer dans les affaires du Seigneur. Cette attitude dénote que le disciple n'a rien compris. Ce genre de disciple serait prêt à déstabiliser l'église s'il constate que d'autres disciples ont des dons plus médiatisés que les siens, ou que ses dons le contraignent à la modestie. Dans cette perspective, les titulaires de charges dans l'église (ancien, diacre, collaborateurs divers) ne devraient pas empêcher la manifestation libre des dons sous le prétexte qu'ils ont préséance sur les ministres. Nous ne devons pas suivre l'exemple de Diotrèphe qui, par jalousie, allait jusqu'à chasser les disciples de l'église du premier siècle comme le dénonce l'apôtre Jean : «*J'ai écrit quelques mots à l'Église ; **mais Diotrèphe, qui aime à être le premier parmi eux**, ne nous reçoit pas. C'est pourquoi, si je viens, je rappellerai les actes qu'il commet, en répandant contre nous des paroles mauvaises ; non content de cela, lui-même ne reçoit pas les frères, et ceux qui voudraient le faire, il les en empêche et les chasse de l'Église.*» **3 Jean 1:9-10**. Hélas, une telle confusion existe dans de nombreuses églises d'aujourd'hui, au mépris du Seigneur de gloire. Le spectacle laissant souvent beaucoup à désirer. Diotrèphe est un disciple qui, au premier siècle, du temps de l'apôtre Jean, tenait à être vu de tous, avant tout le monde. Ici, l'intérêt de l'Esprit dans l'organisation de l'église de Jésus-Christ passait au second plan, après son désir égoïste d'être le premier. Ces disciples n'ont manifestement jamais déposé leur vie aux pieds du Seigneur. Ils ont la fâcheuse tendance à se prendre pour des chefs que Jésus récuse dans Son église.

Les disciples doivent donc se contenter d'accepter et d'occuper la place que l'Esprit leur assigne dans le corps du Christ. Si les disciples montrent un tel empressement, alors on verra une avalanche de dons dans l'église, dans une grande diversité. Il est dommage que de nombreuses églises d'aujourd'hui manquent cruellement de prophètes, de guérisseurs et de faiseurs de miracles. Elles ont plutôt un grand nombre de parleurs/interpréteurs de langues, quelques évangélistes, des prédicateurs au nombre desquels une majorité de lauréats des facultés non approuvés par l'Esprit.

Les collaborateurs des charges et des ministères

Abusivement appelés diacres, les collaborateurs assistent les titulaires de charges (ancien et diacre) et de ministères (apôtre, prophète, etc.) dans leurs tâches. Par exemple, l'organisation logistique de la salle les jours de culte, l'accueil et le raccompagnement des invités, la tenue des documents divers, le secrétariat et les relations publiques, etc. Le collaborateur d'un ancien/diacre/prophète/enseignant peut recevoir l'autorisation d'agir en lieu et place du titulaire. Par exemple, Elisée envoya son collaborateur verser l'huile d'onction sur Jéhu, futur roi d'Israël (**2 Rois 9:1-10**). L'apôtre Paul chargea ses collaborateurs Timothée et Tite de l'organisation des églises avec désignation des anciens (**Tite 1:5**). Josué assistait Moïse dans la charge qui était la sienne. Ces collaborateurs finissent par recevoir une onction semblable à celle du titulaire, s'ils sont fidèles. On peut donc passer du rôle de collaborateur à celui de titulaire (ancien et diacre, apôtre et enseignant). Josué reçu l'onction pour achever la mission de Moïse après lui. Elisée reçut l'onction d'Elie au moment de l'enlèvement de ce dernier. Luc, Jean-Marc, Théophile, Timothée, Tite, Philémon, tous collaborateurs de Paul, exercèrent le ministère de ce dernier lorsqu'il était retenu dans les chaînes. La tâche de collaborateur permet aussi à la communauté de s'habituer au collaborateur qui prendra la relève du titulaire.

L'autorité de l'ancien et l'onction du ministre

Dans une communauté chrétienne, les anciens exercent une charge d'autorité non hiérarchique liée aux contraintes d'organisation des assemblées de Dieu. Toutefois, la charge n'est ni un don, ni un ministère. La charge est rendue nécessaire à cause des aléas d'organisation et de logistique au sein des assemblées de Dieu dans une localité. Dieu a veillé à ce que Son peuple évolue dans une structure simplifiée et efficace. L'ancien, de part sa longue expérience de la vie spirituelle et le parfum de sainteté qu'il dégage, est une excellente sentinelle dans l'église. Il connaît très bien l'apport mutuel des différents dons et ministères du Saint-Esprit dans la croissance des disciples du Christ. Le Seigneur (Esprit) pourra compter sur cette expérience multiple, empreinte de sagesse, pour protéger Son troupeau des loups ravisseurs. Toutefois, la charge d'ancien n'ayant rien à voir avec un don, il lui est conseillé de développer, de son côté, le don que le Seigneur lui a transmis, quelle que soit la nature de ce don. Au cas où ce don n'est pas médiatisé, il doit se garder d'étouffer les ministres qui ont des dons plus populaires. S'il venait à déraper ainsi, comme Diotrèphe (**3 Jean1**), il détruirait l'église pour en faire une assemblée des disciples souffrant du même aveuglement. Un don évident que l'ancien doit développer est celui d'enseignant selon qu'il est écrit : «*Il faut donc que l'évêque (ancien) soit irréprochable, mari d'une seule femme, sobre, sensé, sociable, hospitalier,* **apte à l'enseignement**» **1 Timothée 3:2**. Mais cette condition de don n'est pas un impératif.

De son côté, tout ministre de dons de l'Esprit, quelle que soit l'importance de son ministère, ne devrait pas éteindre ou minimiser l'autorité de l'ancien dans une église locale. Le Seigneur rejetterait son ministère même s'il impressionne la communauté. Le Seigneur ne fait acception de personne.

Au final, l'ancien exerce l'autorité de surveillant et de sentinelle que le Seigneur lui accorde dans l'église locale et le ministre exerce le don (onction) de l'Esprit dans la mission que le Seigneur lui confie pour l'édification du corps et l'utilité commune. Le ministre du don n'a de rapport hiérarchique à rendre à aucune autorité ecclésiastique. Il est responsable de son ministère devant le Seigneur seul, auprès de Qui il rend compte. Attention, ne pas rendre des comptes hiérarchiques aux responsables ecclésiastiques ne dispense pas du témoignage dans les églises. Le ministre doit rendre témoignage de ce que le Seigneur a fait à travers son ministère afin de renforcer sa crédibilité aux yeux de tous.

Nécessité d'agrandir l'église de 3.000 nouveaux convertis en un jour

> *«Ceux qui acceptèrent sa parole furent baptisés ; et en ce jour-là, furent ajoutées environ trois mille âmes.»* **Actes 2:41**.

L'une des grandes conséquences de la confusion entretenue aujourd'hui entre les charges et les ministères, entre les missions et les églises, entre gestion rationnelle et autorité du Saint-Esprit, c'est l'impossibilité matérielle de la plupart des églises à accueillir aujourd'hui, en un jour, trois mille nouveaux convertis. Là où l'Esprit est ignoré, la chair prend le dessus, surtout les tendances marquées du sceau de la vertu. Depuis le monde où les techniques de gestion sont enseignées, il est difficile de convaincre le disciple que ces techniques de gestion peuvent devenir de sérieux obstacles à l'évangile de Jésus-Christ. C'est à se demander pourquoi, près de deux mille ans après l'évangile, alors que les techniques de gestion sont de plus en plus sophistiquées, le disciple d'aujourd'hui fait moins bien que Pierre, pécheur de poisson et homme du peuple sans instruction. Selon **Actes 2:41** ci-dessus, Pierre fit bien entrer trois milles nouveaux convertis en un seul jour. Aujourd'hui, la gestion des églises épouse les codes de gestion empruntés de César. Quelle technique de gestion comptable et logistique Joseph déploya-t-il lorsqu'après plus de douze ans d'esclavage et de prison, il gouverna l'Egypte des pharaons comme deuxième personnalité du royaume, réussissant à stocker du blé pendant sept années d'abondance avant une redistribution minutieuse pendant les sept années de pénurie qui suivirent ? Quelle stratégie militaire David déploya-t-il, lorsqu'ado âgé d'environ dix-sept ans, il tua le général philistin Goliath ? Ce n'est donc ni par la sagesse, ni par la force, ni par la richesse que l'on honorera la volonté de Dieu dans un cadre ecclésiastique. Pierre et ses amis, soit cent-vingt disciples réunis le jour de la Pentecôte, n'avaient certainement pas eu recours aux techniques de gestion moderne pour contenir, en un jour, trois milles nouveaux convertis.

Aujourd'hui, la conversion se fait au compte-goutte et l'on a le regard rivé, non sur le Seigneur, mais sur les capacités de gestion. On regarde les dimensions des bâtiments pour constater qu'ils ne peuvent pas abriter plus de 200 personnes et l'on a l'esprit formaté à minima. Non, ce n'est ni pas la sagesse (intelligence), ni par la richesse (argent), ni par la force (moyens logistiques) que l'on devrait obéir au Seigneur car c'est l'Esprit seul qui œuvre au-dedans de chacun. Et l'Esprit a des capacités extraordinaires comme Il put le démontrer à l'époque de Joseph, de David, de Mardochée, de Daniel, de Pierre, etc. De son temps, l'apôtre Pierre ne disposait pas des bâtiments aussi sécurisés et confortables qu'aujourd'hui. Pourtant, le Seigneur enrichit l'église, ce jour là, d'environ trois mille âmes. Le souci de contrôler vient des chefs, de César et c'est normal dans le cadre de la gestion hiérarchique. Mais dans les affaires de Dieu, seul l'Esprit agit et la parole de Dieu est la vérité. Cela était si facile, au premier siècle, de voir entrer trois mille nouveaux convertis en un jour. A plus forte raison devrait-on s'attendre à en accueillir des dizaines de milliers aujourd'hui, près de deux mille ans après, l'effectif populationnel du monde ayant plus que centuplé.

Les disciples doivent donc laisser l'Esprit agir dans l'église de Jésus-Christ et ne pas s'appuyer sur des bases charnelles malgré leur caractère vertueux. Ce ne sont pas des églises de quelques centaines de personnes que les leaders d'aujourd'hui devraient organiser, mais des communautés de plusieurs milliers à l'instar de Paul et des ses collaborateurs Timothée, Tite, Philémon, etc. Que le Seigneur ait compassion de Ses disciples du présent siècle.

11
César et Dieu, cohabitation ou substitution ?

L'organisation de l'univers et sa perturbation par le diable

> «*Je veux cependant que vous le sachiez : Christ est le chef de **tout** homme, l'homme est le chef de la femme, et Dieu est le chef de Christ.*» **1 Corinthiens 11:3**.

Ce verset est celui qui, dans toute la bible, résume parfaitement le système institutionnel de l'univers global dans lequel Dieu trône sur Ses créatures. Ainsi donc, l'univers global comprenant le Dieu créateur et toutes créations confondues (galaxies, planètes, étoiles, êtres vivants, etc.), est régi par une hiérarchie dans laquelle Dieu est le chef de Christ, Christ le chef de l'homme et l'homme celui de la femme (épouse). Un schéma qui se présente ainsi par ordre descendant :

DIEU
CHRIST
HOMME
FEMME (EPOUSE)

La particularité du verset ci-dessus est qu'il ne se limite pas à la relation entre les acteurs du salut en Christ. Il ne s'agit pas uniquement du Père, du Fils, de l'homme disciple et de la femme disciple. Il s'agit de l'autorité de Dieu sur le Christ, du Christ sur tout homme et de l'homme sur sa femme. Le salut par la grâce du Seigneur n'est pas une condition préalable à l'entrée en vigueur de cette hiérarchie. Que la femme obéisse à son mari ou pas, et que l'homme obéisse à Christ ou pas, Dieu a organisé l'univers global de telle sorte qu'il en soit ainsi. Si la femme obéit à son mari et le mari à Christ, c'est l'idéal ; dans le cas contraire, cette hiérarchie tiendrait toujours devant Dieu. Un peu comme celle d'un chef envers les subordonnés mécontents de lui. Le mécontentement des gens n'enlève rien à l'autorité du chef car le chef tient son autorité de Dieu (**Romains 13:1**).

Cette relation descendante allant de Christ à la femme, passant par l'homme, aurait fonctionné à la perfection si le diable n'était pas apparu dans le jardin d'Eden pour séduire l'homme et distendre la relation de ce dernier avec Dieu. Après la chute, l'homme va être expulsé du jardin d'Eden (présence de Dieu) pour une terre frappée de malédiction à cause de sa désobéissance (**Genèse 3:17-23**).

Par la réussite de son action de séduction, le diable va perturber la relation de dépendance allant de Dieu, plus précisément de Christ, à la femme en passant par l'homme car il n'y a jamais eu de dysfonctionnement entre Dieu et Christ. Car, lorsque Dieu (au pluriel dans le texte biblique de **Genèse 1:26**) crée l'homme à Son image, Il le crée à l'image de Jésus-Christ-Homme qui est auprès de Dieu (**Jean 17:5,8 ; Philippiens 2:6**).

Une fois la discorde installée entre Dieu et l'homme, après la tragédie du jardin d'Eden, dans Sa grande miséricorde, Dieu va Se charger de réconcilier l'homme avec Lui, par le biais de Jésus-Christ.

La restauration de l'homme dans l'univers

- Comprendre le couple "opération (exécution)" et "règle (loi)"

La réconciliation de Dieu avec l'homme dans l'univers troublé par le diable, va passer par le Christ quittant la présence de Dieu, Se dépouillant de Sa gloire, prenant la forme d'un Fils d'homme pour devenir Jésus de Nazareth. Toutefois, bien avant l'arrivée de Jésus, l'homme doit s'organiser sur une terre maudite et rendue hostile par son péché. Il va le faire à travers deux axes qui se compléteront : les opérations (exécution) et la règle (loi). Pour vivre normalement sur la terre, l'homme effectue toutes sortes d'opérations telles que travailler, manger, boire, dormir, échanger, prévoir, soigner, protéger, enseigner, juger, lutter, se recréer, défendre, etc. Toutefois, ces opérations doivent être menées selon des règles, pour une meilleure harmonie de la société, et éviter le chaos et les conflits.

Dans l'idéal, le responsable des opérations n'est pas responsable de la règle. Il faut un responsable des opérations et un responsable de la règle. Le responsable des opérations est un directeur et celui de la règle, un policier. Le premier est aussi un chef exécutif tandis que le second est un législateur. En tout temps, l'exécutif et le législateur vont vivre en bonne intelligence. De part l'impact de son action sur les biens, le chef exécutif a toujours préséance sur le législateur. Car sans les opérations (dont le chef exécutif), la communauté ne subsisterait pas. Tandis que sans le législateur, la vie en communauté se ferait quand même malgré le désordre. L'idéal serait qu'on ait des opérations qui se fassent selon de bonnes règles. En cas d'impossibilité d'établir une bonne règle, les opérations continueraient tout de même, c'est pourquoi le chef exécutif a toujours préséance sur le législateur policier. Dans la pratique, l'exécutif et le législatif ont été placés sous un seul homme (prénommé César dans ce livre) qui se charge de les déléguer à un gouvernement exécutif et une assemblée législative respectivement. Les rois, par exemple, exercent l'autorité sur les peuples et ne peuvent pas être jugés car ils chapeautent l'institution judiciaire. Ils se font assistés, dans leur énorme tâche, par un chef de gouvernement et un parlement. Dans des sociétés organisées en république, le président nomme les ministres, membres du gouvernement exécutif, et supervise la justice via le conseil supérieur de la magistrature et les lois votées par le parlement.

César est l'incarnation et la tête de toutes les institutions gouvernantes de la cité. La gestion du territoire et de la liberté de circulation des hommes et des biens, commande une organisation gouvernementale et législative sous la conduite des hommes et des femmes. César incarne la hiérarchie, du sommet (chef) à la base (agents), suivant une pyramide classique pic en haut. Cette pyramide est décidée et inspirée aux hommes par Dieu qui veut que les hommes vivent en paix dans la cité. On ne saurait avoir une cité d'hommes et de femmes sans organisation ayant à sa tête un chef que nous prénommerons César selon qu'il est écrit : «*Il n'y a pas d'autorité qui ne vienne de Dieu, et les autorités qui existent ont été instituées par Dieu.*» **Romains 13:1**.

Parce que l'homme doit impérativement s'organiser en société afin de vivre en paix, Dieu assume la paternité de l'organisation hiérarchique et commande que les hommes et les femmes, surtout les disciples de Christ, obéissent à ces institutions qu'Il a créées. Même si la main de Dieu demeure invisible dans leur mise en place, Dieu en assume l'inspiration et la paternité. Les disciples du Christ sont donc tenus d'admettre cette vérité.

Toutefois, malgré la mise en œuvre des institutions qui régissent la vie en société, le péché continue de détruire les hommes et les femmes qui la composent, d'où la nécessité d'envoyer un sauveur, Jésus-Christ. Jésus-Christ va prêcher la réconciliation de Dieu avec les hommes «*Car Dieu était en Christ, réconciliant le monde avec lui–même*» (**2 Corinthiens 5:19**).

La stratégie de réconciliation du monde avec Dieu va se faire en trois étapes successives dans le temps. Une première étape dite de la loi, une seconde étape marquée par la grâce et une troisième étape dite du jugement.

- L'étape de la condamnation et du salut par la loi dans la réconciliation avec Dieu

On imagine bien que la réconciliation de l'homme avec Dieu, depuis son expulsion du Jardin d'Eden, ne va pas se faire sans mal. Le fait est que l'homme a suivi le diable et sa propre voie pour un résultat si horrible que Dieu décida de l'extermination du monde par le déluge, exception faite de huit personnes : Noé et sa famille. Les raisons qui poussèrent Dieu à exterminer le monde donnent une idée de la dégénérescence qui caractérisait l'humanité de l'époque. Noé fut seul à trouver grâce aux yeux de Dieu, soit une seule famille de huit personnes. Le moins qu'on puisse dire est que le chemin de la restauration sera long et pentu. Il y a beaucoup à dire et à faire mais l'homme s'est tellement éloigné de Dieu qu'il lui faudra une thérapie de choc pour restaurer en lui l'image de Dieu qui s'est longtemps brouillée. Il faut tout lui réexpliquer, de la sainteté de Dieu à la haine du péché.

Mais comment expliquer à l'homme qu'il a besoin de naître de nouveau ? Comment expliquer à l'homme qu'il ne peut plus être sauvé en l'état ? Comment expliquer à l'homme cette exigence de la sainteté de Dieu qui veut que ce qui a échoué, ce qui a été corrompu, ne puisse plus être purifié à Ses yeux ? Comment expliquer à l'homme qu'il n'existe aucune réparation de l'existant (esprit, corps et âme) qui puisse le ramener à un état immaculé, sans tâche ni ride, sans défaut, propre à la sainteté de Dieu ? Comment expliquer à l'homme qu'on ne met pas du vin nouveau dans de vieilles outres sans perdre le tout, vin et outre ensemble ? Même Nicodème, docteur de la loi en Israël, ne comprenait pas ces choses. Il ne comprenait pas qu'il fallait naître de nouveau sans repasser par le ventre de sa mère (**Jean 3:4**).

La stratégie trouvée par Dieu était de prouver à l'homme que son état hérité de la désobéissance était irrémédiablement désespéré et irrécupérable ; qu'une fois déchu, il ne pouvait plus réapparaître devant Lui, quel que soit le processus de purification qu'il utiliserait. Car Dieu est saint, un feu dévorant devant qui le péché devient cendre. La racine du péché habitant désormais l'homme, son état hérité de la chute ne lui permettait plus de se présenter devant Dieu, ce feu dévorant. La loi de Moïse sera le moyen utilisé par Dieu pour démontrer à l'homme l'irréversibilité de sa déchéance morale et son incapacité à observer les commandements de Dieu. Car la loi de Moïse fut écrite sur les tables de pierre afin que l'homme l'observât. La bible nous dit que l'homme se montra incapable d'observer la loi de Dieu et que la seule alternative était d'inscrire cette loi, non plus sur des tables de pierre, mais sur les tables de chair, dans le cœur même de l'homme. Les prophètes de Dieu annoncèrent cette bonne nouvelle selon qu'il est écrit : «*Je vous donnerai un cœur nouveau et je mettrai en vous un esprit nouveau ; **j'ôterai de votre chair le cœur de pierre et je vous donnerai un cœur de chair**. Je mettrai mon*

Esprit en vous et je ferai que vous suiviez mes prescriptions, et que vous observiez et pratiquiez mes ordonnances.» **Ezékiel 36:26-27** ; «*Or voici l'alliance que j'établirai avec la maison d'Israël, Après ces jours-là, dit le Seigneur :* **Je mettrai mes lois dans leur intelligence, Je les inscrirai aussi dans leur cœur** ; *Je serai leur Dieu, Et ils seront mon peuple. Personne n'enseignera plus son concitoyen, Ni personne son frère, en disant : Connais le Seigneur ! En effet, tous me connaîtront, Depuis le plus petit jusqu'au plus grand d'entre eux.»* **Jérémie 31:33-34 ; Hébreux 8:10-11**.

En résumé, les tables de pierres ne purent maintenir les fils d'Israël sur la terre promise où ils avaient exterminé les peuples pratiquant les abominations devant l'Eternel. Israël reproduisit les mêmes abominations et fut alors déporté.

Selon l'apôtre Paul, la loi inscrite sur les tables de pierre fut donnée dans le seul but, primo, de montrer que l'homme était incapable de purifier sa conscience sur le rapport du sang des sacrifices pour le péché (**Hébreux 9:4**) et, secundo, de le pousser à rechercher, non pas le salut par la loi, chose impossible, mais plutôt le salut par la foi selon qu'il est écrit : «*Ainsi la loi a été un précepteur (pour nous conduire) à Christ, afin que nous soyons justifiés par la foi. La foi étant venue, nous ne sommes plus sous ce précepteur.»* **Galates 3:24-25**. Dans le même livre de Galates, l'apôtre démontre que la loi ne fut qu'une parenthèse vite refermée entre la foi d'Abraham et la foi en Christ, ces deux types de foi étant identiques.

L'étape de la loi préparait donc l'ère de la grâce où la loi serait inscrite directement dans le cœur de l'homme par le Saint-Esprit. Les prophètes ayant appris cette excitante nouvelle ont mené des recherches pour savoir à quelle époque cela aurait lieu (**1 Pierre 1:11**). Et même, les anges ont désiré y plonger leur regard (**1 Pierre 1:12**).

L'objectif de Dieu, à travers la loi, était d'amener l'homme à quitter l'empire de la condamnation par la loi pour celui de la justification par la foi. Il s'attendait à ce qu'une fois l'ère du salut par la foi entrée en vigueur, les hommes se ruent vers la grâce de Dieu inaugurée par la naissance, la mort, la résurrection de Jésus-Christ et la Pentecôte (épandage de l'Esprit sur toute chair). La parole de Dieu ne change pas même si le bilan humain est décevant selon qu'il est écrit : «*La lumière brille dans les ténèbres, et les ténèbres ne l'ont pas accueillie.*» **Jean 1:5**.

- **L'étape de la grâce et du salut par la foi dans la réconciliation avec Dieu**

C'est l'époque actuelle. Dès le début de Son ministère terrestre, Jésus affirma qu'Il n'était pas venu pour juger, mais pour sauver. «*Dieu, en effet, n'a pas envoyé son Fils dans le monde pour juger le monde, mais pour que le monde soit sauvé par lui.*» **Jean 3:17**. Et lorsqu'Il quitte le monde, Jésus annonce la venue du Consolateur, l'Esprit de vérité dont le rôle sera de poursuivre la mission que Jésus avait entamée. Nous l'avons vu plus haut, dans ce livre, la mission de Jésus, via le Saint-Esprit, va se faire à travers l'église et les ministères apostoliques (d'une église à l'autre) ou ecclésiastiques (dans l'église).

Dans cette époque de la grâce, le Christ n'est pas venu bouleverser la hiérarchie gouvernementale de César, ce qui se serait apparenté à un jugement de déchéance. L'église et les ministères vont agir en bonne intelligence pour conduire l'œuvre salvatrice et réconciliatrice du Seigneur, sans perturber l'organisation gouvernementale de César.

Aucun disciple de Jésus-Christ, dans l'époque présente de la grâce, n'est autorisé à s'attaquer aux autorités qui gouvernent et régulent la société. L'église et les ministères exercent dans un temps de grâce et de réconciliation, sous l'autorité du Saint-Esprit qui appelle tous les disciples de Christ à vivre en paix, notamment avec les autorités, en les honorant et en suivant leurs prescriptions.

C'est donc à ce titre que le Christ ne bravera pas l'autorité de César, ni ne provoquera sa jalousie par une organisation ecclésiastique rivale. L'église de Jésus-Christ ne saurait être hiérarchisée comme l'administration gouvernementale de César. C'est pour empêcher la structuration de l'église selon César que le chef de l'église, Jésus-Christ ressuscité, est invisible et agit via le Saint-Esprit qu'on ne voit pas. Si César se rend compte qu'un chef ecclésiastique, devenu très célèbre, sape son autorité en organisant l'assemblée des disciples en structure hiérarchisée, César ne manquera pas de réduire l'influence de ce chef religieux par tous moyens à sa convenance. Telle est la jalousie de César, sa manière de manifester son courroux. César, dans l'idéal, a besoin de l'église pour l'aider à moraliser la population et à assurer une vie harmonieuse dans la société. Il n'a pas besoin d'une église qui sapera son autorité. En exigeant que Ses disciples soient *simples comme des colombes et prudents comme des serpents* (**Matthieu 10:16**), le Seigneur souhaite qu'autant que possible, Ses disciples soient discrets et que l'église n'empiète par sur l'autorité de César. Jésus conseille qu'en cas de persécution, Ses disciples ne combattent pas mais s'enfuient vers des cieux plus accueillants (**Matthieu 10:23**). C'est en redoutant l'influence grandissante de la chrétienté dans la cité qu'un empereur romain décida de supprimer le culte païen d'alors et d'ériger la chrétienté en église officielle. Laquelle église, peu vigilante, s'est hiérarchisée suivant les conseils de César au point d'entretenir des relations incestueuses avec l'administration gouvernementale. La loi sur la laïcité, votée dans certains pays, est venue mettre un terme à ces relations incestueuses bien qu'il y ait toujours des réminiscences coupables. L'église officielle, sans prendre en considération les avertissements de la parole de Dieu, redoutant les persécutions de César ou voulant bénéficier de ses largesses, s'est prise au jeu du pouvoir. Il en a résulté une confusion qui demeure jusqu'à ce jour. L'église officielle existe toujours, reconnue et caressée par les autorités au moyen d'avantages et d'exonérations fiscales diverses, au détriment des disciples non alignés, généralement apostrophés comme sectaires. La meilleure façon, pour César, de contenir les chefs protubérants des systèmes religieux, c'est de les organiser, les structurer, et les apprivoiser au moyen d'avantages administratifs divers. Voire, leur concéder quelques responsabilités comme auxiliaires d'administration.

Jésus n'a pas souhaité que Son église soit organisée comme une structure pyramidale, pic en haut, comme l'organisation gouvernementale de César. «*Jésus les appela et dit : Vous savez que les chefs des nations les tyrannisent, et que* **les grands abusent de leur pouvoir sur elles**. *Il n'en sera pas de même parmi nous. Mais* **quiconque veut être grand parmi vous sera votre serviteur** *et quiconque veut être le premier parmi vous sera votre esclave.*» **Matthieu 20:25-27**. Jésus ne veut pas qu'un disciple assume la chefferie dans Son église car ce disciple tyrannisera le peuple de Dieu et abusera de son pouvoir sur lui. Aussi Jésus a-t-Il placé l'église sous la responsabilité spirituelle des anciens qui ne sont pas des chefs dominateurs, mais des leaders veillant sur Ses brebis comme des sentinelles. Des leaders choisis, non pour leurs actes méritoires ou héroïques, critères utiles dans la désignation des chefs, mais pour le parfum qu'ils dégagent comme disciples sobres, maris d'une seule femme, conciliants, ayant bonne réputation parmi les hommes, tenant bien leur propre maison.

Si dans l'ancien testament, les sacrificateurs officiaient sous l'autorité du souverain sacrificateur ou grand prêtre, dans le nouveau testament, Jésus-Christ, le chef de l'église, a été proclamé par Dieu, Souverain Sacrificateur pour l'éternité selon l'ordre de Melchisédek (**Hébreux 5:10**). En vivant parmi les disciples, au moyen du Saint-Esprit qui demeure en ces derniers, Jésus ne tient pas à ce qu'un disciple, par un culte quelconque, s'arroge le titre de chef. Même si le monde et ses grands estiment que la meilleure façon d'organiser l'église, c'est de lui désigner un chef visible, il appartient aux disciples d'affirmer la volonté du Seigneur qui tient à ce que les églises soient placées sous la responsabilité des anciens, surveillants, plus consultatifs qu'exécutifs.

Seules les missions, ayant à leur tête un chef de mission ou son collaborateur, sont autorisées à avoir un représentant tenant lieu de chef. La confusion entre église et mission doit donc être évitée. Les églises sont supervisées par les anciens choisis par les apôtres ou leurs collaborateurs, tandis que les missions (ministères) sont dirigées par les chefs de mission choisis par le Seigneur sur la base des dons de l'Esprit.

- **L'étape du jugement dans la réconciliation avec Dieu**

L'étape du jugement succèdera à l'étape de la grâce dans laquelle le monde vit actuellement. Elle démarrera lorsque Jésus-Christ reviendra, avec Ses saints anges, pour établir Son règne sur la terre. Nous prions chaque jour par ces paroles : «...*que Ton règne vienne et que Ta volonté soit faite sur la terre comme au ciel...*». Ce règne de Dieu débutera avec Christ à qui Dieu a soumis toutes choses, selon qu'il est écrit : «*Et vous verrez le Fils de l'homme assis à la droite du Tout–Puissant et **venant avec les nuées du ciel**.*» **Marc 14:62**. Mais nous n'y sommes pas encore, c'est pourquoi, ce chapitre n'ira pas beaucoup plus loin. Le lecteur curieux est invité à parcourir les derniers chapitres de l'apocalypse de Jean (**Apocalypse 20:4**). L'étape du jugement s'achèvera avec la précipitation du diable dans le lac de feu et de souffre, la suppression de la mort et des douleurs, l'arrivée de nouveaux cieux et d'une nouvelle terre, et enfin l'arrivée de l'épouse de l'Agneau, la Jérusalem céleste suivie du règne éternel de Dieu parmi ceux qu'Il s'est acquis pour célébrer Sa gloire.

L'étape du jugement comprend donc deux parties : la première dite "jugement de la première résurrection" consistera à ressusciter ceux qui accompagneront le Christ pendant Son règne de mille ans (millénium). *La bible dit : «Heureux et saints ceux qui ont part à la **première résurrection** ! La seconde mort n'a pas de pouvoir sur eux, mais ils seront sacrificateurs de Dieu et du Christ, et ils règneront avec lui pendant les mille ans.»* **Apocalypse 20:6**. La seconde partie dite "jugement de la seconde mort" consistera à juger toutes les créatures n'ayant pas été dignes de la première résurrection. Ces créatures seront livrées par la mort, le séjour des morts et les mers. Ceux dont les noms ne se trouveront pas dans le livre de vie de l'Agneau seront jetés dans l'étang de feu. C'est la seconde mort selon qu'il est écrit : «*La mer donna les morts qui s'y trouvaient, la mort et le séjour des morts donnèrent les morts qui s'y trouvaient, et ils furent jugés chacun selon ses œuvres. La mort et le séjour des morts furent jetés dans l'étang de feu. **C'est la seconde mort, l'étang de feu**.*

Quiconque ne fut pas trouvé inscrit dans le livre de vie fut jeté dans l'étang de feu.» **Apocalypse 20:13-15**.

Rapport des disciples avec César

Le disciple de Jésus-Christ est invité par le Seigneur, Son Maître, à porter sa croix, à renoncer à beaucoup de choses extérieures et à lui-même. Le disciple du Christ n'est pas de ce monde. Il est toutefois invité, par le Seigneur, à habiter dans le monde selon qu'il est écrit : «***Je ne te prie pas de les ôter du monde***, *mais de les garder du Malin*. ***Ils ne sont pas du monde***, *comme moi, je ne suis pas du monde.*» **Jean 17:15-16**. Le disciple de Jésus, sous prétexte d'un culte quelconque, ne saurait se couper physiquement du monde environnant. En résidant dans ce monde, le disciple va naturellement se poser des questions sur l'attitude à adopter face aux institutions qui régissent et réglementent la société humaine (monde) : l'Etat et ses corps constitués. Dieu le dispensera-t-Il de ses obligations citoyennes envers l'Etat et la société ? Plusieurs éléments permettent de répondre par la négative. Le disciple n'est pas appelé à combattre les institutions citoyennes bien qu'il marche, non par la chair – dont le monde est l'émanation – mais par l'Esprit. Comment s'emploiera-t-il donc face aux institutions dont les tenants, païens pour une grande part, marchent par la chair et non par l'Esprit ? C'est un mystère divin. Jésus affirma à Ses disciples : «*Quand on vous mènera devant les synagogues, les magistrats et les autorités, ne vous inquiétez pas de la manière dont vous vous défendrez, ni de ce que vous direz ;* ***car le Saint-Esprit vous enseignera à l'heure même ce qu'il faudra dire****.*» **Luc 12:11-12**. Par cette affirmation du Seigneur, le disciple n'a pas à s'inquiéter pour sa défense, lorsqu'il aura à comparaître devant les autorités gouvernementales de ce monde. Cela est dû, en partie, au fait que le disciple de Christ ne s'appartient plus à lui-même. En se convertissant au Seigneur, on passe des ténèbres à la lumière selon qu'il est écrit : «*Il nous a délivrés du pouvoir des ténèbres et nous a transportés dans le royaume de son Fils bien-aimé*» **Colossiens 1:13**. En se convertissant, le disciple abandonne sa vie ancienne au profit d'une vie totalement accordée à Christ qui s'engage, en retour, à le protéger. Plusieurs s'imaginent que la foi est purement un état d'esprit mental, philosophique, sans lien avec le monde alentour. Ils se trompent ! On ne peut pas se cacher. Celui qui se cache a honte du Christ qui aura aussi honte de ce disciple devant Son Père qui est aux cieux. La foi en Jésus-Christ implique un changement véritable de statut face au monde. Le monde se rendra très vite compte que les disciples ne sont pas des leurs, quoique habitant en leur sein. La recherche de la sanctification aura un impact visible dans les rapports avec le monde. Le monde n'appréciera pas que les disciples ne courent pas, comme le commun des gens, après les convoitises et les beuveries dont la chair est avide. Dans les entreprises, les lieux publics, les familles, les réunions, le traitement quotidien des affaires, le monde ne manquera pas de se rendre compte de son attitude différente du commun des gens. Aussi le Seigneur demande-t-Il à Ses disciples d'être *prudents comme les serpents, et simples comme les colombes* (**Matthieu 10:16**). Si une vie de piété engendre déjà la souffrance, ne serait-ce qu'à cause de la marginalisation dont les disciples auront à souffrir, ces derniers ne devraient pas donner, en plus, l'avantage au diable, en commettant des actes de provocation tels que, le non-respect des gouvernants, la désobéissance aux lois votées par le parlement.

- Jésus paya l'impôt de César

«Lorsqu'ils arrivèrent à Capernaüm, ceux qui percevaient les deux drachmes s'adressèrent à Pierre et lui dirent : **Votre maître ne paie-t-il pas les deux drachmes ? Si, dit-il**. *Et quand il fut entré dans la maison, Jésus prit le premier la parole et dit : Simon, qu'en penses-tu ? Les rois de la terre, de qui prennent ils des taxes ou un tribut ? De leurs fils, ou des étrangers ? Il lui répondit : Des étrangers. Et Jésus lui répondit : Les fils en sont donc exempts. Mais pour que nous ne les scandalisions pas, va à la mer, jette l'hameçon, et tire le premier poisson qui viendra, ouvre-lui la*

bouche, et tu trouveras un statère. ***Prends-le, et donne-le-leur pour moi et pour toi.***» **Matthieu 17:24-27**.

Cet épisode de la vie du Christ sur terre est intéressant à plus d'un titre. Car à l'époque de l'évangile, la règle établie en matière de taxe et d'impôt voulait que seuls les étrangers les paient. Or les juifs (dont Jésus) n'étaient pas étrangers sur le territoire d'Israël, et à ce titre, n'avaient pas à payer l'impôt. Le paiement des deux drachmes était donc abusif de la part des percepteurs d'alors. Jésus aurait pu dénoncer cet abus auprès des percepteurs, mais ne le fit pas, pour ne pas les scandaliser. Par cette attitude, le Seigneur montre que le disciple n'a pas à se révolter contre César, même lorsque ce dernier a tort. C'est une grosse leçon de vie à l'attention des disciples du Christ qui a bien précisé que «*Le serviteur n'est pas plus grand que son maître. S'ils m'ont persécuté, ils vous persécuteront aussi ; s'ils ont gardé ma parole, ils garderont aussi la vôtre.*» **Jean 15:20**. Il est donc très clair que si Jésus-Christ, le Maître, a payé l'impôt, quel que soit son caractère juste ou abusif, le disciple devra payer l'impôt exigé des autorités. Le moratoire et la négociation sont possibles, mais la révolte proscrite.

- Les disciples doivent respecter les autorités et payer l'impôt des gouvernants

«***Que toute personne soit soumise aux autorités supérieures***; *car il n'y a pas d'autorité qui ne vienne de Dieu, et les autorités qui existent ont été instituées par Dieu. C'est pourquoi* ***celui qui s'oppose à l'autorité résiste à l'ordre de Dieu***, *et ceux qui résistent attireront une condamnation sur eux-mêmes. Les gouvernants ne sont pas à craindre quand on fait le bien, mais quand on fait le mal. Veux-tu ne pas craindre l'autorité ? Fais le bien, et tu auras son approbation, car elle est au service de*

Dieu pour ton bien. Mais si tu fais le mal, sois dans la crainte ; car ce n'est pas en vain qu'elle porte l'épée, étant au service de Dieu pour (montrer) sa vengeance et sa colère à celui qui pratique le mal. Il est donc nécessaire d'être soumis, non seulement à cause de cette colère, mais encore par motif de conscience. **C'est aussi pour cela que vous payez les impôts. Car (ceux qui gouvernent) sont au service de Dieu pour cette fonction précise. Rendez à chacun ce qui lui est dû : la taxe à qui vous devez la taxe, l'impôt à qui vous devez l'impôt, la crainte à qui vous devez la crainte, l'honneur à qui vous devez l'honneur.**» **Romains 13:1-7**.

Ce passage des écritures devrait rassurer le disciple sur les rapports à avoir avec les autorités : les autorités ont été instituées par Dieu et sont à Son service. Aussi le respect et l'impôt dus à ces autorités sont considérés comme des actes d'obéissance à Dieu. Peu importe les personnes qui assument ces fonctions, qu'on les aime ou pas, le disciple ne devrait pas déroger à ce principe car il a affaire à Dieu.

Il y a souvent eu une confusion dans l'appréciation de la notion d'autorité. Devrait-on respecter une autorité parce que la personne qui l'incarne a fière allure, bonne apparence, est appréciée par ses supérieurs ou ses homologues, est de la noblesse aristocratique ? Devrait-on lui manquer de respect parce qu'elle est à l'inverse des qualités précédentes ? Ni l'un, ni l'autre. C'est une erreur si l'un de ces critères venait à influencer l'attitude du disciple. Autrement on pourrait respecter un adjoint mieux que le chef parce que l'adjoint a fière allure. Le seul critère à prendre en compte est la position parce que la position est le reflet de l'autorité de Dieu qu'on ne voit pas. C'est Dieu qui institue l'autorité (**Romains 13:1**). Manquer de respect à l'autorité, c'est résister à Dieu qui l'a instituée, c'est affirmer implicitement que Dieu S'est royalement trompé dans Ses choix. Les disciples du Christ ne devraient pas tomber dans ce piège. On est disciple du Christ ou on ne l'est pas. Les disciples respectent la volonté du Père qui institue les autorités. Aucun disciple ne peut rejeter l'autorité de Dieu et espérer Lui adresser des prières au nom de Jésus-Christ. Ce type de prière est vain car n'accédant pas au trône de Dieu. Si le disciple adresse ses prières à Dieu, au nom de Jésus-Christ, alors il lui faut faire la volonté de Dieu en honorant les autorités qu'Il a instituées. Faute de quoi, ses prières seront bloquées, sans compter d'autres désagréments.

Compte tenu de l'actualité riche en abus d'autorité et de position dominante, on peut se demander s'il y a des cas où l'autorité peut être remise en cause. L'histoire est parsemée d'accidents. Toutefois, il découle de la parole de Dieu une certaine sagesse : David, bien que désigné par Dieu comme roi d'Israël, ne s'employa pas à contester le roi Saül en exercice et s'abstint d'exploiter deux occasions franches d'ôter la vie à ce dernier. Il retint la leçon qu'il n'est pas permis de contester un messie d'Israël en fonction. Il joignit le geste à la parole en mettant à mort les personnes qui, croyant obtenir sa reconnaissance, lui avouèrent successivement avoir mis fin à la vie du roi Saül et de son successeur sur le trône d'Israël. Cette mesure devint une prescription en Israël. Ainsi quiconque attenterait à la vie du roi d'Israël, devait être mis à mort. Plus tard, le roi David, une fois son trône affermi, se permit de recenser le peuple d'Israël contre la volonté de Dieu. Son chef d'armée Joab lui en fit la remarque, comme pour l'en dissuader. Mais le roi insista et Joab exécuta l'ordre royal. Les apôtres de Jésus furent arrêtés et traduits devant le clergé juif pour y être pressés d'arrêter la propagation de l'évangile. Ils prirent congé du clergé en disant qu'ils ne pouvaient pas obéir aux hommes contre Dieu. Ces différents cas donnent une position de sagesse à avoir en cas d'abus d'autorité. Sans pouvoir énumérer tous les cas d'abus pouvant se présenter au disciple, on peut dégager quelques tendances : (i) il faut faire savoir à l'autorité qu'elle viole la norme et voir sa réaction, (ii) éviter à tout prix la rébellion. David fit connaître à Saül que ce dernier le poursuivait à tort mais, jamais, il ne se rebella contre le roi en exercice, alors désavoué par Dieu, ni ne souleva la population contre sa majesté. Car Dieu assumant la paternité dans le choix des autorités, il n'appartient qu'à

Lui, et seulement Lui, de mettre fin aux fonctions de l'autorité établie par Ses soins.

Dans tous les cas, la règle est que les disciples doivent respecter les autorités, leur rendre honneur et payer les impôts.

Cohabitation entre les autorités gouvernementales et l'église

Si l'on a bien compris le plan de Dieu pour réconcilier le monde, via le Christ sauveur, on comprendra facilement la place de la parole de Dieu – telle que voulue par Dieu – chez l'homme. La parole de Dieu est la lumière du monde selon qu'il est écrit : «*Jésus leur parla de nouveau et dit :* **Moi, je suis la lumière du monde** ; *celui qui me suit ne marchera point dans les ténèbres, mais il aura la lumière de la vie.*» **Jean 8:12**. Jésus dit bien qu'Il est la lumière du monde, disciples et païens confondus. Il s'agit d'éclairer tous les hommes et toutes les femmes de ce monde. Cette lumière comprend un ensemble de règles à observer. L'idéal serait donc que la bible inspire toutes les lois votées par les hommes dans la conduite des affaires courantes.

Dieu ne s'oppose donc pas aux opérations que le monde conduit au quotidien. Dieu se préoccupe surtout de l'origine de la règle qui inspire ces opérations. Pour l'instant, les opérations existent depuis que l'homme vit sur la terre. Il a toujours eu besoin d'effectuer des opérations pour vivre. Toutefois, s'agissant de l'inspiration desdites opérations, l'homme s'en est remis à son propre jugement, aux traditions et aux circonstances du moment. Le premier holà est intervenu avec Moïse. Moïse va prescrire les commandements de Dieu au peuple israélite, nouvellement libéré de la servitude égyptienne, afin que Dieu soit glorifié sur la terre promise. C'est la violation répétée de ces lois qui valut aux israélites d'être déportés de la terre promise vers l'Assyrie et Babylone.

A l'intérieur de la terre promise, Dieu va mettre en place la meilleure cohabitation possible entre l'autorité (roi) et le temple (sacrificateurs/prêtres) dépositaire des lois de Dieu. Ainsi le roi organisera le territoire et la circulation des hommes et des biens, tandis que les sacrificateurs rappelleront la règle à suivre conformément à la volonté de Dieu, un Dieu jaloux qui n'accepte pas qu'Israël reproduise les abominations des peuples autochtones qui les y avaient précédés. Si le roi tient la première place parmi les hommes, le collège des sacrificateurs lévitiques veille sur l'observation des commandements de Dieu. Lorsque le roi s'écartait des lois de Dieu, Dieu envoyait un prophète pour le recadrer.

L'arrivée du Christ va avoir pour effet d'étendre aux nations, le salut jusque-là réservé aux juifs en exclusivité. En venant sur la terre, via une famille juive (Joseph et Marie), Jésus annonce au peuple israélite qu'Il est l'agneau expiatoire, validé par Dieu, pour une nouvelle alliance entre le monde (Israël y compris) et Dieu. Dès cet instant, de même que sous l'ancien testament, le temple incarnait la loi de Dieu pour le peuple, de même sous le nouveau testament, époque de la grâce, l'église va incarner la loi de Dieu pour les nations. Cette loi stipule que le monde se réconcilie avec Dieu au moyen du sang de Jésus-Christ. Quiconque se réconcilie avec Dieu, par le sang de l'Agneau expiatoire qu'est Jésus-Christ, recevra le don du Saint-Esprit qui est l'accomplissement de la loi de Moïse. Une telle personne n'aura plus à se demander si elle est du bon côté de la loi de Moïse ou non, elle est sauvée de la condamnation qui pèse sur le monde, elle a la vie éternelle. Quiconque reçoit l'Esprit du Christ n'est plus esclave de la loi de Moïse, mais accomplit la justice de Dieu. En effet, ceux qui sont esclaves de la loi de Moïse ont toujours conscience d'une condamnation suspendue sur leurs têtes comme une épée de Damoclès. Ils sont donc sous la condamnation de la loi. En revanche quiconque reçoit l'Esprit du Christ est considéré comme n'étant plus sous la dictature de la loi de Moïse. Le Saint-Esprit, au-dedans de lui, est le sceau qui atteste qu'il a déjà accompli la loi et est passé à autre chose : il pratique la justice de Dieu, le cœur dégagé d'une mauvaise conscience. Il ne fait plus un bilan rigoureux pour savoir s'il a violé un commandement de Dieu dans la journée ou depuis le début de la semaine. Il confesse régulièrement ses péchés au Seigneur qui l'aime et le purifie par Son sang. Dieu avait déjà prévenu les juifs de cette réalité à venir : «*Dans les derniers jours, dit*

Dieu, Je répandrai de mon Esprit sur toute chair ; Vos fils et vos filles prophétiseront. Vos jeunes gens auront des visions, et vos vieillards auront des songes. **Oui, sur mes serviteurs et sur mes servantes, dans ces jours-là, je répandrai de mon Esprit** *; et ils prophétiseront. Je ferai des prodiges en haut dans le ciel et des signes en bas sur la terre, du sang, du feu et une vapeur de fumée ; le soleil se changera en ténèbres, et la lune en sang, avant que vienne le jour du Seigneur, ce jour grand et magnifique. Alors* **quiconque invoquera le nom du Seigneur sera sauvé.»** **Actes 2:17-21 & Joël 3:1-5**. L'apôtre Pierre paraphrasait le prophète Joël pour informer les israélites que ce n'était plus par l'observation de la loi qu'ils seraient sauvés, mais en invoquant le nom de Jésus-Christ.

Dieu désire donc que le monde persévère dans la conduite des opérations mais selon les lois et prescriptions de Sa parole défendue par l'église de Jésus-Christ. Pour ce faire, l'église défend la lumière sans interférer dans les affaires de César. Ainsi César organise les opérations tandis que l'église défend la lumière qui est la parole de Dieu.

Un disciple peut-il travailler pour les autorités (César) ? Oui. Il est alors à la disposition de César pour l'accomplissement des ordres que César lui assignera. Mais il ne peut pas introduire l'organisation gouvernementale de César dans l'église où le chef est Christ (même si on ne Le voit pas car Il est présent en Esprit). Une autorité peut-elle exercer une mission/charge dans l'église ? Oui. Il est alors à la disposition de Christ pour l'accomplissement des missions/charges que le Seigneur lui assignera. Dans la pratique, il sera quasi impossible qu'un disciple, à la tête d'un ministère très important, trouve du temps à accorder aux missions régaliennes de l'Etat. De même, un haut commis de l'Etat manquera de temps pour exercer des missions/charges dans l'église. L'autorité gouvernementale, manifestant un zèle pour Dieu, aura à cœur de se sanctifier pour ne pas s'éloigner de la parole de Dieu. Dieu lui confiera un don spirituel compatible avec son engagement dans les affaires de l'Etat. L'exemple nous est fourni par le roi David qui était le plus haut placé dans la hiérarchie gouvernementale d'Israël. David avait un don de musicien qui lui avait valu auparavant de se faire remarquer et introduire auprès de son prédécesseur, le roi Saül, lorsque ce dernier était en proie aux démons déstabilisants. David jouait de la harpe pour chasser les démons du roi. Une fois devenu roi, David organisa le service de la louange auprès de l'arche du témoignage, et en fit un ministère perpétuel qu'il confia aux chantres Asaph, Hémân et Yedoutoun (**1 Chroniques 15:16-17 ; 16:7-43 ; 23:5**). Le roi veilla à la pérennité de ce service avec un budget conséquent qu'il finança sur le budget de l'Etat par une prescription perpétuelle. Si aujourd'hui, les offices dominicaux recourent aux instruments de musique pour célébrer l'Eternel, on le doit au roi David principalement. L'exemple de David est très instructif. Il était zélé pour Dieu jusqu'à vouloir s'impliquer dans la gestion du temple mais Dieu le recadra dans l'affaire de son serviteur frappé de mort lors du transport de l'arche du témoignage vers son lieu de destination, une prérogative qui incombait exclusivement aux lévites choisis par Dieu. David confessa son péché et se soumit à l'ordre divin. Sans trahir la séparation des compétences entre les affaires du temple et l'administration gouvernementale qu'il chapeautait, le roi David exhorta les lévites à servir l'Eternel avec ferveur. Il apporta une contribution personnelle par la musique, sans s'impliquer directement puisque tous les chantres étaient lévites. Si on occupe une position gouvernementale moyenne ou élevée , et que l'on est zélé pour Dieu comme l'était David, on peut très bien servir l'Eternel Dieu en posant des actes compatibles avec les fonctions régaliennes que l'on assume déjà pour l'Etat. Il ne faut tout simplement pas empiéter sur les domaines réservés de l'église. L'autorité zélée peut surtout encourager les serviteurs de l'église à bien faire leur travail, en mettant à leur disposition des facilités selon sa position dans la hiérarchie gouvernementale. C'est ce que fit le roi David en exhortant les lévites à faire leur travail avec sérieux dans le temple. Du temps de David, les lévites et les fils d'Aaron s'organisèrent pour conduire le service dans le temple avec méthode et consistance, pour la gloire de l'Eternel.

L'histoire est riche en anecdotes sur les rapports entre les autorités et l'église. La question qui demeure est celle-ci : ces deux entités peuvent-elles s'imbriquer au point où les autorités servent l'église et réciproquement ? Si cela était possible, ne serait-ce pas génial ? Dans une actualité récente, plusieurs pays européens votèrent des lois sur la laïcité, en vue de la séparation des affaires entre l'Etat et l'église. En effet, pendant de longs siècles, les membres du clergé assumaient des tâches administratives telles que la délivrance des actes d'état civil.

Il découle de la parole de Dieu que les activités de César et celles de l'église ne sauraient interférer. En déclarant qu'il fallait *rendre à César, ce qui est à César, et à Dieu, ce qui est à Dieu* (**Marc 12:17**), Jésus indiquait déjà une ligne de démarcation entre les deniers de César et ceux de l'église. Si les deux systèmes venaient à se confondre, on aurait une confusion que Dieu ne souhaite pas. Du reste, tant que l'ère de la grâce est en vigueur, en attendant le retour annoncé de Christ, Dieu ne souhaite pas de mélange entre les deux entités. Il ne saurait d'ailleurs en être autrement car la pyramide hiérarchique de César a son pic vers le haut, tandis que dans l'époque actuelle de la grâce, la pyramide préconisée parmi les disciples de Jésus-Christ a son pic en bas : le plus grand est le plus petit de Ses disciples, le serviteur de tous. Il n'est donc pas possible que les deux pyramides se croisent compte tenu de leurs modes de fonctionnement irréconciliables.

12
Le disciple de Christ face à l'ennemi de Dieu, le diable

La bible est *le livre de Dieu qui aime l'homme*. J'ai lu un jour cette courte affirmation quelque part, il y a bien longtemps. Elle est courte et poétique. Je crois qu'on peut faire encore plus précis en disant que *la bible est le livre de l'amour de Dieu envers l'homme qu'Il a créé à Son image*. La bible est donc centrée sur l'homme et ses rapports avec son créateur, du livre de la genèse à l'apocalypse de Jean. Toutefois, l'homme n'est pas le commencement de la création de Dieu. L'homme est le commencement du monde dans lequel nous vivons aujourd'hui. Mais avant que l'homme fût, la création avait déjà commencé. En effet, la bible soutient que les anges sont aussi des créatures de Dieu. On voit en effet apparaître dans les saintes écritures, l'ange Gabriel (**Luc 1:19**) et l'archange Michel (**Jude 1:9**). D'autres personnages extraterrestres sont aussi mentionnés dans la bible. Il s'agit, dans un tableau sombre, de Satan et de ses démons. Il y en a d'autres car Jésus Lui-même, à un moment donné, parle des myriades d'anges qui viendront dans Sa gloire, avec Lui, lors de Son retour sur la terre.

Le sujet de ce chapitre concernera le diable. Pourquoi le diable, alors qu'il est toujours cité dans des affaires tristes et tragiques ? Son nom seulement effraie le commun des gens. Et le Seigneur Lui-même n'a pas montré beaucoup d'enthousiasme à épiloguer sur lui lors des rares passages que la bible cite. C'est que le Seigneur connaissait suffisamment le diable, depuis bien longtemps avant que ne débute l'histoire de l'humanité. Jésus n'avait donc pas besoin d'en savoir plus comme s'Il ne le connaissait pas.

Bien que quelques disciples affirment qu'on n'a pas de précision sur l'époque de la rébellion du diable par rapport à la création de l'homme, il ressort de la sagesse globale de la bible que les anges ont été créés bien avant l'homme et que l'astre brillant, prénommé Lucifer, puis Satan ou le diable du fait de sa traitrise, était déjà en rébellion avec Dieu au moment de la création de l'homme. Il ne semble pas plausible d'imaginer que la rébellion de l'astre brillant ait eu lieu pendant ou après la création de l'homme, car l'histoire de cette rébellion est parsemée de tant d'épisodes qu'il est difficile de les positionner entre la création de l'homme et sa séduction par l'astre brillant sous couvert du serpent.

L'esprit de la lettre biblique nous amène à envisager, comme unique alternative, que les anges ont été créés bien avant l'homme et que la rébellion de l'un d'entre eux, le diable, était déjà un fait avéré avant que l'homme soit créé.

On ne peut dissimuler le fait que le diable ait joué un rôle prépondérant dans l'histoire de l'humanité pécheresse. La bible dit du diable qu'il est *le prince de ce monde*, le *prince de la puissance de l'air*, le *serpent ancien*, le *dragon*, *l'ange de lumière*, le *meurtrier*, le *père du mensonge*, le *destructeur, celui qui donne la mort, l'ennemi, le lion rugissant*, etc. Ainsi tout homme, dans sa quête de salut et de sainteté, ne manquera pas, tôt ou tard, d'affronter le diable. L'histoire de l'humanité est riche d'anecdotes dans les rapports entre le diable et le monde. Après que le diable eut signé l'épisode le plus tragique de l'humanité, en séduisant l'homme qui fut alors condamné à retourner à la poussière, il a continué son œuvre de destruction pour le malheur de ce dernier. La bible dit qu'en plus d'avoir précipité la famille de Job dans la misère, un homme craignant Dieu, Satan le frappa de lèpre (**Job 2:7**). Le diable tenta à trois reprises le Seigneur Jésus-Christ. Il contesta avec l'archange Michel au sujet du corps de Moïse et réclama Pierre pour le cribler. Enfin, plusieurs drames et tragédies humaines portent la signature du démon.

La raison de ce chapitre tient du fait qu'il nous faut lever des tabous sur la personne du diable, comprendre la raison de son animosité meurtrière et récurrente envers l'homme et comprendre définitivement la réponse de Dieu envers cet esprit du mal.

> «*Ensuite il dira à ceux qui seront à sa gauche : Retirez-vous de moi, maudits, allez dans* **le feu éternel préparé pour le diable et pour ses anges**.» **Matthieu 25:41**.

> «***Le diable qui les séduisait fut jeté dans l'étang de feu et de soufre***, *où sont la bête et le faux prophète. Et ils seront tourmentés jour et nuit, aux siècles des siècles.*» **Apocalypse 20:10**.

Ces deux versets établissent que la condamnation prononcée par Dieu sur le diable, alias Satan, alias Lucifer, alias astre brillant, est définitive et sans appel. Devant un tel tableau et la vigilance que la bible nous recommande face au diable qui rode comme un lion rugissant cherchant qui dévorer (**1 Pierre 5:8**), le disciple ne peut manquer de se poser des questions sur les raisons de tout ceci. Pourquoi et comment en est-on arrivé là ? Comment un Dieu si bon a-t-Il été trahi malgré la magnificence dont l'astre brillant était revêtu ? Pourquoi le diable cherche-t-il tant à dévorer l'homme alors que son véritable adversaire est le Très-Haut. Pourquoi un tel acharnement du diable envers l'homme ?

Ces questions ne manquent pas d'intérêt pour l'homme pris au cœur d'une tempête qui a précédé sa création. Pourquoi un conflit ayant opposé Dieu et Satan peut-il, à ce point, perturber le cours de l'humanité ?

Le Seigneur Jésus-Christ, dans Sa dernière prière adressée au Père, révèle une information cruciale : «*Or,* ***la vie éternelle, c'est qu'ils te connaissent****, toi, le seul vrai Dieu, et celui que tu as envoyé, Jésus-Christ.*» **Jean 17:3**. Malgré Sa toute puissance, Sa Majesté céleste Dieu veut que Ses disciples Le connaissent, Lui, le seul vrai Dieu. Les disciples doivent être à la fois fiers et excités par cette nouvelle. En effet, le disciple est poliment invité par le Seigneur Jésus-Christ à connaître Dieu, Son Père qui est aux cieux. Quelque part, le Seigneur Jésus a déclaré : «*Vous connaîtrez la vérité et la vérité vous rendra libres.*» **Jean 8:32**.

Or que signifie "connaître Dieu" ? Que signifie connaître une chose, une personne, une vérité ? Connaître Dieu, c'est tout savoir de Lui, sans exception. C'est faire la connaissance de Ses créatures et de Ses œuvres lorsque l'information est accessible. Le diable étant une créature de Dieu, très présente dans l'histoire de l'humanité et de sa chute avant le salut en Christ, en savoir plus sur lui fait partie du "connaître Dieu" que Jésus a demandé à Son Père pour Ses disciples. Nous ne devons pas confondre la curiosité sur le diable, en tant que créature de Dieu, avec la connaissance des œuvres du diable. Dieu interdit formellement à Ses disciples de s'intéresser aux œuvres du diable selon qu'il est écrit : «*Qu'on ne trouve chez toi personne qui fasse passer son fils ou sa fille par le feu, personne qui se livre à la divination, qui tire des présages, qui ait recours à des techniques occultes ou à la sorcellerie, qui jette des sorts, personne qui consulte ceux qui évoquent les esprits ou prédisent l'avenir, personne qui interroge les morts. En effet, quiconque se livre à ces pratiques est en horreur à l'Éternel ; et c'est à cause de ces horreurs que l'Éternel, ton Dieu, va déposséder ces nations devant toi.*» **Deutéronome 18:10-12**. La connaissance dont il est question dans ce chapitre concerne la genèse du diable et les événements qui, avant la fondation du monde, l'ont amené à quitter sa position auprès de Dieu, et à devenir ce destructeur absolu qui n'a de cesse de pourchasser l'homme jusqu'à la mort.

Il nous semble donc inapproprié que le disciple, malgré l'appel du Christ à sortir de l'ignorance et à connaître Dieu, ne se préoccupe pas de creuser les questions qui le préoccupent sur le film des événements touchant les œuvres de Dieu dans son environnement. Le diable fait partie de ces œuvres de Dieu qui affectent non seulement sa vie, mais aussi le cours du salut global.

Dieu n'est donc pas contre la recherche de la vérité qui va suivre et qui s'articule autour d'un sujet douloureux pour le commun des gens, et des disciples en particulier. Mais il n'y a pas vraiment à avoir peur comme si nous avions des choses à cacher selon qu'il est écrit : «*Car quiconque fait le mal a de la haine pour la lumière et ne vient pas à la lumière, de peur que ses œuvres ne soient réprouvées ; mais **celui qui pratique la vérité*** *vient à la lumière, afin qu'il soit manifeste que ses œuvres sont faites en Dieu.*» **Jean 3:20-21**.

En évoquant ces sujets qui pourraient rebuter plus d'un, la connaissance de la vérité qui va suivre pourra décomplexer le disciple et le préparer à affronter, le cœur apaisé et la foi renforcée, les manigances de l'ennemi qui profite justement de l'horreur qu'il inspire, pour agir discrètement et faire de gros ravages dans la communauté des hommes, en général, celle des disciples en particulier.

Dans les lignes qui suivent, nous démontrerons que la haine récurrente et historique du diable à l'égard de l'homme s'explique par le fait que Dieu a remis à l'homme-fait-à-partir-de-la-poussière la chose la plus convoitée par Satan, chose qu'il n'a de cesse de chérir depuis le temps où il jouissait encore de sa position sur la sainte montagne de Dieu. En sachant cette terrible vérité, attestée par les saintes écritures, le disciple de Christ pourra désormais tirer un trait sur des questions qui, jusque-là, lui semblaient taboues.

La trahison de l'astre brillant : convoitise du trône de Dieu par l'apparence et la corruption

La bible nous révèle que les anges existent, qu'ils ont été créés par Dieu comme des êtres supérieurs en grade et en beauté. Les informations glanées ici et là, dans la bible, leur confèrent des pouvoirs extraordinaires comme, par exemple, leur capacité à se mouvoir indépendamment des aléas de la pesanteur, de l'espace et du temps. La pesanteur, l'espace et le temps n'ont pas d'effet significatif sur les anges. Ils sont immortels. Ils ont été créés par le Dieu et Père de notre Seigneur Jésus-Christ qui, en mettant en nous Son Esprit, nous a confirmé une vérité absolue et éternelle : Dieu est amour. Il est bon, bienveillant et miséricordieux. Il est lent à la colère et riche en bienveillance et en fidélité. Les fruits de l'Esprit achèvent de nous donner un aspect de la bonté de Dieu. Et Dieu n'a pas seulement été vertueux à partir de la création de l'homme car, autrement, Il serait sujet au changement. La bible nous dit qu'il n'y a en Lui, aucune ombre de variation (**Jacques 1:17**). La bonté de Dieu n'a pas varié, qu'il s'agisse de l'homme ou, plus loin dans le passé, des anges. Quitter la présence de ce Dieu, si bon, ne peut être qu'inimaginable, un acte qu'un astre brillant a pourtant jugé bon d'immortaliser. La bible étant le livre de Dieu qui aime l'homme, centré sur l'homme, il est peu disert sur les anges. Toutefois tous les exégètes s'accordent à attribuer à l'astre brillant, Lucifer devenu Satan, les passages bibliques suivants :

> *«Quoi donc ! Tu es tombé du ciel, **(Astre) brillant**, fils de l'aurore ! Tu es abattu à terre, toi, le dompteur des nations ! Tu disais en ton cœur : je monterai au ciel, **j'élèverai mon trône au-dessus des étoiles de Dieu**, je siégerai sur la montagne de la rencontre (des dieux) au plus profond du nord ; je monterai sur le sommet des nues, je serai semblable au Très-Haut.»* **Esaïe 14:12-14**.

> *«Tu mettais le sceau à la perfection, tu étais plein de sagesse, parfait en beauté. Tu étais en Éden, le jardin de Dieu ; tu étais couvert de toute espèce de pierres précieuses, de sardoine, de topaze, de diamant, de chrysolithe, d'onyx, de jaspe, de saphir, d'escarboucle, d'émeraude et d'or ; tes tambourins et tes flûtes étaient à ton service, préparés pour le jour où tu fus créé. **Tu étais un chérubin protecteur, aux ailes déployées** ; je t'avais placé et tu étais sur la sainte montagne de Dieu ; tu te promenais au milieu des pierres ardentes. Tu as été intègre dans tes voies, depuis le jour où tu fus créé jusqu'à celui où l'injustice a été trouvée chez toi. **Par l'importance de ton commerce tu as été rempli de violence et tu as péché** ; je t'exclus de la montagne de Dieu et je te fais disparaître, chérubin*

> *protecteur, du milieu des pierres ardentes.* ***Ton cœur est devenu arrogant à cause de ta beauté, tu as corrompu ta sagesse par ta splendeur*** *; je te jette par terre, je te livre en spectacle aux rois. Par la multitude de tes fautes,* ***par l'injustice de ton commerce tu as profané tes sanctuaires*** *; je fais sortir du milieu de toi un feu qui te dévore,* ***je te réduis en cendre sur la terre*** *aux yeux de tous ceux qui te regardent.»* **Ezékiel 28:12-18**.

Ces deux passages déroulent, à nos yeux, une description assez précise de l'astre brillant qu'était Satan, lorsqu'il exerçait comme chérubin protecteur auprès de Dieu, et sa dégringolade de la gloire céleste à la décrépitude terrestre. Créé astre brillant au ciel, il finit cendre sur la terre.

A l'origine, Lucifer était magnifique, sage et d'apparence fort belle, à nulle autre pareille. En tant que chérubin protecteur, il était vertueux car les protecteurs donnent de leur disponibilité pour une cause noble : il protégeait manifestement le trône de Dieu à l'instar des deux chérubins protecteurs (aux ailes déployées) sculptés au dessus du propitiatoire de l'arche du témoignage fabriqué par Moïse (**Exode 25:18-22**). Ce qui donne une idée de la position élevée qu'occupait Lucifer près de Dieu. En plus de cette qualité, il était *intègre dans ses voies*. La bible insiste particulièrement sur son apparence illustrée par la quasi-totalité des pierres précieuses que l'on peut trouver au ciel (*tu étais couvert de* **toute** *espèce de pierres précieuses*). Ce devait être une créature extrêmement rare car la seule description comparable que donne la bible se trouve dans l'Apocalypse de Jean : la Jérusalem céleste, la ville sainte qui descendra d'auprès de Dieu, dont les fondements sont ornés de pierres précieuses de **toutes** espèces (**Apocalypse 21:19**). Comme la ville sainte a la gloire de Dieu (**Apocalypse 21:11**), l'astre brillant fut donc créé par Dieu à Sa gloire. Il apparaît que ce reflet de la gloire de Dieu dans son apparence l'a rendu arrogant et méchant : «*Ton cœur est devenu arrogant à cause de ta beauté, tu as corrompu ta sagesse par ta splendeur*» (**Ezékiel 28:17**). Notons un détail très important. Ce n'est pas la splendeur de l'astre qui l'a corrompu, autrement, Dieu, l'Auteur de cette splendeur, aurait Sa part de responsabilité. Mais c'est l'astre brillant, lui-même, qui a corrompu sa sagesse en se servant de sa splendeur. L'astre brillant n'avait donc pas eu la même traduction de sa splendeur que Dieu, son créateur. Au lieu d'en faire un élément de la louange à Dieu, il en fit un moyen d'appropriation du trône de Dieu. Parlant du trône, il faut apporter la nuance suivante. L'astre brillant, de part sa splendeur et la gloire de Dieu qu'il reflétait, était assis sur un trône. Son problème est venu de ce qu'il voulut élever sa position au dessus du niveau que Dieu lui avait assigné pour égaler le Créateur : *«j'élèverai mon trône au–dessus des étoiles de Dieu, je siégerai sur la montagne de la Rencontre (des dieux) au plus profond du nord ; je monterai sur le sommet des nues, je serai semblable au Très-Haut.»* **Esaïe 14:13-14**.

- Application : se méfier des apparences

La première application du dérapage de l'astre brillant nous incite à nous méfier des apparences. Le diable semble en avoir fait un important moyen de séduction de ses victimes. Même de nombreux conseils de sagesse exhortent à ne pas se fier aux apparences. *L'habit ne fait pas le moine* dit le dicton. La séduction par l'apparence est très antérieure au monde. C'est une arme que le diable maîtrise à la perfection car ayant eu à en user pour viser le trône de Dieu. La bible nous enseigne à ne pas juger selon les apparences (**Jean 7:24**). Cet avertissement est de la plus grande importance car il est difficile de résister à l'apparence. De nombreux exemples bibliques montrent que l'apparence a souvent été un piège pour le commun des gens. Saül, premier roi d'Israël, surpassait le reste de la population de sa tête. La suite montra que Dieu le rejeta au profit de David. Absalom, troisième fils de David, avait des cheveux plus abondants que tout homme en Israël. Il attenta au trône de son père avant d'être abattu. Avant la désignation de David comme roi d'Israël, son frère aîné Eliab, d'excellente apparence, fut le favori du prophète Samuel avant d'être rejeté par l'Eternel qui rappela que *«l'homme regarde à (ce qui frappe) les yeux, mais l'Éternel regarde au cœur.»* **1 Samuel 16:7**. Il n'est pas sans intérêt de signaler que Jésus-Christ n'avait pas une apparence particulière pouvant Le distinguer des gens de Son époque. Non seulement le prophète Esaïe l'annonça des siècles auparavant, mais les événements de la bible le confirment. Si Jésus avait été d'apparence fort belle, la femme samaritaine ne L'aurait pas sondé comme elle le fit, avant de se rendre compte qu'elle s'entretenait avec le Christ. Il Lui fallut révéler à la femme samaritaine des informations qu'aucun étranger ne pouvait savoir. Il passait souvent incognito parmi le peuple. De nombreuses personnes souhaitant Le rencontrer avaient recours à Son entourage car Jésus pouvait, de par son apparence ordinaire, se fondre dans la foule.

- Application : louer Dieu avec ce qu'Il nous donne, même avec une belle apparence

Devrait-on pour autant voir le danger derrière toute apparence magnifique ? Négatif, autrement, nous serions paranoïaques. Autrement, le monde condamnerait le beau. Dieu n'a rien contre la beauté, ni contre une bonne apparence. La bible mentionne de nombreux serviteurs de Dieu qui avaient une très bonne apparence. Joseph avait bonne apparence au point de perturber les sentiments de l'épouse de son seigneur. Le roi David avait bonne apparence. Sara, femme d'Abraham, Rebecca, femme d'Isaac et Rachel, femme de Jacob, étaient des femmes très belles. Esther devint reine d'Assyrie après avoir gagné un concours de beauté. Dieu n'a absolument rien contre la beauté. Le problème de l'astre brillant, c'est sa lecture des avantages qu'il avait reçus de Dieu. Plutôt que de louer Dieu, Auteur de ces choses extraordinaires, il s'en servit pour pervertir ses voies et réclamer le trône de Dieu. Il voulut élever son trône au dessus des étoiles de Dieu jusqu'à être semblable au Très-Haut. Dieu le reprit sévèrement : «***Mais toi, tu es homme et non dieu**, et tu prends ta pensée pour la pensée de Dieu.*» **Ezékiel 28:2**. Cette phrase nous rappelle un épisode tendu entre Jésus et le diable où Jésus reproche à Satan d'avoir des pensées d'homme au lieu des pensées de Dieu : «*Arrière de moi, Satan ! Tu es pour moi un scandale,* **car tes pensées ne sont pas celles de Dieu, mais celles des hommes.**» **Matthieu 16:23**.

Les disciples de Christ doivent donc veiller sur leurs voies et ne pas accorder plus de vertu aux talents et avantages que Dieu leur donne. En s'écartant de cette voie de sagesse, les disciples risqueraient de suivre l'ennemi. Dans une de Ses nombreuses paraboles, Jésus s'écrie : *Malheur au serviteur que le maître surprendra entrain de rudoyer ses employés* (**Matthieu 24:45-51**). Ce serviteur rudoie les employés du maître parce qu'il a reçu un pouvoir que les autres n'ont pas. Au lieu de louer la magnanimité du maître qui l'a établi chef, il s'en sert pour rudoyer et malmener les employés. C'est de l'égoïsme. Un tel employé n'hésitera pas à trahir le maître pour prendre sa place. Ce serviteur de la parabole est le diable tandis que le maître est le Christ. Créé Astre brillant, chérubin protecteur, intègre, le diable pervertit ses voies en s'appuyant sur ses talents : il voulut devenir l'égal du Très-Haut qui le remit à sa place. Satan est donc le grand conseiller égoïste qui encourage les hommes et les femmes à se regarder le nombril comme s'ils étaient seuls au monde, et à regarder les autres comme inférieurs.

- Application : argent source de corruption

L'analyse de la courbe de grandeur et décadence de l'astre brillant fait aussi apparaître le commerce (l'argent) comme un facteur de corruption l'ayant emporté : «*Par l'importance de ton commerce tu as été rempli de violence et tu as péché [...] Par l'injustice de ton commerce tu as profané tes sanctuaires*» **Ezékiel 28:16,18**. La première constatation à tirer est que l'astre brillant fut un commerçant prospère au ciel. Les disciples doivent savoir que le diable est un homme d'affaires extrêmement habile et qu'il tient son habileté de très loin dans l'histoire de la création de Dieu, celle où il officiait au ciel comme chérubin protecteur. L'homme n'existait pas à cette époque et ne pouvait pas être témoin de ces événements. Mais la bible l'affirme explicitement. Le commerce a été l'un des facteurs de corruption ayant inspiré l'astre brillant dans sa cavale contre Dieu. Nous ne devons donc pas être surpris que l'une des trois tentations utilisées par le diable au désert, face à Jésus-Christ, portât sur la richesse du monde (**Luc 4:5-7**).

Cette vérité devrait surprendre à moitié car Jésus a dit qu'il était plus facile à un chameau, de passer par un trou d'aiguille, qu'à un riche, d'entrer dans le royaume de Dieu (**Marc 10:25**). Dieu est-il contre la richesse ? Négatif. Mais la richesse est un atout qui encourage la corruption et bien d'autres vices. La meilleure façon de l'utiliser est de la donner aux pauvres.

Les disciples de Christ devraient par conséquent prendre du recul par rapport aux tribulations liées à l'argent. Qu'ils ne soient redevables de personne, dit l'apôtre Paul, si ce n'est de l'amour de Dieu.

La réponse de Dieu à Satan : l'homme créé à partir de la poussière

Une question préoccupante demeure : comment une personne si brillante, une créature si belle au point de refléter la gloire de Dieu, un chérubin protecteur jouissant de la confiance du Très-Haut, et placé dans la sainte montagne de Dieu, a-t-il pu songer à évincer le Très-Haut de Son trône ? Un Dieu si bon, plein d'amour, riche en bienveillance et en fidélité, n'était-Il pas digne de reconnaissance, de louange et de bénédiction de la part de l'une de Ses créatures les plus glorieuses, l'astre brillant ?

Dieu, fidèle à Ses habitudes, se devait de donner à la trahison de l'astre brillant, Satan, la réponse qui convenait. Deux faits dans la bible nous donnent une idée du type de réponse préférée de Dieu. (i) face aux pharisiens qu'il voyait venir à son baptême, Jean Baptiste déclara «*Et n'imaginez pas pouvoir dire : Nous avons Abraham pour père ! Car je vous déclare que **de ces pierres-ci Dieu peut susciter des enfants à Abraham**.*» **Matthieu 3:9**. (ii) face aux pharisiens gênés par les youyous de la foules à Son entrée triomphale à Jérusalem, «*Il (Jésus) répondit : Je* *vous le dis, s'ils se taisent, les pierres crieront !*» **Luc 19:40**. La réponse de Dieu face à Ses adversaires réside dans la pierre. Face à l'astre brillant, Dieu ne va pas déroger à la règle. Il va utiliser un sous-produit de la pierre, la poussière, pour Le louer en lieu et place de Satan.

A l'astre brillant, chérubin protecteur ayant préféré la corruption et la perversion à la louange qui Lui était due, Dieu répondit en suscitant de la poussière celui qui allait L'adorer en esprit et en vérité : l'homme.

La séduction de l'homme par le diable : péché et mort de l'homme

Satan ne va pas croiser les bras à l'avènement de l'homme qu'il soupçonne d'être la réponse de Dieu à sa trahison. Satan s'interroge sur l'apparition de cette créature dans le jardin d'Eden. Il se doute bien que quelque chose de nouveau est entrain de se passer. Non seulement l'homme est d'un grade inférieur à l'ange, mais l'apparition de cette créature, après la trahison de l'astre brillant, l'intrigue. Qui plus est, l'homme est créé à l'image de Dieu et placé dans le jardin où avait séjourné l'astre brillant du temps de sa splendeur. Redoutant un plan de Dieu dirigé contre lui, il va épier l'homme et le piéger à la moindre occasion, le but étant de créer l'inimitié entre l'homme et Dieu, à défaut d'obtenir d'avantage, tel que, par exemple, l'éradication de la création de l'homme. Le diable réussira son coup à travers l'épisode de l'arbre de la connaissance du bien et du mal dont l'homme et la femme consommeront le fruit, en violation de l'interdit divin. S'en suivra la peine de mort qui endeuille l'humanité jusqu'à ce jour.

Rien n'indique qu'au commencement, l'homme devait connaître la mort. D'autant que jusque là, aucune créature de Dieu n'avait connu la mort. La mort qu'on connaît aujourd'hui est le résultat de la désobéissance de l'homme selon qu'il est écrit : «*C'est à la sueur de ton visage que tu* mangeras du pain, **Jusqu'à ce que tu retournes dans le sol, d'où tu as été pris** ; *car tu es poussière, et tu retourneras à la poussière.*» **Genèse 3:19**.

La désobéissance de l'homme et la mort conséquente font exulter le diable qui semble, en ce moment là, avoir réussi son pari de créer l'inimitié entre Dieu et l'homme. Le diable connaîtra une seconde jubilation lorsque l'humanité fut détruite par le déluge à l'exception de huit personnes. Mais Dieu n'a pas dit Son dernier mot. L'arrivée de Jésus-Christ sur la terre sera l'antidote.

La restauration de l'homme par Dieu : le salut par Jésus-Christ

«*En vérité, en vérité, je vous le dis, celui qui écoute ma parole et qui croit à celui qui m'a envoyé,* **a la vie éternelle et ne vient pas en jugement, mais il est passé de la mort à la vie.**» **Jean 5:24**.

«*Jésus lui dit : Moi, je suis la résurrection et la vie.* **Celui qui croit en moi vivra, quand même il serait mort**» **Jean 11:25**.

Gloire à Dieu ! La chute tragique de l'homme dans le jardin d'Eden, malgré la mort qu'il hérita, n'a pas dissuadé Dieu de racheter l'homme. Le rachat de l'homme par Dieu va être confié à Jésus de Nazareth. Suivant la coutume de Dieu, tout pécheur reçoit l'absolution en offrant des sacrifices et des libations devant Lui. Car «*Selon la loi, presque tout est purifié avec du sang ; et sans effusion de sang, il n'y a pas de pardon.*» (**Hébreux 9:22**). En choisissant de devenir l'agneau de Dieu qui ôte le péché du monde, Jésus va offrir Sa vie sur la croix afin que *quiconque croit en Lui, ne périsse point, mais qu'il ait la vie éternelle* (**Jean 3:16**).

Celui qui invoquera le nom de Jésus-Christ sera sauvé en vertu des pouvoirs que Dieu à remis à Jésus sur toutes choses dans les cieux, sur la terre et dans les eaux. Le salut par le sang de Jésus marque donc, chez le disciple, la fin de la malédiction de la loi de Moïse dans sa vie. «*En effet, la loi de l'Esprit de vie en Christ-Jésus l'a libéré de la loi (de Moïse) du péché et de la mort.*» **Romains 8:2**.

Après le salut, le disciple va prospérer dans la sanctification et l'obéissance au Seigneur Jésus-Christ. C'est au terme de ce processus que la victoire définitive sur l'ennemi va se dessiner. L'homme va hériter de Dieu ce que le diable n'a eu de cesse de rechercher depuis toujours : le trône de Dieu.

La défaite finale du diable : l'homme sur le trône de Dieu et le diable en enfer

«*Le vainqueur, **je le ferai asseoir avec moi sur mon trône,** comme moi j'ai vaincu et me suis assis avec mon Père sur son trône.*» **Apocalypse 3:21**.

«***Le diable qui les séduisait fut jeté dans l'étang de feu et de soufre***, *où sont la bête et le faux prophète. Et ils seront tourmentés jour et nuit, aux siècles des siècles.*» **Apocalypse 20:10**.

De toutes les déclarations de la bible, **Apocalypse 3:21** est la plus humiliante pour le diable. Pendant la plus grande partie de son existence, le diable a œuvré pour accéder au trône de Dieu selon qu'il est écrit : «*Tu disais en ton cœur : je monterai au ciel, **j'élèverai mon trône au-dessus des étoiles de Dieu**, je siégerai sur la montagne de la Rencontre (des dieux) au plus profond du nord ; je monterai sur le sommet des nues, **je serai semblable au Très-Haut.***» **Esaïe 14:13-14**. Le diable n'a pas reçu ce qu'il cherchait. Mais voilà que le trône que Dieu lui a toujours refusé est promis à l'homme qu'il avait pourtant fait tomber dans le gouffre. La première étape sur le chemin de l'accomplissement de cette promesse commence par la présence du Saint-Esprit en l'homme dès que ce dernier invoque le nom du Seigneur Jésus-Christ, faisant du disciple régénéré, le temple du Saint-Esprit (**1 Corinthiens 6:19**). Il s'agit là d'une réalisation de la grande puissance de Dieu.

Au terme de la sanctification, la présence du Saint-Esprit chez le disciple va se muer en présence du disciple sur le trône de Dieu. Tandis que le diable, le séducteur, héritera du feu éternel. «*Le diable qui les séduisait fut jeté dans l'étang de feu et de soufre,*» **Apocalypse 20:10**.

- Application : l'homme ne doit jamais se fier au diable

En mettant en vis-à-vis, d'une part, la mise en échec de la tentative de prise du trône de Dieu par le diable, et d'autre part, l'intronisation de l'homme sur le trône divin tant convoité par le diable, il n'y a plus d'illusion à se faire sur l'intention éternelle du diable envers l'homme : l'homme étant le bénéficiaire de ce qu'il cherche depuis des lustres, le diable va vouloir l'abattre à tout prix. Non sans avoir, au préalable, cherché à obtenir de l'homme, si cela est possible, un transfert de ce trône divin à son profit. Processus pour lequel, il mène toutes espèces de recherches à ce jour. Satan, grâce à sa ruse dans le jardin d'Eden, arracha à l'homme le trône sur le monde terrestre, d'où le nom qu'il hérita : le prince de ce monde. Il devint prince du monde au détriment de l'homme créé pourtant pour régner et dominer sur les créatures de la terre selon qu'il est écrit : «*Dieu les bénit et Dieu leur dit : Soyez féconds, multipliez-vous, remplissez la terre et **soumettez-la**. Dominez sur les poissons de la mer, sur les oiseaux du ciel et sur tout animal qui rampe sur la terre.*» **Genèse 2:28**.

A l'homme se pose une question fondamentale : après avoir laissé filer son autorité sur le monde, à cause d'une ruse de Satan, va-t-il, une seconde fois, laisser le diable lui ravir le trône de Dieu ? La réponse est évidente :

ne pas se fier au diable, ni à son apparence. Il ne vient que pour voler et si possible, pour ravir au disciple, le trône qui l'attend au ciel. On peut remarquer que le diable tenta de ravir ce trône en s'attaquant à Jésus-Christ Lui-même, profitant de ce que Jésus était affaibli par un long jeûne. Il est en effet écrit : «*Alors Jésus fut emmené par l'Esprit dans le désert, pour être tenté par le diable. Il jeûna quarante jours et quarante nuits, puis il eut faim. [...] Le diable le transporta encore sur une montagne très haute, lui montra tous les royaumes du monde et leur gloire, et lui dit : Je te donnerai tout cela,* **si tu te prosternes et m'adores. Jésus lui dit : Retire-toi Satan ! Car il est écrit : Tu adoreras le Seigneur, ton Dieu, et à lui seul, tu rendras un culte.**» **Matthieu 4:1-2, 8-10**. Le diable ne manqua donc pas de culot. Après deux tentatives malheureuses de flouer le Seigneur, il lança la plus terrible charge contre Lui, obtenir que Dieu adore une créature, Satan ! Par cet essai, Satan voulait s'emparer du trône de Dieu car Dieu ne peut adorer que Lui-même. Malgré cet échec, le diable n'a jamais cessé de chercher la meilleure ruse qui lui permettra de ravir ce trône tant convoité. Les disciples du Christ sont donc tenus de faire attention afin qu'ils ne se fassent pas ravir leur place par le diable. Comment ? Bien que nous sachions cette démarche utopique, à cause du plan de Dieu via la Jérusalem céleste qui descend d'auprès de Dieu, la vigilance que le Seigneur a prescrite à tous Ses disciples reste d'actualité.

C'est le lieu d'attirer l'attention de tous les collaborateurs du diable, nés de femmes, sur le fait que Satan n'a qu'un objectif qu'il ne leur avouera jamais : leur arracher, par tout moyen possible, la place que Dieu leur a réservée sur Son trône céleste. Le diable nourrit secrètement l'espoir d'obtenir de l'homme un droit qu'il fera valoir au ciel devant l'Eternel en disant : «*je sollicite cette place au nom des hommes qui m'ont donné leur accord pour cela*».

- Application : le disciple ne doit jamais quitter sa place

Quitter sa place est une maladie courante dans le monde alentour, car cela traduit, bien souvent, le désir personnel d'améliorer sa position.

L'astre brillant fut le premier de la création de Dieu, bien avant le monde actuel, à vouloir améliorer sa position, en s'appuyant sur sa splendeur et sa magnificence. Vouloir élever son trône (position) au dessus des étoiles de Dieu, jusqu'à être semblable au Très-Haut, était la manifestation extérieure du fait qu'il avait perverti ses voies. En retour, le Seigneur Jésus interdit formellement au disciple de quitter sa place, celle où Lui, le Seigneur, l'a placé. Plusieurs appels du Seigneur, allant dans ce sens, sont repris dans la bible dont en voici quelques extraits :

Jésus appelle le disciple à ne pas rechercher la première place dans les salles de réunion. «*Lorsque tu es invité par quelqu'un à des noces,* ***ne va pas occuper la première place****, de peur qu'une personne plus considérée que toi n'ait été invitée, et que celui qui vous a invités l'un et l'autre ne vienne te dire : Cède-lui la place. Tu aurais alors la honte d'aller occuper la dernière place. Mais, lorsque tu es invité, va te mettre à la dernière place, afin qu'au moment où viendra celui qui t'a invité, il te dise : Mon ami, monte plus haut. Alors ce sera pour toi un honneur devant tous ceux qui seront à table avec toi. En effet* ***quiconque s'élève sera abaissé, et celui qui s'abaisse sera élevé****.*» **Luc 14:8-11**.

Jésus appelle le disciple à demeurer en Lui, malgré les convoitises extérieures. «*Demeurez en moi, comme moi en vous. De même que le sarment ne peut de lui-même porter du fruit, s'il ne demeure sur le cep, de même vous non plus, si vous ne demeurez en moi. Moi, je suis le cep ; vous, les sarments.* ***Celui qui demeure en moi, comme moi en lui, porte beaucoup de fruit, car sans moi, vous ne pouvez rien faire****. Si quelqu'un ne demeure pas en moi, il est jeté dehors comme le sarment, et il sèche ; puis l'on ramasse les sarments, on les jette au feu et ils brûlent. Si vous demeurez en moi et que mes paroles demeurent en vous, demandez tout ce que vous voudrez, et cela vous sera accordé. Mon Père est glorifié en ceci : que vous portiez beaucoup de fruit, et vous serez mes disciples.*» **Jean 15:4-8**.

Dans l'église de Jésus-Christ, le plus grand est le serviteur de tous, le plus petit. «*Le plus grand parmi vous sera votre serviteur.*» **Matthieu 23:11**.

Jésus exige de Ses disciples qu'ils soient humbles comme de petits enfants. «*A ce moment, les disciples s'approchèrent de Jésus et dirent :* ***Qui donc est le plus grand dans le royaume des cieux ?*** *Alors Jésus appela un petit enfant, le plaça au milieu d'eux et dit : En vérité je vous le dis, si vous ne vous convertissez et si vous ne devenez comme les petits enfants, vous n'entrerez point dans le royaume des cieux.*» **Matthieu 18:1-3**.

On peut continuer d'égrener des versets sur le souhait de Jésus-Christ de voir Ses disciples adopter une position d'humilité en toute circonstance. Le diable n'ayant pas su garder sa position, lorsqu'il était encore astre brillant au ciel, l'humilité est une arme fatale contre ses manigances. Satan ne sait pas faire profil bas, ni conserver sa position. Sa tentative d'accéder au trône de Dieu traduit une tendance éternelle chez lui. Ainsi, partout où il y a lutte de pouvoir, Satan est présent et très actif dans les esprits. Les disciples de Jésus-Christ sont donc invités à rester à leurs places. Surtout dans les églises selon qu'il est écrit : «*Par la grâce qui m'a été donnée, je dis à chacun d'entre vous de ne pas avoir de prétentions excessives et déraisonnables, mais d'être assez raisonnables pour avoir de la modération, chacun selon la mesure de foi que Dieu lui a départie. En effet, comme nous avons plusieurs membres dans un seul corps, et que tous les membres n'ont pas la même fonction, ainsi, nous qui sommes plusieurs, nous formons un seul corps en Christ et nous sommes tous membres les uns des autres. Mais nous avons des dons différents, selon la grâce qui nous a été accordée : si c'est la prophétie, (que ce soit) en accord avec la foi ; si c'est le diaconat, que ce soit dans (un esprit) de service ; que celui qui enseigne (s'attache) à l'enseignement ; celui qui exhorte, à l'exhortation ; que celui qui donne (le fasse) avec simplicité ; celui qui préside, avec empressement ; celui qui exerce la miséricorde, avec joie.*» **Romains 12:3-8**.

En définitive, toute tentative, apparemment neutre, de mettre les disciples de Jésus-Christ en compétition, les uns contre les autres, quelles que soient les circonstances, même dans une atmosphère de joie, doit être fortement déconseillée. L'être humain est adepte des compétitions à cause du suspense et de l'enjeu qui excitent le corps. Mais parce que la compétition peut pousser les disciples à se battre les uns contre les autres, et à cause de l'ennemi qui rode comme un lion rugissant cherchant qui dévorer, les disciples de Jésus-Christ sont instamment invités à surseoir à tout esprit de compétition entre eux. Il est donc triste qu'un dirigeant pousse les disciples du Christ à la compétition en vue des places privilégiées autour de sa personne, à supposer que ce dirigeant occupe un piédestal au sein de la communauté des disciples. Les disciples doivent s'abstenir d'entrer dans ce jeu dangereux. Paul, en faisant allusion à l'athlète en compétition dans **1 Corinthiens 9:24-27**, indiquait uniquement que, sur un plan individuel, il veillait sur lui-même afin que la couronne promise par le Seigneur aux serviteurs fidèles lui soit réservée, tel un athlète qui s'impose toutes sortes de privations pour gagner le trophée. Loin de lui l'intention d'appeler les disciples à se battre les uns contre les autres comme si ces trophées étaient limités au ciel, à une poignée de lauréats. Sur la terre, les

> compétiteurs peuvent prétendre, au plus, à trois places sur le podium : l'or, l'argent et le bronze. Mais au ciel, il y a autant de lauriers qu'il y a de disciples. Autrement, l'apôtre Paul n'aurait pas appelé les uns et les autres à de prétentions raisonnables **(Romains 12:3-8)**, ni formellement interdit tout esprit de rivalité dans l'église : «*Ne faites rien par esprit de rivalité ou par désir inutile de briller, mais, avec humilité, considérez les autres comme supérieurs à vous-mêmes.*» **Philippiens 2:3**.

- Le diable a définitivement été condamné pour une éternité en enfer

> «*Je (Dieu) te jette par terre, Je te livre en spectacle aux rois [...] **Je fais sortir du milieu de toi un feu qui te dévore**, je te réduis en cendre sur la terre aux yeux de tous ceux qui te regardent [...] Tu seras un objet d'épouvante, **Tu ne seras plus jamais rien !**»* **Ezékiel 28:17-19**.

> «*Ensuite il dira à ceux qui seront à sa gauche : Retirez-vous de moi, maudits, **allez dans le feu éternel préparé pour le diable et pour ses anges**.*» **Matthieu 25:41**.

> «***Le diable qui les séduisait fut jeté dans l'étang de feu et de soufre**, où sont la bête et le faux prophète. Et ils seront tourmentés jour et nuit, aux siècles des siècles.*» **Apocalypse 20:10**.

La grande différence entre le péché de l'homme et celui de l'astre brillant, alias Satan, alias le diable, alias le serpent ancien, alias le dragon, alias le prince de ce monde, alias l'ange de lumière, alias le prince de la puissance de l'air, alias Belzébul, alias Mammon, etc. est que l'homme fut séduit par Satan alors que Satan corrompit ses propres voies. S'il n'y avait pas eu le serpent ancien, l'homme aurait été librement exposé à son libre arbitre au milieu des arbres du jardin d'Eden. Mais la parole de Dieu impute à Satan la séduction de l'homme, et à lui-même Satan, son auto-séduction. Satan se vit trop beau pour élever son trône au dessus des étoiles de Dieu et être l'égal de Dieu. L'homme n'a pas combattu Dieu frontalement. Il s'est rendu adversaire de Dieu par procuration. En fait, c'est le diable qui intriguait et avait intérêt à ce que l'homme viole la consigne divine. Le diable, en revanche, combattit Dieu en face, voulant élever son trône au dessus des étoiles de Dieu pour se faire l'égal du Créateur. Face à l'agression de Satan, Dieu réagit énergiquement par la sentence ci-après : *Je fais sortir du milieu de toi* **un feu qui te dévore**. Telle est la sanction de l'enfer prononcée par Dieu sur le diable. Plus tard, Jésus rappela cette sentence dans la parabole des talents : «*Ensuite il dira à ceux qui seront à sa gauche : Retirez-vous de moi, maudits,* **allez dans le feu éternel préparé pour le diable et pour ses anges**.» **Matthieu 25:41**.

La sentence de Dieu contre le diable mentionne également qu'il est réduit en cendres sur la terre et qu'il ne sera jamais plus rien. En fait, aujourd'hui, le diable se déguise en ange de lumière. C'est-à-dire qu'il a besoin aujourd'hui d'un déguisement pour paraître un ange alors qu'il fut jadis paré de toute espèce de pierres précieuses. Il a donc perdu sa splendeur d'antan, celle qui reflétait la gloire de Dieu. En tant que dragon rouge feu, il est même devenu très effrayant (**Apocalypse 12:3,9**).

D'autre part, le Seigneur dit du diable qu'il est un voleur et un meurtrier. Commerçant, magnifique et splendide jadis, il a tout perdu au point de vivre aujourd'hui de vol, n'ayant à cœur que la destruction et le chaos. Quiconque possède des choses, venant du diable, doit savoir qu'il est complice d'un meurtrier et d'un voleur. C'est s'exposer à la sentence prononcée par Dieu sur Satan que de se compromettre avec les biens mal acquis. Et pas seulement, il s'agit de toutes opérations injustes dans lesquelles on serait impliqué. Comme Satan n'a plus rien, il va sans dire qu'il use de toute sorte de stratagème pour donner une image contraire à sa réalité cachée qui est néant. Lorsqu'il donne un bien, ce bien s'appelle *«revient avec intérêt et, si possible, du sang humain»*. Nul ne doit espérer que le diable changera un jour quoique ce soit de sa stratégie consistant à tromper l'homme, le tuer en arrachant si possible sa place sur le trône de Dieu. La recherche du trône de Dieu est au centre de l'activité incessante de Satan depuis qu'il est devenu le diable, d'astre brillant qu'il était alors. Imaginer qu'il puisse mettre en sourdine cette activité, le temps d'un répit, c'est mal connaître les enjeux de la bataille : le trône de Dieu. Il ne vit que pour ça : prendre le trône de Dieu. Dans cette perspective, il a un rival historique : l'homme créé à partir de la poussière. Parce que Dieu promet Son trône à l'homme, Satan trompa l'homme une première fois et le fit tomber. Jésus apparut et rétablit, par Son sang sur la croix, un pont d'accès de l'homme au trône de Dieu. En retour, le diable rode comme un lion rugissant cherchant à dévorer le disciple de Christ à qui ce trône est réservé. Cette guerre est impitoyable et sans relâche.

Dieu veut réconcilier l'homme avec Lui-même et le sauver de l'enfer préparé pour le diable et ses anges. Le diable qui l'a séduit est déjà jugé et condamné. L'homme et le diable n'ont pas, au commencement du monde, le même sort. L'un a été induit en erreur, une erreur que Jésus est venu réparer, et l'autre est l'auteur de la corruption, de la perversion et du mensonge. Celui qui s'entiche du diable noue une relation impossible au sens de Dieu car, à l'un est promis le trône de Dieu, et à l'autre, l'enfer.

- **Application : rompre toute relation avec le diable**

De nombreuses âmes sont piégées par le diable qui leur a promis monts et merveilles. Certainement sur la base de plusieurs mensonges dont il a le secret en tant que père du mensonge. Selon une littérature riche et variée, il a promis à des collaborateurs des planètes à gérer s'ils lui sont fidèles et le servent de toutes leurs forces et de toute leur âme. Par plusieurs stratagèmes, il présente à ses collaborateurs conquis, un crucifix habillé en défaite du Christ devant lui. Par des tours de passe-passe, il leur fait miroiter des richesses ici-bas comme un avant-goût de sa promesse.

Mais la réalité est que Satan a été vaincu et jugé, sa sentence prononcée. Le temps de son exécution est proche : «***Le diable qui les séduisait fut jeté dans l'étang de feu et de soufre***, *où sont la bête et le faux prophète. Et ils seront tourmentés jour et nuit, aux siècles des siècles*».

Quiconque est entrelacé dans des liens ou pactes avec le diable peut, s'il le désire vraiment, rompre ces liens en invoquant le nom de Jésus-Christ et Son sang ; et le salut lui sera accordé gratuitement. Le sang de Jésus est compétent pour couper tous les liens instantanément, quelle que soit l'ancienneté de leur perversion.

Le fonds de commerce du diable n'est que mensonge et toute sorte de subterfuge. Le sang de Jésus-Christ est suffisant pour couper tout lien et purifier toute conscience compromise par des liens et actes passés avec le diable. L'argumentaire du diable selon lequel, on serait allé trop loin avec lui pour reculer, n'est qu'un leurre de plus pour retenir des âmes à lui. L'un des deux criminels ayant accompagné Jésus sur la croix de Golgotha, reconnut sa faute et l'innocence de son illustre Hôte. Il fut sauvé à l'instant puisque Jésus lui promit qu'il dînerait le même jour avec Lui dans le paradis (**Luc 24:41-43**). Ce criminel n'avait rien fait d'autre que d'invoquer le Seigneur qui se trouvait crucifié avec lui. Si ce criminel fut sauvé, alors qu'il reconnaissait ses crimes et la justesse de sa peine, c'est qu'il n'y a pas de crime qui ne puisse être lavé par le sang de Jésus-Christ. A condition qu'on le veuille vraiment et le Seigneur accueillera le repentant dans Sa bergerie.

Une procédure détaillée de cette rupture d'avec le passé, de la réconciliation avec Dieu via Son Christ, est développée plus bas, dans ce livre.

- **Application : ne jamais rendre un culte à une créature, mais uniquement à Dieu**

C'est une question fondamentale dans l'histoire des relations entre Dieu et Ses créatures qui sont au ciel, sur la terre et dans les eaux plus bas que la terre. Dans les cieux, sur la terre et dans les eaux plus bas que la terre, le culte doit être rendu à une seule personne : Dieu. C'est pourquoi, Dieu interdit à quelque créature que ce soit, de se faire Son égal. Car l'égal de Dieu reçoit l'adoration réservée à Dieu. Pourquoi l'astre brillant, qui reflétait par sa splendeur la gloire de Dieu, et qui disposait de beaucoup d'atouts pour une créature seule, tenait-il tant à élever son trône au dessus des étoiles de Dieu pour se rendre semblable au Très-Haut ? C'est, entre autres et surtout, parce qu'il tenait à recevoir un culte d'adoration semblable à celui de Dieu. Dans la tentation de Jésus-Christ, Satan Lui demande de se prosterner devant lui (**Matthieu 4:8-10**). De là on comprend la pertinence des tous premiers commandements de Dieu à Moïse : «***Tu n'adoreras pas d'autres dieux que moi****. Tu ne te fabriqueras aucune idole, aucun objet qui représente ce qui est dans le ciel, sur la terre ou dans l'eau sous la terre ; tu ne t'inclineras pas devant des statues de ce genre, tu ne les adoreras pas.*» **Exode 20:3-5**.

Aucune créature n'a le droit de recevoir de culte, de quelque valeur que ce soit. Nous ne devons pas confondre le culte et l'honneur. La parole de Dieu commande qu'ont rende les honneurs à qui ils sont dus, par exemple, aux autorités et gouverneurs d'un pays. Mais pour ce qui est du culte, aucune créature n'est autorisée à en recevoir. Aucun ange de Dieu n'a jamais reçu de culte sachant que c'est prohibé. C'est le cas de l'ange qui faisait des révélations à l'apôtre Jean sur la fin des temps. Lorsque Jean se prosterna pour l'adorer, il s'opposa vivement par ces mots : «*Garde-toi de le faire ! Je suis ton compagnon de service et celui de tes frères qui ont le témoignage de Jésus. **Adore Dieu !***» **Apocalypse 19:10**.

Le roi Hérode apprit cette leçon à ses dépens. Après avoir persécuté les disciples, il s'attira un culte d'adoration réservé à Dieu seul et l'ange le frappa à mort selon les faits ainsi rapportés : «*Au jour fixé, Hérode, revêtu de ses habits royaux, s'assit à la tribune et les harangua. Le peuple s'écria : Voix d'un dieu, et non d'un homme ! A l'instant, un ange du Seigneur le frappa,* **parce qu'il n'avait pas donné gloire à Dieu***. Et, rongé par des vers, il expira.*» **Actes 12:21-23**. Le fait de se prosterner devant une autorité, en guise de soumission, fait partie des honneurs et non d'un culte d'adoration. C'est la seule nuance à apporter.

Récapitulatif

Au commencement, non pas de notre monde actuel, mais de la création globale, Dieu fit une créature merveilleuse, un astre brillant paré de toute espèce de pierres précieuses au point qu'il reflétait la gloire de Dieu. Jamais créature n'avait atteint un tel niveau de splendeur car la gloire de Dieu est ce qu'il y a de plus beau dans les cieux, sur la terre et dans les eaux plus bas que la terre. En outre, cet astre brillant était au début, sage, intègre dans ses voies et chérubin protecteur. Il était assis sur un trône juste au dessous des étoiles de Dieu. Il était aussi un commerçant prospère. Mais au lieu de la louange qu'il devait rendre à Dieu, auteur de ces choses, il pervertit ses voies, les voies de la sagesse. Il jugea qu'il était temps qu'il élevât son trône au dessus des étoiles de Dieu, jusqu'à être semblable au Très-Haut. Dieu le recadra en lui rappelant qu'il n'était pas Dieu. Refléter la gloire de Dieu ne fait pas un Dieu majuscule. Dieu mit fin à la splendeur de l'astre brillant qui devint Satan, le diable. Dieu entreprit de lui répondre à la mesure de sa trahison, une réponse dont Il a le secret : lorsqu'on Lui refuse la louange qui Lui est due, Il suscite des pierres pour L'adorer. L'homme est cette poussière (sous-produit de la pierre) que Dieu a choisie pour répondre à l'astre présomptueux. Non seulement Dieu va mettre Son Esprit en l'homme, chose rarissime, jamais vue dans la création, au point où les anges veulent y plonger leurs regards (**1 Pierre 1:12**), mais encore !!! Dieu a l'intention d'installer cette poussière vivifiée sur Son majestueux trône, celui-là même que l'astre brillant convoitait. Comme gage de cette résolution, Dieu a installé le Premier-Né de la nouvelle création, le second Homme, le Christ ressuscité, Chef de l'Eglise, sur Son trône, à Sa droite.

Une telle réponse de Dieu est si virulente que Satan, alias l'astre brillant, alias le diable, est devenu fou furieux au point de précipiter ses armées d'anges déchus sur l'homme, considéré par lui comme l'usurpateur royal. Satan gagna la première bataille dans le jardin d'Eden, en provoquant la mort de l'homme, une mort d'abord spirituelle par éloignement de la présence de Dieu, puis physique (cellulaire) quand l'homme retourne à la poussière d'où il fut tiré. Mais Satan perdit la seconde bataille, la dernière, contre Jésus-Christ et Ses disciples, à cause *du sang de l'Agneau de Dieu, de la parole du témoignage, et parce que les disciples du Christ n'ont pas aimé leur vie jusqu'à craindre la mort* (**Apocalypse 12:11**).

Ayant perdu sa bataille, le diable se retourne contre les hommes et les femmes qui, dans leur ignorance, le prennent pour le dieu tout puissant de l'horreur. Maintenant le monde dans l'ignorance, il le contrôle par toute espèce de mensonge, de sortilège, d'illusion, de magie, de faux-semblant, sachant se déguiser en ange de lumière. Gloire à Dieu ! L'homme et la femme bénéficient, dans le nom de Jésus-Christ, via Son sang versé sur la croix, d'une arme puissante contre le diable, à condition de l'utiliser sans douter. Le diable a été déclaré voleur suite à la victoire de Jésus sur la croix. La première attitude d'un voleur, surpris la main dans le sac, est de prendre la fuite. C'est ce que Satan a de mieux à faire face aux disciples qui, grâce à l'Esprit du Christ en eux, disposent du pouvoir *de marcher sur toute la puissance de l'ennemi sans rien craindre* (**Luc 10:19**).

Bien que le Seigneur, dans toute la bible, n'encourage pas l'homme à entretenir des relations avec le monde occulte où le diable exerce ses activités maléfiques, la mise en lumière des intentions de cet ex-astre brillant, dans sa cavale permanente contre l'homme, méritait un regard décomplexé. Le fait de s'éloigner des pratiques occultes ne rend pas inutile le décryptage de la parole de Dieu concernant l'ennemi et ses manipulations. Le sujet est tabou dans la plupart des églises de Dieu. Les personnes possédées par le diable peuvent y bénéficier de séances de délivrance. Mais connaître globalement la logique de l'astre brillant, alias Satan, de sa création à sa rupture avec Dieu, de la séduction de l'homme dans le jardin d'Eden, à sa condamnation en enfer, commandait que soit exposée la raison de son acharnement perpétuel contre le monde en général, et les disciples de Jésus-Christ en particulier.

Le disciple de Jésus-Christ doit s'attacher fidèlement à Son Seigneur, fixer les regards sur Lui sans relâche, sachant que *son adversaire, le diable, rode comme un lion rugissant cherchant qui dévorer*. La bible commande de ne rien avoir, en commun, avec les œuvres des ténèbres. Ainsi, on ne donnera pas au diable un terrain favorable pour agir et nuire. La bible déclare qu'il est *l'accusateur des frères devant Dieu jour et nuit*. Elle renchérit en disant que le disciple l'a *vaincu par le sang de l'Agneau, par la parole de son témoignage et parce qu'il n'a pas aimé sa vie jusqu'à craindre la mort* (**Apocalypse 12:11**).

La description des tenants et des aboutissants qui précèdent est nécessaire pour comprendre aussi pourquoi, et c'est important de le noter, les disciples ne doivent pas tenir des propos injurieux envers le diable et ses anges, tous considérés comme des gloires déchues. Il n'appartient pas aux humains, et encore moins aux disciples de Jésus-Christ, de les insulter. Car *même les anges, supérieurs en force et en puissance, ne portent pas, contre elles, de jugement injurieux devant le Seigneur !* (**2 Pierre 2:11**). Or, *lorsqu'il contestait avec le diable et discutait au sujet du corps de Moïse, l'archange Michel n'osa pas porter contre lui un jugement injurieux, mais il dit : Que le Seigneur te réprime !* (**Jude 1:9**).

Pour connaître Dieu, comme Jésus-Christ l'a souhaité peu avant de quitter la terre, il faut aussi décrypter ce que Dieu a fait. Le diable faisant partie de Ses œuvres, les manœuvres de ce dernier faisant partie des obstacles usuels sur le chemin de la sanctification des disciples, les informations développées ci-dessus décomplexeront les disciples par rapport à ces vérités taboues. Il ne faut pas avoir peur au point d'être effrayé. Le disciple, la lumière du monde, n'a pas à redouter les ténèbres car les ténèbres passent, mais la parole de Dieu demeure éternellement. Dieu ne veut pas, en revanche, que le disciple s'implique dans les œuvres des ténèbres telles que magie, illusionnisme, prestidigitation, simulacres, divination, consultation des morts et tours de passe-passe car le diable s'en sert pour masquer une réalité terrible : *il n'est plus jamais que cendre.* L'Esprit de Dieu, dans le disciple du Christ, ne s'y sentirait pas à l'aise car Dieu a horreur du mensonge.

13
De la nouvelle naissance à la sanctification du disciple : étapes-clés

> «*J'ai encore **d'autres brebis** qui ne sont pas de cette bergerie ; celles-là, il faut aussi que je les amène ; elles entendront ma voix, et il y aura **un seul troupeau**, un seul berger.*» **Jean 10:16**

> «*Allez, **faites de toutes les nations des disciples**, baptisez-les au nom du Père, du Fils et du Saint–Esprit, et **enseignez-leur à garder tout ce que je vous ai prescrit**.*» **Matthieu 28:19-20**

Naître de nouveau par une repentance claire devant Dieu

Contrairement aux apparences, la nouvelle naissance ou conversion à Christ n'est pas difficile. Ce qui est difficile à faire comprendre, c'est le fait qu'un si important salut soit gratuit. Ce qui est crucial, en revanche, c'est le sérieux de celui qui se réconcilie avec Dieu via Son Christ. Cette réconciliation est un acte de cœur car ce qui vient du cœur est sérieux. Il suffit donc que la personne, désirant se convertir, soit sérieuse et de tout cœur avec sa décision de le faire. La conversion n'est pas une affaire de génuflexion, de breuvage à avaler, et encore moins de scarification ou autres mutilations sur le corps. L'acte de conversion met en scène une personne consciente de son désir de tourner définitivement la page de sa vie, en faisant de Jésus-Christ son Seigneur et Maître pour la vie. Cela sous-entend qu'il est prêt à tourner le dos à plusieurs choses que le Seigneur lui indiquera, via son Esprit entré en lui, sur le chemin de la sanctification qu'il poursuivra en tant que disciple.

La nouvelle naissance dépend donc, et surtout, du sérieux de la personne désirant la conversion. Si la personne est sincère de cœur, sa conversion sera agréée par le Seigneur. Il n'est pas tenu de sentir quelque chose dans son corps durant la prière de repentance – acte d'engagement –, même s'il est apparu, dans des cas plus ou moins rares, des manifestations imprévisibles dont le disciple est seul à témoigner. Ces manifestations ne doivent pas troubler le disciple.

- Le lieu où s'effectue la prière de repentance

Le lieu n'a aucune importance. La repentance peut se dérouler partout car Dieu a les yeux rivés en tout lieu imaginable : un avion, un train, un bateau, une cours de récréation, un gymnase, une chambre, un salon, une route, un terrain vague, une pièce sombre ou éclairée, un temple ; et la liste est loin d'être exhaustive. Sur le coup, on s'assurera que l'endroit où l'on se trouve rend possible une prière discrète et sincère à Dieu. Pourquoi discrète ? Parce que toute prière sérieuse est discrète, sinon c'est une exhibition ou un désir de se faire voir.

- En présence de qui s'effectue la prière de repentance ?

La prière, comme toute requête, met en scène le requérant – personne – et le destinataire – Jésus-Christ. La prière suppose donc que le disciple en devenir se tienne devant le Seigneur à Qui il adresse sa requête. Toutefois, en cas de timidité ou par souci d'être réconforté devant un Seigneur invisible, le disciple peut demander à être accompagné dans sa prière par une personne déjà convertie. Partout où une prière est adressée à Jésus-Christ, Le Seigneur entend car Il est invisible et omniprésent. Il voit et entend toutes les sensations du cœur humain, où qu'il se trouve.

- Quels sont les termes à utiliser dans la prière de repentance ?

Imaginez que vous ayez une requête très sérieuse à soumettre à quelqu'un. Il importera peu à ce dernier que le verbe soit haché ou fluide, haut ou bas, émotif ou calme. Le message passera si l'interlocuteur est attentif. Dans notre cas, le Seigneur est toujours attentif. Le message sera reçu s'Il note que vous prenez la chose à cœur. C'est ici que le requérant est attendu. Et c'est ce détail qui déterminera, plus tard, le sérieux de sa foi en Dieu.

Peu importe donc l'atmosphère régnant là où l'on décide de se repentir, cependant les intentions suivantes doivent clairement ressortir du cœur : *«Seigneur Jésus-Christ de Nazareth, je viens auprès de Toi parce que je crois que Tu es le Fils du Dieu vivant offert en sacrifice pour la vie éternelle. Je regrette sincèrement d'avoir vécu éloigné de Toi, en posant des actes contraires à la sainteté de Dieu. Je Te prie de me pardonner tous ces égarements passés et présents, et de m'accepter pour toujours dans Ta bergerie. Je T'en remercie. Amen».*

Cette prière peut être allongée ou raccourcie, selon les circonstances et l'émotion de la personne qui croit. Ces moments engagent le cœur, d'où une présence possible d'émotions, sans que cela ne donne lieu à interprétations particulières, les humains ne réagissant pas tous de la même manière.

Une fois cette prière effectuée, le nouveau converti ne doit pas douter de la vie éternelle qu'il vient d'hériter selon qu'il est écrit «*En vérité, en vérité, Je vous le dit,* **celui qui croit a la vie éternelle**» (**Jean 6:47**). Il ne doit pas douter que le Seigneur Jésus-Christ l'a bien reçu car le verset dit «*Celui qui croit…*» et non «*Celui qui pense que Jésus a accepté sa requête…*». En cas de doute, c'est donc dans son cœur qu'il doit se poser des questions, et non du côté de Christ. Il doit croire qu'il est né de nouveau et que le Saint-Esprit de Christ est entré en action au-dedans de lui, même s'il ne sent absolument rien car on ne peut pas sentir l'Esprit qui n'a pas de gravité. Au cas où l'on sent quelque chose, telle une manifestation irrégulière ou extraordinaire, il ne faut en tirer aucune conclusion, mais s'en souvenir comme anecdotique. Toutefois, le disciple jugera, en lisant le passage plus bas sur le baptême du Saint-Esprit, s'il a affaire à ce type de baptême ou non ; car il est arrivé, quoique cela soit rare, que des disciples aient reçu le don du Saint-Esprit pendant leur repentance, bien avant d'être baptisés d'eau. Le baptême d'eau suit la repentance car il faut envoyer au monde le message que le nouveau converti a réellement changé de camp.

- **Deux cas particuliers de repentance**

Sans que cela soit érigé en standard dans la conduite des âmes à la repentance, nous pouvons arrêter nos regards sur deux cas de repentance vécus dans l'Ecriture. Ces deux cas montrent que la conversion est une affaire de cœur. Il s'agit de la repentance de l'eunuque éthiopien (**Actes 8:36-38**) et du païen Corneille (**Actes 10**). Dans les deux cas, aucune prière de repentance ne fut formellement adressée à Dieu. Pendant que le diacre Philippe expliquait la parole de Dieu à l'eunuque, ce dernier lui demanda au détour d'un point d'eau : «*Voici de l'eau, qu'est-ce qui m'empêche d'être baptisé ?*». La réponse de Philippe fut : «*Si tu crois **de tout ton cœur**, cela est possible*». Après la déclaration solennelle de l'eunuque – et non une prière –, le diacre Philippe le baptisa. Le diacre n'avait pas besoin de se demander si l'eunuque était sincère. Si l'eunuque ne l'avait pas été, il n'aurait pas posé la question au détour d'un point d'eau. Dans le cas de Corneille, le cœur fut vraiment conquis car c'est pendant que Pierre faisait son discours d'évangélisation que le Saint-Esprit descendit sur les personnes rassemblées. Pierre n'avait plus besoin de preuve de la conversion de ses hôtes. Il les baptisa aussitôt. La prière de repentance est un acte de foi. On n'a pas à exiger de confirmation particulière. C'est le cœur du disciple qui réagit en face de Dieu. La base d'une vraie conversion est le cœur qui croit sincèrement. Dans le cas contraire, on aura des simulacres de conversion à la ruine du concerné. Il pourra berner l'église mais pas Dieu. On a très peu de moyen de vérifier que le cœur est sincère mais le Seigneur n'exige pas que l'on aille au-delà de la déclaration ou de la prière du converti. Il s'occupe du reste.

- Envoyer au monde le message qu'on a changé de camp

Une fois que l'on a adressé sa requête au Seigneur, comme ci-dessus, le requérant doit croire qu'il a la vie éternelle, qu'il ait senti ou non quelque chose lors de la prière de repentance. Le disciple doit croire que le Saint-Esprit est entré en œuvre dans sa vie. Mais ce n'est pas tout. Le fait est que le monde ignore sa nouvelle vocation. A ce niveau, le disciple a la vie éternelle mais n'est pas sauvé du monde. Aux yeux du monde, il fait encore partie de son camp. Or le monde doit savoir qu'il est passé de l'autre côté, de la mort à la vie selon qu'il est écrit : «*Celui qui écoute Ma parole et qui croit à Celui qui M'a envoyé, a la vie éternelle et ne vient pas en jugement,* **mais il est passé de la mort à la vie**» (**Jean 5:24**). Il appartient maintenant au disciple d'informer le monde de son engagement, en se faisant baptiser, car Jésus et tous Ses disciples furent baptisés d'eau, sans poser de question. Une personne qui croit et ne se baptise pas, a la vie éternelle, mais n'est pas sauvée du monde. Ceux qui croient qu'on peut être disciple en secret se trompe. Quiconque croit en secret veut vivre de dissimulation et de camouflage. Les démons font malheureusement pareil et le croyant peut être confondu avec eux. Il n'y a donc pas de différence, pour le monde, entre un croyant secret et un démon secret. Le monde doit donc être témoin de la rupture d'avec lui. Le baptême est l'élément fondamental qui choque le monde et ne le laisse pas indifférent. Le croyant ne doit pas craindre de choquer le monde qui découvre qu'il a changé de camp. C'est le but recherché.

Se baptiser d'eau

- Pourquoi se baptise-t-on d'eau ?

Jésus Se fit baptiser d'eau. On se baptise d'abord parce que Jésus, le Seigneur et Modèle, S'est fait baptiser d'eau sur la terre. Quiconque ne se baptise pas d'eau n'a rien en commun avec Jésus-Christ. On peut déjà remarquer que Jean le Baptiste, quand Jésus vint pour Se faire baptiser, ne fut pas réceptif à cette idée car, pensait-il, c'était à Jésus de le baptiser et non l'inverse. Mais le Seigneur Jésus, en dépit des réticences du prophète, insista et ce dernier Le baptisa finalement. Il faut donc impérativement se faire baptiser après la conversion, si elle est vraiment sincère. Si quelqu'un redoute le baptême, il y a de fortes chances qu'il n'ait jamais cru du fond du cœur, et que sa prière de repentance n'ait pas été sincère. Peut-on dire de tous ceux qui se font baptiser qu'ils se sont sérieusement repentis ? On doit le penser car les cas contraires sont rares. En revanche, tous ceux qui se sont réellement repentis ne s'opposent pas au baptême, et le demandent même avec empressement. C'est le cas de l'eunuque éthiopien. Après avoir écouté les explications du diacre, l'eunuque l'interrogea au passage d'un point d'eau : «*Voici de l'eau ; qu'est-ce qui m'empêche d'être baptisé ?* Philippe dit : **Si tu crois de tout ton cœur**, *cela est possible*. L'eunuque répondit : *Je crois que Jésus–Christ est le Fils de Dieu. Philippe ordonna d'arrêter le char ; tous deux descendirent dans l'eau, Philippe ainsi que l'eunuque, et il le baptisa*» (**Actes 8:36-38**). L'exemple de l'eunuque éthiopien illustre l'une des repentances les plus courtes, sans prière longue, mais une déclaration solennelle après que le disciple lui eut demandé s'il était sincère. Cela confirme que la repentance est une affaire sérieuse. On peut noter qu'après avoir cru du fond du cœur, l'eunuque ne tarda pas à demander le baptême d'eau. Il n'attendit pas qu'on vienne le lui proposer. Celui qui a cru de manière sincère ne refusera pas le baptême.

Jésus l'exige de tous Ses disciples. «*Allez, faites de toutes les nations des disciples, **baptisez-les** au nom du Père, du Fils et du Saint–Esprit*» (**Matthieu 28:19**).

Les apôtres ont recommandé le baptême d'eau. «*Pierre leur dit : Repentez-vous, et **que chacun de vous soit baptisé** au nom de Jésus–Christ, pour le pardon de vos péchés ; et vous recevrez le don du Saint–Esprit*» (**Actes 2:38**).

Le baptême d'eau marque le passage irréversible d'un monde à un autre. La longue route de la restauration de l'homme par Dieu, après sa chute dans le jardin d'Eden, est parsemée d'actes de rupture irréversible. L'Ecriture nous indique que : (i) le peuple israélite fut baptisé en Moïse dans la nuée et dans la mer, en la traversant à pied. Il y avait la nuée au-dessus et la mer alentour (**1 Corinthiens 10:2**) ; (ii) Noé et toute sa famille furent baptisés dans le déluge car il y avait la pluie au-dessus et l'eau en bas (**1 Pierre 3:20-21**). D'un côté, il y a la rupture de Noé d'avec l'ancien monde et de l'autre, la rupture des israélites d'avec l'Egypte où ils furent esclaves.

> Par le baptême d'eau, le disciple annonce au monde qu'il est passé de son camp au royaume des cieux, même s'il continue de vivre physiquement dans le monde. Il doit désormais se considérer comme résident temporaire dans ce monde. En effet «*Il (Père) nous a délivrés du pouvoir des ténèbres et nous a transportés dans le royaume de Son Fils bien-aimé (Jésus-Christ)*» (**Colossiens 1:13**).

Ces différentes images indiquent toute l'importance du baptême d'eau pour le disciple et pour le monde alentour pris à témoin. C'est une preuve visible que l'on a irréversiblement tourné la page du passé. Noé n'est plus retourné au monde ancien qui avait disparu sous le déluge. Les israélites ne sont plus retournés à la servitude égyptienne après l'avoir quittée. Un disciple indique, par le baptême d'eau, que sa rupture avec le passé est irréversible. Le baptême est certainement l'image la plus choquante que le monde ait eu à découvrir en matière d'engagement moral, là où une déclaration de foi ou prestation de serment aurait dû suffire. L'eau de pluie mouille quand on est surpris sans abri disponible. L'eau de rivière mouille quand on la traverse à la nage ou à pied d'une rive à l'autre. L'eau de bain mouille parce qu'on veut se débarrasser de la saleté. Mais se tremper complètement, pour signifier l'adhésion morale à la cause du Christ, décédé il y a près de deux mille ans – pour le monde, Sa résurrection réelle ou supposée ne change rien à l'histoire puisqu'il ne Le voit pas –, voilà qui est on ne peut plus intrigant pour le commun des gens. Même un pacte de sang n'est pas si terrifiant à regarder puisqu'il est souvent réciproque entre les concernés. Mais se faire tremper par une personne – le baptiseur – est un acte très courageux qui traduit le sérieux de la personne baptisée. C'est pourquoi le monde est choqué.

- Comment s'effectue le baptême d'eau ?

> «*Ignorez-vous que nous tous qui avons été baptisés en Christ-Jésus, **c'est en Sa mort que nous avons été baptisés** ? Nous avons donc été **ensevelis avec Lui dans la mort par le baptême** [...]. En effet, si nous sommes devenus **une même plante avec Lui par la conformité à Sa mort**, nous le serons aussi par la conformité à Sa résurrection*» **Romains 6:3-5**.

Le baptême rappelle au monde l'adhésion du disciple à la mort et à la résurrection de Jésus-Christ. Comment Jésus est-Il mort ? Il fut crucifié, déclaré mort, enseveli puis ressuscité le troisième jour. Le baptême d'eau doit se conformer à la mort par ensevelissement et à Sa résurrection par sortie du tombeau. De la même manière qu'on n'ensevelit pas le corps d'une personne à moitié, par exemple le corps sans la tête ou la tête sans les pieds, il est convenable que le baptême se fasse par immersion du disciple dans l'eau, pour être sûr que l'eau l'a recouvert entièrement – ensevelissement. La sortie des eaux du baptême, après immersion, illustre la résurrection du Christ ou sortie du tombeau, c'est-à-dire que le disciple marche désormais en nouveauté de vie, le passé étant enseveli dans les eaux du baptême.

Dans la pratique, il faut qu'il y ait de l'eau et un baptiseur. Celui qui baptise doit être un disciple baptisé car, dans l'Écriture, nul n'a baptisé au nom du Seigneur sans avoir été un disciple baptisé. Sur la question du point d'eau, de nombreuses églises ont des adaptations spécifiques selon les circonstances et des points de doctrine reflétant la position des pères fondateurs. Ce qu'il faut retenir est que tout disciple doit être baptisé d'eau au nom du Seigneur Jésus-Christ de Nazareth.

Le Seigneur n'apprécie pas que des points de doctrines particuliers divisent Ses disciples comme c'est le cas dans de nombreuses églises aujourd'hui. Ces divergences ont même amené des disciples à reprendre leur baptême d'eau une ou plusieurs fois. D'où une extrême confusion que le chapitre suivant tente d'évacuer en espérant que les disciples du Seigneur sauront se mettre à l'abri de tels égarements.

- **Est-il nécessaire de se faire rebaptiser d'eau ?**

> *« Il (Paul) rencontra quelques disciples et leur dit : Avez-vous reçu l'Esprit Saint quand vous avez cru ? Ils lui répondirent : Nous n'avons même pas entendu dire qu'il y ait un Esprit Saint. Il dit : Quel baptême avez-vous donc reçu ? Ils répondirent : Le baptême de Jean.[...] Sur ces paroles, ils furent baptisés au nom du Seigneur Jésus »* **Actes 19:1-5**.

Avez-vous reçu l'Esprit Saint quand vous avez cru ? C'est par cette question que l'on devrait interroger l'engagement d'un disciple si l'on a des doutes raisonnables sur sa foi – et non son baptême. Il existe une tendance, assez courante dans les églises, à l'égard de quiconque, nouveau venu, vient y adorer avec régularité. Cette tendance consiste à lui demander quel type de baptême il a reçu, comme s'il existait une police des baptêmes dans l'église envers les nouveaux arrivants. Nous avons indiqué, plus haut, que de nombreuses églises avaient des points de doctrine spécifiques dans la manière de baptiser d'eau. Eriger une de ces spécificités en doctrine forcera le baptême à dépasser le symbole de la mort / résurrection de Jésus, et traduira plutôt l'adhésion du disciple à un système religieux particulier. Ainsi, chaque système a érigé un protocole précis qui le rassure sur le baptême du disciple. Et lorsque ses responsables ont des doutes sur un baptême obtenu ailleurs, ou lorsqu'ils ont suffisamment semé le doute dans l'esprit du disciple, ce dernier craque et se fait baptiser de nouveau.

De manière précise, deux polémiques sont régulièrement évoquées pour douter du baptême d'un disciple : (i) selon qu'on l'a baptisé «*au nom du Père, du Fils et du Saint-Esprit*» (**Matthieu 28:19**) ou plutôt «*au nom de Jésus-Christ*» (**Actes 2:38**) et (ii) parce que l'apôtre Paul rebaptisa des disciples d'Ephèse qui avaient reçu le baptême de Jean (**Actes 19:3-5**).

Ces deux polémiques divisent suffisamment les disciples de nos jours. La première polémique a divisé les chrétiens en trinitaires (évangéliques) et unitaires (certains apostoliques). La seconde polémique vient de l'absence de flexibilité de ceux qui s'abandonnent à des visions en s'accrochant à un schéma religieux.

Nous examinerons, dans ce chapitre, l'opportunité d'une reprise du baptême à la lumière de l'acte de Paul (**Actes 19:3-5**), tandis que la polémique entre trinitaires et unitaires est examinée dans le chapitre suivant.

L'une des deux conditions suivantes doit être présente pour qu'un baptême soit repris, encore qu'il faut de la vigilance : (i) en premier lieu, il faut que le premier baptême ait été reçu sans être précédé d'un engagement sérieux (de cœur) envers le Christ, peu importe au nom de qui on a été baptisé (ii) en second lieu, critère majeur, bien que difficile à tester, il faut que le disciple n'ait pas reçu le Saint-Esprit quand il a cru. Le premier cas nous rappelle particulièrement des personnes qui se baptisent pour imiter leurs proches par peur d'être largué. Au nombre de ceux-là, il y a aussi bien des païens déguisés que de disciples sincères, mais hésitants, car craignant de s'embarquer dans une aventure incertaine.

La vigilance est nécessaire. Il ne faut pas se précipiter dans un second baptême si on n'est pas rassuré. C'est le lieu d'interpeler ceux qui polémiquent sur les mots afin qu'ils répondent aux questions suivantes . De qui était le baptême de Jésus ? De Jean ou de Jésus Lui-même ? Au nom de qui Jésus fut-Il baptisé ? Pour la repentance ou au nom de Jésus ? Le baptême de Jésus était-il invalide parce que l'ayant reçu de Jean ? Ce sont les questions que l'Esprit mit dans mon cœur lorsque je fus confronté à cette polémique pour la première fois. Il est manifeste que Jésus reçut le baptême de Jean et qu'à l'occasion, Jean ne prononça ni le nom de Jésus, car ignorant encore que Celui qu'il attendait s'appellerait Jésus – il ne le sut qu'après la descente du Saint-Esprit, sous la forme d'une colombe, sur la personne de Jésus –, ni au nom du Père du Fils et du Saint-Esprit.

De l'examen des saintes Ecritures, il ressort clairement que la viabilité d'un baptême d'eau ne repose, ni sur les mots du baptiseur, ni sur la gestuelle, mais uniquement sur la réception du don du Saint-Esprit. Car la réalité spirituelle de la nouvelle naissance, c'est uniquement la présence du Saint-Esprit dans le disciple. Car «*Si quelqu'un n'a pas l'Esprit de Christ, il ne lui appartient pas*» (**Romains 8:9**). «*Pierre leur dit : Repentez-vous, et que chacun de vous soit baptisé au nom de Jésus–Christ, pour le pardon de vos péchés ; **et vous recevrez le don du Saint-Esprit***» (**Actes 2:38**).

Toutes les polémiques doivent cesser et les disciples se focaliser sur l'essentiel, à savoir : le disciple a-t-il reçu le Saint-Esprit lorsqu'il a cru ? C'est par cette question que l'apôtre Paul engagea le dialogue qui le poussa à prendre la décision de rebaptiser les disciples d'Ephèse (**Actes 19:2-5**). Ces derniers, baptisés selon Jean, n'avaient jamais entendu parler du Saint-Esprit. Donc ils ne L'avaient pas reçu. Après les avoir rebaptisés conformément à la mort et à la résurrection de Jésus, Paul leur imposa les mains et ils furent baptisés du Saint-Esprit. L'évangile du salut différait du message de Jean-Baptiste car ce dernier prêchait le baptême de repentance, en invitant les gens à croire, non pas en lui, mais à Celui qui venait après lui. Jean baptisait donc pour la repentance des mauvaises œuvres, tandis que Jésus baptisait pour la vie éternelle. Jean ne donnait pas la vie, mais préparait le disciple à recevoir Celui qui avait le pouvoir d'en donner, Jésus-Christ.

Cependant le baptême de Jésus, par la main de Jean, était valable parce que le Saint-Esprit S'était manifesté à cette occasion, comme une colombe (**Matthieu 3:16**). Tout baptême accompagné de la manifestation du Saint-Esprit est valable, quels que soient les mots du baptiseur et les circonstances (cours d'eau, piscine, baptistère, etc.). Tout comme le baptême de Corneille fut valable malgré qu'il intervînt après le baptême du

Saint-Esprit, contrairement aux usages qui positionnent le baptême d'eau avant celui de l'Esprit.

En définitive, quiconque a reçu le Saint-Esprit après son baptême d'eau, n'a plus besoin de se faire baptiser. S'il se baptise de nouveau, ce n'est plus la conformité à la mort / résurrection de Jésus qu'il vise, mais l'adhésion à un système religieux. Le disciple ne doit pas céder à ce caprice. Quiconque insiste à reprendre un baptême, en dehors du critère essentiel, veut dominer sur le disciple, le rebaptême n'étant qu'un prétexte. Et ces dominateurs sont, hélas, présents dans les églises, imitant les Juifs qui, au premier siècle chrétien, obligeaient les païens convertis à se circoncire. Cette exigence de circoncision, malgré son apparence de vertu, créa une polémique entre l'apôtre Paul (Juif opposé) et plusieurs chrétiens (Juifs judaïsant). Cette opposition provoqua la conférence de Jérusalem où les judaïsants furent recadrés. Jésus-Christ ne baptisera jamais du Saint-Esprit celui dont Il n'approuve pas le baptême d'eau. Au contraire, Il résistera pour contribuer à la normalisation de la situation chez le disciple concerné.

> La question que l'on doit poser à quiconque se présente dans l'église n'est donc pas, «*Quel type de baptême d'eau avez-vous reçu ? Par immersion ou autre ? Au nom de Jésus ou autre ?*». Mais plutôt : «**Avez-vous reçu le Saint-Esprit lorsque vous avez cru ?**». La première question vise l'asservissement du disciple au système religieux en vigueur. Il doit y résister et ne pas céder au chantage. La seconde vise l'édification. Il faut y répondre par l'affirmative ou la négative selon la vérité. Le baptême d'eau est un signe pour le monde tandis que le baptême du Saint-Esprit est un signe pour les chrétiens. On ne

> saurait donc épiloguer dans l'église sur une affaire qui concerne le monde.

- Dieu unitaire ou Dieu trinitaire ?

Il est difficile de dire si la polémique entre 'Dieu unitaire' et 'Dieu trinitaire' tire son origine des deux formes de baptême d'eau chez les disciples du Christ, ou l'inverse. Nous notons que cette notion divise les disciples à tel point que des assemblées de Dieu ont fait scission à cause de cela. Déjà, on relèvera que cette polémique n'existait pas chez les disciples du premier siècle chrétien. A nous de conclure que le diable qui rode comme un lion rugissant, ne manquera pas d'amplifier la division en encourageant les disciples de Jésus à s'étriper, pour ne pas dire plus.

Le disciple ne doit pas faire dire aux Ecritures, ce qu'elles n'ont pas dit, ni leur enlever ce qu'elles affirment explicitement. Quiconque sort du schéma des saintes Ecritures, dans un sens comme dans l'autre, s'abandonne à des visions. Pourquoi des gens s'abandonnent-ils à des visions ? C'est parce qu'ils veulent se donner de l'importance pour masquer une réalité peu recommandable. Dieu ne veut pas qu'on en rajoute à Sa parole, ni qu'on l'écrème.

C'est le Seigneur Jésus-Christ, Lui-même, qui introduisit la notion de Fils de Dieu dans le cadre de Sa mission. C'est Lui qui invoqua l'Esprit de Dieu, en des termes plus précis que l'Ancien Testament. Il n'appartient à aucun disciple de manipuler ces expressions en leur retirant toute substance. Ces expressions sont nécessaires pour comprendre le plan de Dieu dans le salut de l'homme. Rabaisser la valeur spirituelle de l'évangile devant les actes des apôtres relève d'un esprit ténébreux. Mieux, les apôtres n'ont pas évacué les notions de Père, de Fils, de Saint-Esprit dans leurs épîtres. L'évangile est comme une loi fondamentale et les épîtres, des textes d'application.

Voici la réponse de l'Esprit à ceux qui polémiquent en s'abandonnant aux visions et aux disputes de mots : **Dieu est Trinitaire et Unitaire**. Nous ne pouvons pas enfermer Dieu dans nos schémas rationnels du genre : «Si c'est Trois, alors ça ne peut pas être Un». Celui qui évoque Dieu comme un Dieu Unitaire fait bien. Celui qui L'évoque comme un Dieu Trinitaire fait aussi bien. Il n'y a aucune différence. Ceux qui discutent des mots, poursuivent des objectifs égoïstes inavoués. Et ils sont présents dans l'église de Jésus-Christ, à leur propre malheur. Celui qui dit que Dieu est unique dit vrai. L'Ecriture le soutient car *Il n'y a qu'un seul Dieu*. Celui qui dit que Dieu s'exprime tantôt par le Père, tantôt par le Fils et tantôt par le Saint-Esprit, dit aussi vrai. L'Ecriture le soutient aussi. Il n'y a pas de polémique. Jésus a dit, Lui-même, que Son Père et Lui étaient un, sous-entendu, un même Esprit, une même pensée, une même condition (**Philippiens 2:6**). Plus loin, l'Ecriture dit que Dieu est le chef de Christ, Christ celui de l'homme et l'homme celui de la femme (**1 Corinthiens 11:3**). Plus loin, Jésus dit qu'Il est dans le Père et le Père en Lui (**Jean 14:11 ; 17:21**). Bien avant, il est dit que l'homme et la femme deviendront une seule chair après le mariage (**Matthieu 19:5**). Cela n'enlève rien au fait que l'homme et l'épouse aient des personnalités différentes confirmées par l'état civil. En disant de prier le Père en Son nom (**Jean 16:23**), Jésus sait, le monde entier également, qu'on ne peut jamais supplier Paul de la part de Paul. On s'adresse toujours à une personne de la part de quelqu'un d'autre. *Il y a un seul Dieu, un seul Seigneur, un seul Esprit*…des expressions reprises dans un même paragraphe des Ecritures (**Ephésiens 4:4-6**). Il n'appartient pas aux disciples, par un quelconque culte des anges, d'épiloguer sur les mystères à l'intérieur du Dieu qui s'exprime, au début des Ecritures, à la première personne du pluriel (**Genèse 1:26**). Dieu est Unitaire et Trinitaire à la fois. Cela aide à la compréhension des saintes Ecritures par des hommes que nous sommes, à l'intelligence limitée dans un monde matériellement limité. Supprimer les notions de Père, de Fils et de Saint-Esprit, et les remplacer par un Jésus exclusif, comme entendu de certains disciples, c'est détruire toute la pédagogie de Dieu sur l'autorité et l'obéissance à l'autorité. En effet, pour justifier Son action auprès de Ses contemporains, Jésus précisa qu'Il ne faisait pas Sa volonté propre, mais celle de Son Père qui L'avait envoyé et qui avait autorité sur Lui : *Car le Père est plus grand que Moi* (**Jean 14:28**). Dieu ne veut pas de polémique sur la question de savoir s'Il est Unitaire ou Trinitaire. Ceux qui ont le Saint-Esprit de Dieu en eux ne polémiquent pas car ils savent toutes choses et ont la paix du Christ en eux. Dieu est Unitaire et Trinitaire, n'en déplaise aux esprits rationnels. Dieu ne déteste pas la rationalité, c'est une science humaine, ni plus ni moins, utile à la compréhension des structures et de leur logique, entre autres.

Recevoir le don du Saint-Esprit

- Qui peut recevoir le don du Saint-Esprit ?

> «*Pierre leur dit : Repentez-vous, et que chacun de vous soit baptisé au nom de Jésus–Christ, pour le pardon de vos péchés ;* **et vous recevrez le don du Saint-Esprit**» **Actes 2:38**.

> «*Si quelqu'un n'a pas l'Esprit de Christ, il ne Lui appartient pas*» **Romains 8:9**.

Le Saint-Esprit est une promesse de Dieu, depuis le temps des prophètes, lorsque les israélites éprouvèrent des difficultés à honorer Ses commandements donnés par Moïse. L'homme ayant des difficultés à honorer les commandements écrits sur des tables de pierre, Dieu envisagea d'écrire ces commandements sur des tables de chair, dans le cœur même de l'homme, afin de S'assurer de sa fidélité éternelle. L'Esprit Saint est donc cette promesse. Le prophète déclara :

> «*Je vous donnerai un cœur nouveau et* **Je mettrai en vous un esprit nouveau** *; J'ôterai de votre chair le cœur de pierre et Je vous donnerai un cœur de chair.* **Je mettrai mon Esprit en vous** *et Je ferai que vous suiviez Mes prescriptions, et que vous observiez et pratiquiez Mes ordonnances*» (**Ezéchiel 36:26-27**).

> «*Or voici l'alliance que J'établirai avec la maison d'Israël, après ces jours-là, dit le Seigneur :* **Je mettrai Mes lois dans leur intelligence, Je les inscrirai aussi dans leur cœur** *; Je serai leur Dieu, et ils seront Mon peuple. Personne n'enseignera plus son concitoyen, ni personne son frère, en disant : Connais le Seigneur ! En effet, tous Me connaîtront, depuis le plus petit jusqu'au plus grand d'entre eux*» (**Jérémie 31:33-34 / Hébreux 8:10-11**).

> «*Après cela,* **Je répandrai mon Esprit sur toute chair** *; Vos fils et vos filles prophétiseront, vos anciens auront des songes, et vos jeunes gens des visions*» (**Joël 2:28 (3–1)**).

Il est important de signaler que le déversement du Saint-Esprit a été initié par le Seigneur Jésus-Christ qui est le prophète promis par l'Eternel Dieu à Moïse, lorsque ce dernier se plaignait de la charge de travail bien trop lourde pour ses épaules, selon qu'il est écrit :

> «*L'Éternel, ton Dieu, te suscitera du milieu de toi, d'entre tes frères,* **un prophète comme moi** *: vous l'écouterez ! C'est là tout ce que tu as demandé à l'Éternel, ton Dieu, à Horeb, le jour du rassemblement, quand tu disais : Que je ne continue pas à entendre la voix de l'Éternel, mon Dieu, et que je ne voie plus ce grand feu, afin de ne pas mourir. L'Éternel me dit : Ce qu'ils ont dit est bien. Je leur susciterai du milieu de leurs frères* **un prophète comme toi***, Je mettrai Mes paroles dans sa bouche, et il leur dira tout ce que Je lui commanderai*» (**Deutéronome 18:15-18**).

C'est ce prophète que la plupart des Juifs attendent encore aujourd'hui. Mais pour les disciples, Christ est déjà venu pour sauver ceux qu'Il agrée.

Il reviendra une seconde fois pour juger le monde. Il en profitera pour Se rappeler au bon souvenir de Ses frères biologiques (**Zacharie 12:10**).

La solution que Dieu apporta à l'homme, irrémédiablement pécheur et disposé au mal dès sa jeunesse (**Genèse 8:21**), fut d'inscrire Ses commandements, non plus sur des tables de pierre – dont le papier est le lointain symbole –, mais dans le cœur même de l'homme. La parole de Dieu dit que les prophètes se consumaient pour savoir quand ces événements se produiraient car, pensaient-ils, l'homme ayant en lui l'Esprit de Dieu, serait extrêmement privilégié, un être nouveau. Et ils avaient raison. Celui qui a le Saint-Esprit en lui, est une nouvelle créature, il est passé de la mort à la vie. Non seulement les prophètes de l'Ancien Testament ont adoré faire partie de cette époque de la grâce, celle d'aujourd'hui, mais l'Ecriture dit aussi que même les anges de Dieu sont dans l'admiration et veulent y plonger leurs regards selon qu'il est écrit :

> «*Les prophètes, qui ont prophétisé au sujet de la grâce qui vous était destinée ont fait de ce salut l'objet de leurs recherches et de leurs investigations.* ***Ils se sont appliqués à découvrir à quelle époque et à quelles circonstances se rapportaient les indications de l'Esprit de Christ qui était en eux et qui, d'avance, attestait les souffrances de Christ et la gloire qui s'ensuivrait.*** *Il leur fut révélé que ce n'était pas pour eux–mêmes, mais pour vous, qu'ils étaient ministres de ces choses. Maintenant, elles vous ont été annoncées par ceux qui vous ont prêché l'Évangile par le Saint–Esprit envoyé du ciel,* **et les anges désirent y plonger leurs regards**» (**1 Pierre 1:10-12**).

Le Saint-Esprit est donc une promesse du Seigneur à quiconque croit en Lui, depuis l'époque des prophètes jusqu'à Jean-Baptiste. Le disciple de Jésus-Christ a droit au Saint-Esprit survenant et demeurant en lui. Le Saint-Esprit n'est pas seulement auprès de lui, Il demeure désormais dans le disciple qui peut se considérer comme le temple du Saint-Esprit selon qu'il est écrit :

> «*Ne savez-vous pas ceci :* **votre corps est le temple du Saint–Esprit** *qui est en vous et que vous avez reçu de Dieu, et vous n'êtes pas à vous-mêmes ?*» (**1 Corinthiens 6:19**).

Tout disciple de Jésus-Christ doit recevoir le don du Saint-Esprit comme sceau de son appartenance à Christ.

- Comment reçoit-on le baptême/don du Saint-Esprit ?

> «*Moi, je vous baptise dans l'eau, en vue de la repentance, mais Celui qui vient après moi est plus puissant que moi, et je ne mérite pas de porter Ses sandales.* **Lui vous baptisera d'Esprit Saint et de feu**» **Matthieu 3:11**.

> «*Lorsque le jour de la Pentecôte arriva, ils étaient tous ensemble dans le même lieu. Tout à coup, il vint du ciel un bruit comme celui d'un souffle violent qui remplit toute la maison où ils étaient assis. Des langues qui semblaient de feu et qui se séparaient les unes des autres leur apparurent ; elles se posèrent sur chacun d'eux.* **Ils furent tous remplis d'Esprit Saint et se mirent à parler en d'autres langues, selon que l'Esprit leur donnait de s'exprimer**» **Actes 2:1-4**.

> «*Pierre leur dit : Repentez-vous, et que chacun de vous soit baptisé au nom de Jésus-Christ, pour le pardon de vos péchés ;* **et vous recevrez le don du Saint-Esprit**» **Actes 2:38**.

Le premier dénominateur commun à tous les passages ci-dessus est que si les disciples baptisent d'eau, le Christ seul baptise du Saint-Esprit. Le second dénominateur commun est que si l'eau, le baptiseur et le disciple sont systématiquement présents lors du baptême d'eau, aucune présence particulière n'est exigée lors du baptême du Saint-Esprit. La troisième remarque est que lors du baptême du Saint-Esprit, des manifestations extraordinaires peuvent se produire sans que l'on puisse imposer l'une d'elles, en particulier, comme devant être systématiquement présente pour attester de la réalité du baptême du Saint-Esprit (*selon que l'Esprit leur donnait de s'exprimer*). Dans le cas de la Pentecôte, les disciples reçurent plusieurs types de langues, pas une langue particulière.

> *«Alors Pierre et Jean leur imposèrent les mains, et ils reçurent l'Esprit Saint»* (**Actes 8:17**).

> *«Paul leur imposa les mains, et le Saint–Esprit vint sur eux ; ils se mirent à parler en langues et à prophétiser»* (**Actes 19:6**).

Ces deux derniers passages des saintes Ecritures attestent que le Saint-Esprit peut être reçu par l'imposition des mains des apôtres de Dieu – ce qui n'était pas le cas à la Pentecôte. Certains peuvent traduire cette expérience en parlant en langues ou en prophétisant. Celui qui a reçu le Saint-Esprit sait qu'il L'a bien reçu en raison de la manifestation extraordinaire que le Seigneur lui aura révélée.

> *«Et Dieu a établi dans l'Église premièrement des apôtres, deuxièmement des prophètes, troisièmement des docteurs ; ensuite il y a le don des miracles, puis les dons de guérir, de secourir, de gouverner, de parler diverses sortes de langues.* ***Tous sont-ils apôtres ? Tous sont-ils prophètes ? Tous sont-ils docteurs ? Tous font-ils des miracles ? Tous ont-ils des dons de guérisons ? Tous parlent-ils en langues ? Tous interprètent-ils ?****»* (**1 Corinthiens 12:28-30**).

Le Seigneur S'oppose à ce que Ses disciples se divisent sur les dons particuliers qu'ils doivent OBLIGATOIREMENT recevoir lors du baptême du Saint-Esprit. Au terme des questions posées au verset 30 ci-dessus, on comprend que tout disciple baptisé du Saint-Esprit peut être (i) apôtre sans être prophète (ii) prophète sans être docteur (iii) docteur sans faire des miracles (iv) faiseur de miracles sans guérir (v) guérisseur sans parler en langues (vi) parleur en langues sans les interpréter (vii) interpréteur de langues sans gouverner (viii) gouverneur sans être secouriste. Quiconque soutient le contraire en insistant sur les signes spécifiques devant OBLIGATOIREMENT être présents s'abandonne à des visions et est enflé d'orgueil. Il n'a pas à répandre des informations sous prétexte que de grands serviteurs de Dieu les soutiennent. Dieu ne fait acception de personne et n'agrée pas le contraire de ce qu'Il dit explicitement dans Sa sainte parole.

- A quoi servent les dons du Saint-Esprit reçus par les disciples ?

*« Or, à chacun la manifestation de l'Esprit est donnée pour l'utilité commune. En effet, à l'un est donnée par l'Esprit une parole de sagesse ; à un autre, une parole de connaissance, selon le même Esprit ; à un autre, la foi, par le même Esprit ; à un autre, des dons de guérisons, par le même Esprit ; à un autre, le don d'opérer des miracles ; à un autre, la prophétie ; à un autre, le discernement des esprits ; à un autre, diverses sortes de langues ; à un autre, l'interprétation des langues. Un seul et même Esprit opère toutes ces choses, **les distribuant à chacun en particulier comme Il veut**»* **1 Corinthiens 12:7-11.**

1 Corinthiens 12 est manifestement le chapitre le plus explicite sur la diversification, l'objectif et la signification des dons de l'Esprit que reçoivent les disciples. Ils visent l'utilité commune. Ils sont distribués chez les disciples, à chacun en particulier comme le Saint-Esprit, Lui, le veut, et seulement Lui, sans suivre une seule orientation, mais plusieurs (prophétie, apostolat, évangélisation, langues, interprétation des langues, guérisons, miracles, etc.). Il semble indiqué que, pour que les membres aient soin les uns des autres, les dons distribués aux disciples devraient être différents d'un disciple à l'autre. Ainsi, le disciple prophétisant bénéficiera du don de guérison du disciple soigneur.

La dépendance mutuelle des disciples, au sujet des dons de l'Esprit, est un autre reflet de l'humilité du disciple, afin qu'il ne cherche pas à s'élever au-dessus des autres, et qu'il aspire aux dernières places, celles du petit car *celui qui s'élèvera, sera rabaissé et celui qui se rabaissera, sera élevé.*

Les dons ne servent ni à s'imposer dans l'église, ni à monnayer des services. Ils servent à l'édification de tous dans l'humilité.

- **Le baptême du Saint-Esprit ne dispense pas du baptême d'eau**

> «*Comme Pierre prononçait encore ces mots, le Saint-Esprit descendit sur tous ceux qui écoutaient la parole. Tous les croyants circoncis qui étaient venus avec Pierre furent étonnés de ce que le don du Saint-Esprit soit aussi répandu sur les païens. Car ils les entendaient parler en langues et exalter Dieu. Alors Pierre reprit :* **Peut-on refuser l'eau du baptême à ceux qui ont reçu le Saint-Esprit aussi bien que nous ?** *Il ordonna de les baptiser au nom de Jésus-Christ*» **Actes 10:44-48**.

Ce passage des saintes Ecritures est fondamental car c'était la première fois que des païens, descendants non biologiques d'Abraham, d'Isaac et de Jacob, recevaient le Saint-Esprit, sans avoir été préalablement baptisés d'eau comme les Juifs. Fallait-il les dispenser du baptême d'eau parce qu'ils n'étaient pas Juifs ? La réponse de l'apôtre Pierre répond à la question : Nul ne peut donc être exempt du baptême d'eau, une fois qu'il a cru et reçu le baptême du Saint-Esprit.

Ainsi donc, quiconque a reçu le baptême du Saint-Esprit, avant le baptême d'eau, doit se faire baptiser d'eau. En revanche, quiconque a reçu le baptême du Saint-Esprit, après avoir été baptisé d'eau, ne doit plus se faire baptiser d'eau une seconde fois. Jamais.

- **Point récapitulatif**

«Comme Pierre prononçait encore ces mots, le Saint–Esprit descendit sur tous ceux qui écoutaient la parole» (**Actes 10:44**). Le baptême du Saint-Esprit est la réponse qui atteste que Jésus-Christ a définitivement agréé le disciple qui vient à Lui. C'est une réponse qui fait écho au cri du cœur du disciple. Le cœur qui croit sincèrement reçoit le Saint-Esprit.

Le baptême du Saint-Esprit parachève le processus de conversion / nouvelle naissance dans le Seigneur. La personne baptisée d'eau et d'Esprit est entièrement constituée comme enfant de Dieu, fils de Dieu, chrétien ou disciple du Christ. Il est parfaitement outillé pour croître dans la connaissance de Dieu et la sanctification. Il est désormais le temple, l'habitation du Saint-Esprit, membre de la famille de Dieu sur la terre et au ciel. Il possède en lui l'onction du Saint-Esprit pour discerner toutes choses, selon ce que le Seigneur lui permettra de voir et d'entendre. Il n'a pas à s'inquiéter devant quiconque pourrait remettre en doute sa foi. Il ne doit pas se laisser intimider, ni accepter un nouveau baptême d'eau. Le baptême d'eau symbolise la mort et la résurrection du Christ. Christ n'étant pas mort et ressuscité plusieurs fois, le disciple du Christ, parfaitement constitué comme ci-dessus, ne saurait accepter que, par quelque doctrine ou culte des anges, l'on remette en cause son baptême. Quiconque agit ainsi à son égard s'abandonne à des visions, est enflé d'orgueil. En revanche, bien que le baptême de l'Esprit ait lieu une première fois, il n'est pas exclu que le Seigneur renouvelle l'expérience à diverses occasions de sa croissance spirituelle. Le baptême d'eau est inaugural tandis que le baptême de l'Esprit est un fleuve d'eau vive qui coule continuellement (**Jean 7:38-39**).

Sans le baptême du Saint-Esprit, il n'est pas conseillé d'entamer une activité sérieuse dans l'église du Seigneur. Seul le Saint-Esprit constitue le sceau pour entamer une activité quelconque dans l'église. L'église n'est pas une association du monde. C'est le corps du Christ. Dans une association du monde, un diplôme qualifiant ferait l'affaire. Dans l'église de Jésus-Christ, le préalable fondamental pour être éligible à la moindre activité, est le don du Saint-Esprit. Après la résurrection, Jésus avait exigé de Ses disciples d'attendre le Saint-Esprit promis avant toute mission de témoignage de l'évangile selon qu'il est écrit :

> «Comme Il (Christ) Se trouvait avec eux, **Il leur recommanda de ne pas s'éloigner de Jérusalem, mais d'attendre la promesse du Père** dont, leur dit-Il, vous M'avez entendu parler ; [...] Mais vous recevrez une puissance, celle du Saint–Esprit survenant sur vous, et vous serez Mes témoins à Jérusalem, dans toute la Judée, dans la Samarie et jusqu'aux extrémités de la terre» (**Actes 1:4,8**).

Recevoir le don du Saint-Esprit ne signifie pas que le disciple soit déjà affermi dans la connaissance. Celui qui vient de Le recevoir a encore des dents de lait. Il doit croître et pouvoir manger de la nourriture solide. Il doit s'édifier dans la connaissance des mystères cachés que Dieu a réservés à ceux qui croiront en Son Fils Jésus-Christ. Les chapitres suivants participent de cette édification que nous lui souhaitons. Le disciple de Christ doit savoir qu'il est précieux au Seigneur, et que les ennemis de la vérité voudront lui contester sa fondation en Christ. Les chapitres qui suivent l'aideront à asseoir cette fondation et à lui procurer un équipement solide pour une croissance spirituelle d'excellente facture. Surtout, il est invité à ne jamais douter de son appel car les occasions de doute existeront. Tout comme, à un moment donné, Jean-Baptiste fut assailli de doutes sur la personne de Jésus-Christ dont il avait pourtant reconnu et magnifié la venue. Cela arriva parce que Jean-Baptiste était en prison. Quoiqu'il arrive, le disciple ne doit pas douter, ni céder aux sirènes de l'ennemi dont on connaît la propension à la manipulation.

Communier avec les disciples dans l'église du Seigneur

- L'église et son importance

> «*Car là où deux ou trois sont assemblés en Mon nom, Je suis au milieu d'eux*» **Matthieu 18:20**.
>
> «***Cinq d'entre vous en poursuivront cent, et cent d'entre vous en poursuivront dix-mille***, *et vos ennemis tomberont par l'épée devant vous*» **Lévitique 26:8**.
>
> «***Comment un seul en poursuivrait-il mille, Et deux en mettraient-ils dix mille en fuite***, *Si leur rocher ne les avait vendus, Si l'Éternel ne les avait livrés ?*» **Deutéronome 32:30**.

Le disciple a intérêt à rechercher la communion des autres disciples dans l'église de Jésus-Christ. Outre le fait que les dons qu'il possède sont limités, ce qui le rend dépendant des autres disciples, mais encore, les passages ci-dessus attestent que les prières ou actions collectives ont plus d'efficacité que les prières et actions individuelles. Précisons bien que les prières individuelles ont leur efficacité. Mais la prière de deux ou plusieurs a encore plus d'efficacité.

Le disciple est donc invité à mettre de côté son individualisme – autre manifestation de l'orgueil de celui qui veut tout pour lui-seul. Les individualistes développent, malgré eux, des tendances à la domination, car les dominants ont horreur d'être dominés. Ils ont donc horreur de vivre dans une communauté où ils ne sont pas des chefs, où ils seront soumis à l'autorité. L'église est le lieu de la soumission mutuelle, un lieu qui décourage l'esprit de chef au profit du plus petit. L'esprit de soumission et d'obéissance est très favorable à la croissance spirituelle du disciple.

> «*L'orgueil précède le désastre, et un esprit arrogant précède la chute*» (**Proverbes 16:18**).

> «*Car Dieu résiste aux orgueilleux, mais Il donne Sa grâce aux humbles*» (**1 Pierre 5:5**).

- Quelle église fréquenter ?

Il y a des églises presque partout. On peut célébrer Dieu en temps de paix, lorsque des églises sont librement ouvertes à plusieurs endroits. En d'autres temps, les disciples de Jésus-Christ furent tellement persécutés qu'ils se réunissaient en cachette. Ces persécutions existent encore aujourd'hui dans certains endroits du monde.

Bien qu'il existe plusieurs églises, les saintes Ecritures prescrivent des églises idéales. Celles-ci ne doivent pas forcément plaire à tous les disciples pour des raisons multiples. Mais elles sont conformes à la volonté du Seigneur. On ne va pas dans une église parce qu'elle plaît au disciple, parce que les disciples sont beaux, prestigieux, ou encore, parce que les disciples partagent la même nationalité, la même race, la même classe sociale ou les mêmes affinités socioculturelles. Il n'y a pas d'église pour riches, américains, français, chinois, noirs, arabes ou indiens, hommes ou femmes, personnes âgées ou jeunes selon qu'il est écrit :

> «*Il n'y a plus ni Juif ni Grec, il n'y a plus ni esclave ni libre, il n'y a plus ni homme ni femme, car vous tous, vous êtes un en Christ-Jésus*» (**Galates 3:28**).

> «*Il n'y a là ni Grec ni Juif, ni circoncis ni incirconcis, ni barbare ni Scythe, ni esclave ni*

libre ; mais Christ est tout et en tous» (**Colossiens 3:11**).

L'église étant la réunion des disciples de Jésus-Christ en un endroit, les saintes Ecritures établissent néanmoins des limites administratives dans le périmètre duquel les églises peuvent exercer. L'apôtre Paul dit à son collaborateur Tite : *Je t'ai laissé en Crète, afin que tu mettes en ordre ce qui reste à régler, et que, selon mes instructions, tu **établisses des anciens dans chaque ville*** (**Tite 1:5**). Ainsi devons-nous rechercher la communion avec les disciples de notre localité (ville), à condition qu'une église s'y trouve. La proximité géographique et administrative est donc le critère essentiel à retenir pour identifier l'église où nous devons adorer. L'église est d'origine céleste (parce que son chef, la tête, est au ciel) dont les membres vivent sur la terre sous la direction du Saint-Esprit qu'on ne voit pas. En dépit du fait que les disciples se présentent dans leurs enveloppes physiques, seule la communion spirituelle dans le Saint-Esprit doit être recherchée. Cette communion ne se fait pas via nos origines culturelles ou sociales car le Saint-Esprit est invisible. Privilégier une église parce que les membres sont sympathiques et attirants, c'est rabaisser le Saint-Esprit à la dimension humaine. Il n'est pas d'accord car l'Esprit de Dieu ne S'humanisera jamais. L'homme est invité à adopter la sagesse d'en haut et non celle de la terre car «*La sagesse d'en-haut est d'abord pure, ensuite pacifique, modérée, conciliante, pleine de miséricorde et de bons fruits, sans partialité, sans hypocrisie*» (**Jacques 3:17**).

En cas de difficulté à trouver une église locale, l'église la plus rapprochée du domicile est idéale, en attendant l'émergence d'une église locale.

L'église doit dispenser la parole du Seigneur conformément aux Ecritures. N'y rien ajouter, n'y rien retrancher. L'Esprit Saint doit être le dénominateur commun de la communion. L'église ne doit pas être un écran derrière lequel des pratiques douteuses et illicites sont perpétrées. En cas de constatation de ces dérapages, s'il n'existe pas d'alternative possible dans la prière et la patience, seule la voie de sortie est conseillée car le Seigneur interdit à Ses enfants de se bagarrer.

Certainement pas pendant sa période de jeune converti, le disciple doit, avec l'expérience et le temps, vérifier qu'il s'agit bien d'une église et non d'une mission transformée en église avec un chef qui régente tout comme il le ferait dans un ministère issu du don de l'Esprit. Il existe en effet des chefs de missions qui ont transformé leurs ministères en églises où ils exercent une chefferie incompatible avec la liberté de l'Esprit. Une église doit être supervisée par les anciens sous la direction du Saint-Esprit (Chef invisible) ; le rôle des missionnaires, notamment la création et l'organisation des églises, est, vis-à-vis des églises existantes, consultatif et non directif.

Lorsque les conditions de base sont réunies, un disciple ne doit pas quitter l'église, quelles que soient les divergences d'opinion sur tel sujet ou tel autre, ou parce qu'il veut connaître d'autres expériences. Les seules conditions sérieuses pour quitter une église spirituelle sont (i) la contrainte de localité (église locale de préférence) et (ii) l'animosité des membres à l'égard du disciple au point que sa présence physique soit source de tensions et de violences. Lorsque, pour des raisons inconnues, la présence d'un disciple suscite des tensions ou l'animosité, il est préférable pour ce disciple de s'éloigner. Il ne pêche pas en agissant de la sorte. Au contraire, il professe la paix car Jésus-Christ est un Prince de paix. *Heureux ceux qui procurent la paix*. L'église est, avant tout, un rassemblement de disciples au nom de Jésus-Christ, et non – nous insistons là-dessus – le lieu physique où se tient ledit rassemblement. Il ne sert à rien de se réunir physiquement avec des personnes hostiles car la communion spirituelle n'aura pas lieu. Si des gens veulent humainement confisquer un lieu de culte, pourquoi bagarrer ? Il est temps d'aller voir ailleurs. Dieu ne fait de considération de personne. S'Ils ne veulent pas du disciple pour des raisons personnelles, non bibliques, le disciple doit se sentir libre de partir ; il ne pêche pas en agissant ainsi, bien au contraire, il tient à la paix que son départ restaurera. C'est le Seigneur qu'on vient adorer et non la chaleur humaine. Seule la parole de Dieu demeurera tandis que le ciel et la terre passeront avec leurs convoitises.

- Attitude à adopter dans l'église

L'église est un endroit paisible où l'on vient communier avec d'autres disciples dans un esprit de recueillement, de joie et de soumission mutuelle, le tout sur fond d'humilité ; un endroit où l'on doit davantage chercher à se mettre à la disposition des autres par souci de toujours viser la dernière et non la première place.

Il faut éviter les disputes et les discussions philosophiques dans les églises. Bien que des désaccords puissent apparaître, le Seigneur insiste pour qu'on ait le même esprit, le même sentiment, la même pensée dans un esprit d'humilité et de crainte de Dieu. L'Ecriture recommande de faire confiance au Seigneur qui saura, en temps opportun, lever les désaccords (**Phillipiens 3:15**). On ne règle pas les désaccords, dans l'église, avec les débats philosophiques car, parfois, c'est dans l'esprit du disciple qu'est logé le désaccord et non dans son intelligence. L'Esprit-Saint est compétent pour corriger les carences de l'esprit humain dans lequel Il a été logé à la régénération. D'autre part, les débats philosophiques mettent en avant des talents d'orateur, charnels et trompeurs. Les talents oratoires véhiculent des qualités non spirituelles, mais charnelles, sans valeur ajoutée dans le Seigneur. Le danger de se fier aux talents de tribun, donc de chef, est très grand. En cas de désaccord entre les disciples, la soumission à l'Esprit, dans la prière, reste le meilleur remède : ne pas chercher à avoir raison, céder si l'interlocuteur insiste pour avoir raison de peur de provoquer des joutes verbales qui ne mènent à rien, sinon aux rancœurs selon qu'il est écrit :

> «*Voilà ce que tu dois rappeler, en adjurant devant Dieu **qu'on évite les disputes de mots qui ne servent à rien, sinon à la ruine de ceux qui ecoutent**. Efforce-toi de te présenter devant Dieu comme un homme qui a fait ses preuves, un ouvrier qui n'a pas à rougir et qui dispense avec droiture la parole de la vérité. **Écarte les discours vides et profanes, car ceux qui les tiennent avanceront toujours plus dans l'impiété**. [...] Repousse les*

> *discussions folles et ineptes, sachant qu'elles font naître des querelles. Or il ne faut pas que le serviteur du Seigneur ait des querelles. Il doit au contraire être affable envers tous, avoir le don d'enseigner et de supporter»* (**2 Timothée 2:14-16, 23-24**).

Le Seigneur interdit à Ses disciples de se chamailler. S'il n'est plus possible d'adorer en paix dans une église, la voie de sortie est la meilleure. Jésus-Christ est un Dieu de paix et non de guerre. Nous en avons un aperçu lorsque Lui-même fut interdit de séjour dans un village de samaritains (**Luc 9:52-56**) et chez les Géraséniens (**Luc 8:37**). Les Géraséniens furent tellement effrayés par la guérison miraculeuse et la mort de la troupe de pourceaux qu'ils prièrent le Seigneur de ne pas entrer chez eux. Jésus ne leur opposa pas qu'Il était le Roi des juifs, habilité par conséquent à aller où bon Lui semblait. L'Ecriture dit que *«Jésus monta dans la barque et S'en retourna»*. Il S'en alla. C'est l'attitude que doit avoir un disciple de Jésus-Christ lorsqu'une tension ou une discorde survient dans une église à cause de lui, même s'il a d'excellentes bénédictions à déverser de la part du Seigneur.

Se sanctifier

> *«Recherchez la paix avec tous, et la sanctification sans laquelle personne ne verra le Seigneur»* **Hébreux 12:14**.

La sanctification est le mode de vie que Dieu prescrit au disciple entre la conversion et son enlèvement au ciel. Seuls les disciples du Christ peuvent se sanctifier comme Dieu veut. Sanctification rime donc avec obéissance et poursuite de la sainteté de Dieu. Le mot "sanctification" est si usité qu'il est bienvenu d'en faire un examen approfondi pour savoir ce qu'est la sanctification et ce qu'elle n'est pas, ce que le Seigneur en attend.

En d'autres termes, sur la base des acquis du présent livre, la présence du Saint-Esprit dans l'esprit du disciple lui confère des dons qu'il a l'autorisation de gérer et de rendre compte à Christ. La sanctification résume donc la manière de mieux se conduire, de mieux gérer ses dons spirituels pour hériter du trophée que Dieu promet aux disciples fidèles selon qu'il est écrit : «*Bien, bon et fidèle serviteur, tu as été fidèle en peu de choses, Je t'établirai sur beaucoup ; entre dans la joie de ton Maître*» (**Matthieu 25:21**).

- Que signifie "se sanctifier" ?

L'analyse des différentes utilisations de cette expression, dans les saintes Ecritures, permet de dégager un dénominateur commun. Ainsi, se sanctifier signifie "se mettre à part pour Dieu". Sanctifier un objet, c'est le mettre à part pour Dieu. Sanctifier un jour, c'est mettre ce jour à part pour Dieu. Sanctifier un homme, c'est le mettre à part pour Dieu, etc.

La première chose que Dieu sanctifia fut le septième jour, lorsqu'Il se reposa après avoir créé le monde dans lequel nous vivons, selon qu'il est écrit : «***Dieu bénit le septième jour et le sanctifia***, *car en ce jour Dieu S'était reposé de toute l'œuvre qu'Il avait créée*» (**Genèse 2:3**). En Se reposant Lui-même, le septième jour, Dieu en faisait un jour particulier. Ainsi Il mit le septième jour à part pour Lui-même. Le septième jour devint le sabbat de l'Eternel que les israélites ont célébré jusqu'à ce jour.

Dans l'Ancien Testament, les israélites se sanctifiaient la veille d'une visitation divine. Comme ils ne voulaient pas irriter Dieu pendant cette période de visitation, leur sanctification comprenait deux actions : (i) débarrasser leurs maisons de choses impures, contraires à la sainteté de Dieu, notamment le nettoyage de leurs vêtements et la suppression des objets de divination, de magie et autres sortilèges et (ii) s'abstenir de certaines activités non indispensables telles que, par exemple, les rapports sexuels : «*L'Éternel dit à Moïse : Va vers le peuple ;* **sanctifie-le** *aujourd'hui et demain ; qu'ils nettoient leurs vêtements. Qu'ils soient prêts pour le troisième jour [...] Moïse descendit de la montagne vers le peuple ;*

il sanctifia le peuple, et ils nettoyèrent leurs vêtements. Il dit au peuple : Soyez prêts dans trois jours ; **ne vous approchez d'aucune femme**» (**Exode 19:10-15**).

Parce que Dieu promit aux israélites qu'Il leur apparaîtrait dans trois jours, Il leur demanda de se mettre à part pour Lui. Ils durent, pour cela, nettoyer leurs vêtements et s'abstenir de relations sexuelles. Le nettoyage des vêtements et l'abstinence sexuelle sont des actions singulières, de privation, faites dans le but d'indiquer à la personne honorée qu'elle est digne de considération et mérite qu'on fasse une chose spéciale pour elle. C'est aussi une façon de Lui dédier notre vie en mettant entre parenthèses notre liberté d'agir à notre guise. En se sanctifiant de la sorte, les israélites se mettaient à la disposition exclusive de Dieu pour la période voulue.

Il faut donc que le disciple comprenne que la sanctification, contrairement à une croyance très répandue, est moins une opération de purification de soi qu'une mise à part pour Dieu. La sanctification signifie simplement se mettre à part pour Dieu, se consacrer. Concrètement, cela signifie, changer un ou plusieurs éléments du mode opératoire habituel tel que l'abstinence sexuelle décrite plus haut. Dans certains cas, il peut s'agir de mets délicats à éviter. Ailleurs, on parlera de jeûne. Dans la pensée de Dieu, si ce qui Lui est consacré touche un objet, alors l'objet Lui est également consacré. La sanctification est donc contagieuse. De nombreuses expériences des Ecritures l'attestent. Dieu avait indiqué que, quiconque s'approcherait de la montagne d'où Il apparaîtrait pour annoncer Ses commandements au peuple israélite, serait mis à mort (**Exode 19:12-13**). C'est parce que la montagne était consacrée – mise à part – du fait de la présence de Dieu.

Pourquoi les deux premiers fils d'Aaron, Nadab et Abihou, furent-ils brûlés par le feu ? C'est parce que premièrement, ils avaient été consacrés – mis à part. Deuxièmement, le feu qu'ils avaient mis à leur brasier ne provenait pas d'un feu consacré. Le feu recommandé devait provenir de l'autel sacré. Le feu qu'ils allumèrent, n'étant pas sacré, Dieu le consacra dès que ce feu fut en contact des choses consacrées, notamment les deux jeunes gens. L'acte de consécration du feu étranger produisit une flamme géante qui consuma les deux malheureux. A vue d'œil, il n'y avait aucune différence entre le feu de l'autel sacré et le feu étranger apporté par Nadab et Abihou, parce que la flamme d'un feu est toujours la même. Mais la différence était fondamentale au point de coûter la vie à deux sacrificateurs. C'est là la différence entre une purification de façade et la sanctification qui est la mise à part ou consécration à Dieu qu'on ne voit pas. Vu en apparence, le feu est toujours le feu. Il pouvait donc consumer le brasier des deux sacrificateurs. On pouvait alors déclarer que Nadab et Abihou avaient fait la volonté de Dieu. En apparence seulement car, à la vérité, en apportant un feu étranger au lieu du feu sacré, nos deux amis n'avaient pas fait la volonté du Dieu invisible qui les recadra solennellement. La sanctification est donc une opération de mise à part ou de consécration au Dieu qu'on ne voit pas. Dans ce cas, Lui seul peut attester qu'une chose Lui est consacrée. La sanctification ou consécration est donc un acte spirituel dans lequel l'auteur adresse un message personnel à Dieu. Personne, en dehors de Dieu et du concerné, ne sait ce qui est sanctifié/consacré. La sanctification reste donc un acte très fort de la vie des disciples du Christ dans leur relation avec le Maître. C'est pourquoi, il est dit «*Recherchez la paix avec tous, et **la sanctification sans laquelle personne ne verra le Seigneur***» (**Hébreux 12:14**).

En définitive, se sanctifier, c'est se mettre à part pour Dieu. C'est se consacrer à Dieu. C'est s'offrir soi-même pour être entièrement à Dieu. C'est s'offrir en oblation à Dieu. C'est s'offrir à Lui comme une victime spirituelle pour être entièrement à Lui. Quoique le disciple fasse dans la vie, qu'il ait une activité récurrente dans les assemblées de Dieu (ministère) ou qu'il exerce une activité séculière dans le monde alentour comme fonctionnaire ou privé, il fait tout, désormais, à la gloire de Dieu, selon qu'il est écrit :

> «*Soit donc que vous mangiez, soit que vous buviez, et quoi que vous fassiez, **faites tout pour la gloire de Dieu***» (**1 Corinthiens 10:31**).

> Un disciple de Christ, où qu'il soit, quoi qu'il fasse, vit et agit désormais pour la gloire de Dieu.

- **Jésus Se sanctifia Lui-même pour Ses disciples**

> «*Comme Tu M'as envoyé dans le monde, Moi aussi Je les ai envoyés dans le monde.* **Et Moi, Je Me sanctifie Moi–même pour eux**, *afin qu'eux aussi soient sanctifiés dans la vérité*» **Jean 17:18-19**.

Au moment de quitter la terre, Jésus S'inquiéta auprès de Son Père du sort de Ses disciples après Lui. Comme Il aimait Ses disciples plus que tout, Jésus va Se mettre à part pour que Ses disciples réussissent après Lui. Non seulement les apôtres qui partageaient Sa vie terrestre, mais aussi ceux qui devaient croire en Christ par la prédication des apôtres (**Jean 17:20**).

Jusqu'à ce jour donc, le Seigneur Jésus-Christ ressuscité Se tient à part, dans une posture de sanctification et de consécration, pour que tous Ses disciples, ceux d'hier et d'aujourd'hui, parviennent à la sanctification et finalement, à l'héritage qui les attend au ciel : «*Bien, bon et fidèle serviteur, tu as été fidèle en peu de choses, Je t'établirai sur beaucoup ; entre dans la joie de ton Maître*» (**Matthieu 25:21**).

- **Dieu sanctifie les disciples du Christ par la parole de vérité**

   «*Je ne Te prie pas de les ôter du monde, mais de les garder du Malin. Ils ne sont pas du monde, comme Moi, Je ne suis pas du monde. **Sanctifie-les par la vérité : Ta parole est la vérité***» **Jean 17:15-17.**

Sur la même lancée de la foule de préoccupations qu'Il avait pour Ses disciples, la veille de Son départ de ce monde, le Seigneur Jésus-Christ demanda à Son Père de les sanctifier par la vérité, en rappelant que la parole de Dieu était la vérité.

Les disciples du Christ disposent donc, en la parole de Dieu, d'un puissant instrument de sanctification. Il suffit de s'en référer souvent, d'y recourir en toutes circonstances. La parole de Dieu prêchée ou mise en exécution a pour effet de mettre le disciple à part, de le consacrer.

Le disciple ne doit plus craindre, ni avoir honte, de centrer sa vie sur les exigences de la parole de Dieu, laquelle n'est pas ringarde malgré la modernisation galopante du monde (internet, communication, satellites, etc.). *Le ciel et la terre passeront mais la parole de Dieu ne passera pas.* Toute la modernité actuelle et celle qui viendra au loin, dans le futur, n'égaleront jamais la modernité du ciel, de la Jérusalem céleste dont les rues sont pavées d'or et de toute espèce de pierres précieuses, où les habitants sont comme des anges de Dieu.

- Le disciple qui se sanctifie est un avec Dieu

> «*Et Moi, Je Me sanctifie Moi-même pour eux,* ***afin qu'eux aussi soient sanctifiés dans la vérité****. Ce n'est pas pour eux seulement que Je prie, mais encore pour ceux qui croiront en Moi par leur parole,* ***afin que tous soient un ; comme Toi, Père, Tu es en Moi, et Moi en Toi, qu'eux aussi soient un en Nous****, afin que le monde croie que Tu M'as envoyé*» **Jean 17:19-21.**

Le disciple de Christ bénéficie de la part de Dieu le Père et du Seigneur Jésus-Christ d'une aide précieuse car Dieu l'a sanctifié (mis à part) par Sa parole et Jésus S'est sanctifié (mis à part) Lui-même pour ce disciple dans une attitude d'humilité et de prière. Le disciple dispose donc d'un champ libre pour réussir sa sanctification. Mieux, la fin du verset ci-dessus indique que le disciple qui se sanctifie est un avec Jésus-Christ et avec le Père.

La sanctification du disciple doit donc être sa meilleure réponse à Dieu pour l'acte de crucifixion de Son Fils Jésus-Christ dont le sang le sauve complètement aujourd'hui. En se sanctifiant, le disciple est un avec le Seigneur Jésus-Christ et Son Père. C'est alors que le Seigneur suivra ce disciple partout et interviendra en sa faveur. Il existe de nombreux disciples qui ploient sous de fortes charges alors qu'ils gagneraient à se décharger devant Dieu. Seule la sanctification de ce disciple l'aidera à se décharger. En fait, se décharger est déjà un acte de sanctification dans lequel il adresse les propos suivants : "*Père, cette charge est trop lourde pour mes frêles épaules. Et le Sang de Jésus-Christ me purifie de tout péché. Je me décharge en conséquence en fixant le regard sur le Christ. Reçoit ma prière. Je T'en remercie au nom de Jésus-Christ, amen.*"

- **Peut-on mettre fin à la sanctification ?**

La sanctification ne peut prendre fin, tant que l'ère de la grâce perdurera, avant le retour du Seigneur Jésus-Christ dans la gloire avec Ses saints anges. Quiconque met fin à la sanctification se retrouvera dans ses anciens péchés. Le disciple qui met fin à la sanctification rompt le cordon ombilical qui le lie à Dieu en Christ avec Qui il est un. S'il coupe le cordon ombilical, il deviendra sa propre source d'inspiration et de motivation, c'est-à-dire la chair, or les tendances de la chair sont ennemies de l'Esprit.

Dans l'Ancien Testament, lorsque le peuple d'Israël suivait fidèlement les commandements de Dieu, Dieu exprimait Sa satisfaction en leur donnant la prospérité et la domination sur leurs ennemis alentours.

Il est encore écrit :

> «*Faites tous vos efforts pour joindre à votre foi la vertu, à la vertu la connaissance, à la connaissance la maîtrise de soi, à la maîtrise de soi la persévérance, à la persévérance la piété, à la piété la fraternité, à la fraternité l'amour. En effet, si ces choses existent en vous et s'y multiplient, elles ne vous laisseront pas sans activité ni sans fruit pour la connaissance de notre Seigneur Jésus–Christ ;* **mais celui qui ne les possède pas est un aveugle, il a les yeux fermés, il a mis en oubli la purification de ses anciens péchés**» (**2 Pierre 1:5-9**).

Ce dernier passage traduit la vie de quiconque ne poursuit pas sa sanctification : il oublie la purification de ses anciens péchés, lesquels ne tardent pas à le rattraper parce que la communion qui le relie à Dieu et à Sa sainteté a été rompue.

Les disciples sont invités à poursuivre la sanctification sans se relâcher selon qu'il est écrit : «*Recherchez la paix avec tous, et* **la sanctification sans laquelle personne ne verra le Seigneur**» (**Hébreux 12:14**).

> La sanctification revêt une telle importance que Jésus-Christ l'a érigée en requête première dans la prière à Dieu : «*Notre Père qui es aux cieux,* **Que Ton nom soit sanctifié**...» (Matthieu 6:10). Moïse et Aaron furent privés de la terre promise parce qu'ils n'avaient pas sanctifié l'Eternel Dieu près des eaux de Mériba. Le but final de la sanctification est rappelé dans la parole de Dieu depuis la sortie des israélites de l'Egypte : «*Vous serez saints car Je suis saint*» (Lévitique 11:44). De la lecture du présent chapitre sur la sanctification, on peut tirer la leçon suivante : Jésus-Christ S'est sanctifié pour les disciples. Dieu sanctifie les disciples par la vérité et les disciples sanctifient Dieu, sur la terre, par leur consécration. Une fois la boucle parfaitement bouclée, alors les disciples sont un avec le Christ comme le Christ est un avec le Père, et le Père un en tous. C'est ainsi que le règne de Dieu le Père viendra et que Sa volonté sera faite sur la terre comme au ciel car *c'est à Lui qu'appartiennent, dans tous les siècles, le règne, la puissance et la gloire*.

Se nourrir, se renouveler, écouter le Seigneur et faire Sa volonté, tenir ferme

Une fois bien pesé le pour et le contre de la nécessité de se sanctifier, le disciple doit aller de l'avant et ne plus regarder derrière lui. Fini le temps des hésitations, place à une nourriture spirituelle solide. Il doit apprendre à écouter le Seigneur et se rapprocher de Lui, à faire Sa volonté et tenir ferme.

- **Le disciple peut se tromper et s'égarer**

De nombreux épisodes de la bible indiquent que les disciples, même les plus illustres d'entre eux, se sont trompés. Abraham se trompa dans l'affaire d'Ismaël qu'il eut selon la chair, et non selon la promesse de Dieu. Moïse ne sanctifia pas Dieu lors de la complainte du peuple israélite près des eaux de Mériba. David se trompa dans l'affaire d'Urie le Hittite, l'un de ses généraux, qu'il mena à la mort après avoir arraché sa femme. Des disciples demandèrent à Jésus l'autorisation de faire descendre le feu du ciel pour consumer un peuple incrédule. Des disciples interrompirent le ministère d'un homme qui chassait les démons au nom de Jésus, parce que ce serviteur refusait de les suivre. Pierre fut mêlé à une affaire d'hypocrisie avec les Juifs d'Antioche. La liste est longue.

Beaucoup de disciples sont exposés aux aléas de l'existence, ce qui les expose aussi à de mauvaises décisions pouvant affecter leur descendance (Ismaël contre Isaac) ou leur survie (Moïse remplacé par Josué). Parmi les expériences évoquées ci-dessus, certaines maladresses sont grossières (David) et d'autres peu évidentes (Moïse), surtout celles qui sont tolérées par la société dans des circonstances particulières (Abraham). Toujours est-il que ces maladresses impliquent des serviteurs de Dieu, conduits par l'Esprit de Dieu, et sont contraires à la volonté de Dieu.

Le disciple doit donc reconnaître que des circonstances de la vie peuvent l'amener à fausser son jugement sur une ou plusieurs affaires. Un disciple peut, en plus, se retrouver au mauvais endroit au mauvais moment.

Comment Abraham pouvait-il savoir qu'il n'avait pas à aller vers Agar pour engendrer Ismaël devenu, au fil des siècles, un adversaire farouche d'Isaac, le fils de la promesse ? Comment Moïse pouvait-il savoir qu'il ne sanctifiait pas Dieu dans l'affaire des eaux de Mériba ? Comment les disciples pouvaient-ils savoir qu'ils se trompaient en interrompant le ministère de celui qui ne voulait pas les suivre ? Humainement, il est difficile de trouver la bonne réponse. Spirituellement, la réponse existe.

Dieu nous demande de prier sans cesse, pour le renouvellement de nos pensées, de notre intelligence, de notre esprit ou homme intérieur, de nos sentiments et de notre volonté. Le disciple devrait y veiller quasi quotidiennement. Le roi David, devant sa maladresse, fut très anéanti et consacra du temps devant Dieu pour Lui demander un *cœur bien disposé*. C'est le sujet d'une intercession récurrente dans le chapitre le plus long des saintes Ecritures : **Psaume 119 (176 versets)**.

Le disciple doit donc prier régulièrement pour que Dieu renouvelle son esprit, son intelligence, ses pensées, ses sentiments et sa volonté par le Saint-Esprit. Ainsi, il aura un cœur bien disposé pour déceler les erreurs grossières ou raffinées. L'Ecriture parle du mystère de l'iniquité car le diable est capable de dissimuler ses traquenards sous de puissantes manifestations de vertu et de puissance, surtout lorsqu'il œuvre au milieu de gens bien éduqués.

Sur de nombreux sujets, Jésus eut une réponse qui surprit plus d'un auditeur. Ce fut le cas lorsque Sa mère et Ses frères biologiques désirèrent Le voir. On peut être surpris qu'un homme aussi saint que Jésus pût congédier Sa mère et Ses frères dans les circonstances de l'Ecriture. C'est parce que ces derniers L'empêchaient de faire la volonté de Son Père. Jésus avait déjà relevé cette disposition lorsque, encore ado, Ses parents biologiques interrompirent une séance d'entretien dans la synagogue. Une fois adulte, âgé de trente ans, Jésus ne pouvait plus Se soumettre à Sa parenté biologique aux dépens de la mission que le Père Lui avait confiée. Quelqu'un d'autre aurait régulièrement interrompu la séance de travail pour accueillir ces visiteurs spéciaux qui avaient parcouru des dizaines de kilomètres pour rencontrer Jésus. Car Ses parents biologiques étaient de Galilée, alors que Jésus prêchait à Jérusalem, en Judée.

Comment un disciple saura-t-il discerner la volonté de Dieu dans un cas comme celui-ci ? Soit il interrompt la séance pour accueillir ces parents inquiets de ne pas souvent le voir au milieu des rumeurs de complots contre lui, soit il poursuit le ministère en ignorant leur présence. Il faut un esprit vif et renouvelé par le Saint-Esprit pour trancher dans la bonne direction.

Toutefois, si le renouvellement de notre homme intérieur est fortement recommandé, nous ne devons pas ignorer d'autres instruments nécessaires à notre protection, notamment l'écoute de Dieu et l'obéissance à Sa volonté.

- Ecouter le Seigneur

Depuis la désobéissance du premier homme, Adam, dans le Jardin d'Eden, ses descendants ont acquis l'habitude de désobéir. L'homme est plus prompt à la désobéissance, à suivre ses propres penchants, qu'à écouter son prochain. Ecouter, c'est souffrir une perte. C'est s'humilier devant celui à qui on tend l'oreille. C'est se mettre dans l'habit du receveur de leçons, une posture peu enviable. Le même sentiment semble malheureusement partagé dans la bergerie du Seigneur. Ce mauvais sentiment incombe à la portion du disciple non conquise par le Saint-Esprit.

Le disciple doit donc reconnaître que l'obéissance n'est pas une qualité naturelle chez l'homme. Dès qu'il vient au Seigneur, il doit apprendre à écouter attentivement sans broncher. Le disciple doit vaincre en lui cette tendance naturelle à ne pas écouter, parce qu'écouter lui donne l'impression de s'humilier, chose humainement difficile à faire.

Ecouter fait partie des instruments dont le Seigneur dispose pour amener Ses disciples à l'humilité, car l'orgueil conduit au désastre tandis que l'humilité précède la gloire (**Proverbes 16:18 , 1 Pierre 5:5**). N'oublions pas que le Général syrien Naaman trouva humiliant d'aller se jeter, à sept reprises dans les eaux du Jourdain, comme le lui demandait le prophète Elisée pour le purifier de la lèpre. Ayant refusé une première fois, il se ravisa, obéit et la lèpre disparut aussitôt (**2 Rois 5:14**). Jésus fit la boue qu'Il appliqua sur les yeux d'un aveugle afin qu'il recouvrît la vue (**Jean 9:6**). Jésus demanda à une dizaine de lépreux d'aller se montrer aux sacrificateurs selon la loi de Moïse, et ils recouvrèrent la santé en chemin (**Luc 17:14**). Ces trois histoires ont en commun des postures humiliantes sans le respect desquelles les malades n'auraient pas été soulagés de leur souffrance.

Ecouter, c'est indiquer à Dieu que Sa parole est digne d'intérêt. Ecouter c'est lire la parole de Dieu et en tenir compte dans les circonstances de tous les jours. Le disciple ne doit pas se faire d'illusion et croire que l'Ecriture est ringarde et ne correspond plus aux codes de la vie d'aujourd'hui. Le ciel et la terre (sciences, mathématique, économie, droit, téléphonie, internet) passeront mais pas la parole de Dieu. Le disciple doit plutôt s'accommoder de la parole de Dieu et non l'inverse consistant à revoir la parole à la lumière de la société d'aujourd'hui. La parole de Dieu est éternelle alors que les inventions et intrigues de l'homme ne le sont point, elles s'usent avec le temps.

Ecouter Dieu, c'est respecter la hiérarchie établie par Dieu, que cela convienne ou non à la vision du disciple. Si une personne occupe une position d'autorité, elle mérite d'être écoutée. Dieu a horreur de la rébellion vis-à-vis de l'autorité car cela Lui rappelle la rébellion de l'astre brillant, Satan le diable, qui voulut se faire l'égal de Dieu. Respecter la hiérarchie, c'est se soumettre à Dieu. Dieu a créé de nombreuses situations dans lesquelles le salut passe par la soumission aux autorités instituées par Ses soins : autorités gouvernementales, anciens et diacres de Son église.

Ecouter Dieu, c'est aussi ne pas toujours faire ce qui nous plaît. C'est ne pas exiger toutes les garanties de réussite d'une opération avant de la débuter. Ecouter Dieu, c'est donc faire preuve de foi car *heureux ceux qui n'ont pas vu et qui ont cru* (**Jean 20:29**). Parfois, le moyen que Dieu utilise pour faire parvenir Sa parole importe peu. Seul compte le contenu. Dieu fit entendre Sa parole au prophète Balaam au moyen d'un âne. Dieu fit entendre Sa parole à Moïse au moyen d'un buisson ardent. Dieu nous informe que des pierres peuvent crier (**Luc 19:40**). Le disciple doit par conséquent se préparer à écouter Dieu dans des circonstances diverses.

- Faire la volonté du Seigneur

Faire la volonté du Seigneur est une preuve manifeste que le disciple L'écoute. Car celui qui n'obéit pas, n'écoute pas. Et celui qui n'écoute pas, méprise ou doute de celui qui parle. Celui qui ne fait pas la volonté de Dieu est coupable du péché de divination (**1 Samuel 15:23**). Celui qui fait la volonté de Dieu demeure éternellement (**1 Jean 2:17**).

Si on imagine que la nouvelle naissance en Christ est un iceberg, alors l'obéissance à la volonté de Dieu en est la partie visible. Celui qui n'obéit pas à la volonté de Dieu, ne pourra jamais prouver qu'il est disciple de Christ. Il pourra en avoir l'apparence, mais manquer de profondeur.

- Obéir à la parole de Dieu sans tenir compte des conséquences

Il est indéniable que l'obéissance à la parole de Dieu produit des conséquences, parfois douloureuses. Faut-il alors déformer cette parole pour relativiser ces conséquences ? Négatif ! C'est casser un thermomètre dans l'espoir que la température cessera de grimper. Elle ne baissera pas dans la réalité, malgré un instrument endommagé. Il faut appliquer la parole de Dieu quelles qu'en soient les conséquences telles que, par exemple, une punition corporelle (**Actes 5:41**), une longue patience (**1 Samuel 13:11-13**), la marginalisation (**Jean 6:66**), les pertes financières et matérielles (sécurité et promotion sociales, confort, argent), ainsi que les menaces (chantages divers). Le Seigneur a bien prévu que ceux qui auront honte de Lui, Lui aussi aura honte d'eux devant Son Père (**Marc 8:38**) ; et qu'il faudra s'attendre à de nombreux désagréments à cause de Lui (**Matthieu 5:11-12**).

A cause de nombreuses situations pouvant amener le disciple de Christ à suivre les directives de l'Esprit, nous pouvons donner ici quelques exemples de choses à faire et ne pas faire.

Le disciple ne doit jamais suivre les forts – majorité – contre les faibles. Dans le monde, surtout en milieu professionnel, il existe de nombreux camps qui s'affrontent pour le contrôle des positions dominantes. Dans leur stratégie, ils n'hésiteront pas à écraser un faible sur leur chemin. Le disciple ne devrait pas suivre les forts dans ces abus de position dominante. Il devra s'abstenir, quelles qu'en soient les conséquences sur son avenir (haine, méfiance, marginalisation et ostracismes divers) selon qu'il est écrit : «***Tu ne suivras pas la multitude pour faire le mal*** *et tu ne déposeras pas dans un procès* **en te mettant du côté de la multitude***, pour violer la justice*» (**Exode 23:2**). Dans le monde, les païens diront que, pour être en sécurité, il faut être du côté des forts. S'il est vrai que cela a le bon côté d'éviter des désagréments au disciple, le Seigneur lui interdit de suivre la majorité qui viole Ses commandements, ou de se rallier à la majorité contre la vérité.

Le disciple doit aussi éviter de s'attirer les foudres du monde lorsqu'il n'est pas directement interpelé. Dieu n'a pas demandé au disciple d'être le réviseur de conscience de la société. Il existe des agents chargés de cette mission : la police, la gendarmerie. Le disciple ne doit donc pas dénoncer tout mal qu'il découvre dans son entourage car le monde est corrompu. Par exemple, s'il découvre qu'un camp se livre à la corruption pour assouvir ses besoins, il n'a pas à le dénoncer s'il n'en a pas reçu le mandat. Jésus réfuta celui qui L'invitait à trancher une dispute d'héritage au motif qu'Il n'avait pas été établi juge pour faire des partages (**Luc 12:14**). Si un camp veut l'associer à la combine, il devra s'abstenir et en assumer les conséquences. Le fait de ne pas participer aux actes de corruption ne signifie pas que le disciple doive les dénoncer à tout va, lorsque sa mission n'est pas de le faire. De même, le disciple ne doit pas soupçonner la corruption partout. S'il est impliqué dans un groupe de travail, il doit suivre ce groupe sans se poser des questions, sans chercher à savoir si ce groupe est dans la légalité ou non. Jusqu'au jour où ce groupe lui révèle des choses contraires à la Loi de Dieu. C'est alors qu'il devra s'abstenir quelles qu'en soient les conséquences. L'apôtre Paul conseille au disciple, invité à une table, de manger de tous les repas qu'on lui présentera sans se poser des questions. Ce n'est qu'une fois connue la provenance douteuse d'un repas, qu'il pourra s'abstenir. Ainsi, le disciple doit se conduire avec sagesse et non comme un fou. Il existe des situations difficiles à cerner. Le disciple doit soumettre l'affaire au Seigneur, souvent via les disciples plus expérimentés, et le Seigneur l'éclairera. Le disciple devra en accepter la décision et les conséquences. Tel est le sort qui attend le disciple.

Le disciple ne doit jamais suivre sa famille lorsque cette dernière est en tort. Cet aspect des choses présente le désagrément de l'opposer à sa parenté biologique. Mais la sanctification ne tient pas compte de la parenté biologique car Dieu ne fait acception de personne. Etre rejeté par sa propre famille peut être très douloureux. Le Seigneur a prévenu Ses disciples que leurs conversions leur attireront la colère et l'adversité des membres de leur parenté selon qu'il est écrit : «*Si quelqu'un vient à Moi, et **s'il ne hait pas son père, sa mère, sa femme, ses enfants, ses frères et ses sœurs, et même sa propre vie**, il ne peut être Mon disciple*» (**Luc 14:26**).

D'une manière générale, quand vient le moment de manifester sa foi, le disciple doit accepter le sort qui l'attend sans l'éviter. La vie de disciple a un coût à assumer et, d'emblée, il n'en connaît le prix qu'au moment de l'épreuve. Je me suis souvent demandé si j'aurais suivi le Seigneur s'il m'avait été donné de savoir, d'emblée, les épreuves par lesquelles je passerais. On peut étendre la réflexion à d'autres serviteurs de Dieu pour savoir par exemple si Moïse aurait accepté de suivre l'Eternel en étant informé, par avance, de la charge de travail qui l'attendait ou sa mise à l'écart, si près de la terre promise. Pour ne rien cacher, cette réflexion ne mène à rien car tous ceux qui sont passés par ce chemin ont profondément loué Dieu en Lui témoignant leur reconnaissance. On connaît le cantique des montées de Moise. Lorsque la braise s'intensifie autour du disciple, il n'y a pas lieu de murmurer ni de paniquer. Le réconfort du disciple réside, dans ces cas là, dans l'espérance selon qu'il est écrit :

> «*En vérité, Je vous le dis, il n'est personne qui ait quitté, à cause de Moi et de l'Évangile, maison, frères, sœurs, mère, père, enfants ou terres, et qui ne reçoive au centuple, **présentement dans ce temps-ci**, des maisons, des frères, des sœurs, des mères, des enfants et des terres, avec des persécutions et, dans le siècle à venir, la vie éternelle*» **Marc 10:29-30**.

L'exemple de Job est l'illustration parfaite de l'espérance à avoir lorsqu'on subit des désagréments au nom du Seigneur.

- Evaluer, tirer les leçons et persévérer

Dans la marche avec le Seigneur, le disciple doit s'attendre à des hauts et des bas comme dans tout apprentissage. Certaines erreurs seront détectées dans l'immédiat ; d'autres après un temps plus ou moins long. Le Seigneur poursuit un même but : sanctifier le disciple et l'amener à la perfection. Certaines difficultés auront pour but de jauger son niveau spirituel et sa capacité à affronter, par la foi, des obstacles majeurs, souvent en temps de braise. L'ennemi rode et multiplie les traquenards que le Seigneur anticipe en amenant Son disciple dans des situations, apparemment difficiles, mais visant la préparation de ce dernier à contrer l'ennemi. Le disciple doit, en tout temps, se souvenir que le Seigneur l'aime et lui veut du bien. Le Seigneur veut que le disciple parvienne à la perfection. Celui qui ne reçoit pas la discipline du Seigneur est un bâtard et non un fils de Dieu (**Hébreux 12:7-8**).

Le disciple doit exercer fidèlement la mission que le Seigneur lui confie

Il a été précisé plus haut que le don de l'Esprit était la base sur laquelle toute activité pouvait être menée pour l'utilité commune et l'édification de tous. Il a également été vu, au sujet des charges dans l'église, que seuls les disciples pouvaient les exercer. Les ministères et charges doivent être exercés dans le respect mutuel des membres du corps de Christ et l'humilité consistant, pour chaque disciple, à demeurer à la place où le Seigneur l'a installé. Ce respect mutuel et cette humilité décourageront tout esprit de chef dans l'église, une position que le Seigneur occupe déjà, de manière exclusive et définitive.

L'objectif de ce chapitre est donc d'attirer l'attention du disciple sur la nécessité d'accomplir son ministère avec empressement et sagesse.

- Quand peut-on démarrer sa mission (ministère) ?

Un ministère peut être démarré immédiatement, à condition que les conditions essentielles soient réunies : (i) le disciple est baptisé d'eau et a reçu le don (baptême) de l'Esprit, (ii) il est consacré et poursuit sa sanctification, (iii) il lui a été révélé son ministère et/ou (iv) les représentants de l'église, généralement les anciens, adhèrent à son appel. Il est clair que la qualité du ministère dépendra de l'ancienneté du disciple dans la foi et la sanctification. Toutefois, outre les conditions essentielles sus évoquées, il n'y a pas d'indication précise sur le délai à attendre avant le démarrage de son ministère, dans la mesure où plusieurs vitesses de lancement sont à prévoir : petitement d'abord, en mode accéléré par la suite, selon que le Seigneur pourvoira. La quatrième condition doit être examinée avec délicatesse car, en principe, il s'agit des anciens de l'église où le don de l'Esprit a été révélé comme en condition numéro trois. L'apôtre Paul ne pouvait exiger l'adhésion de Jérusalem avant de démarrer sa mission, car son appel fut entendu dans l'église d'Antioche où il persévérait dans le Seigneur. Aucune église ne peut s'opposer au ministère du disciple au motif que sa révélation vient d'une petite église. Dans l'appel de Paul à Timothée, il lui rappelle de *ne pas négliger le don qui est en lui et qui lui fut donné par la prophétie, avec l'imposition des mains du collège des anciens* (**1 Timothée 4:14**). Il est clair que le collège des anciens auquel Paul faisait allusion, représentait l'église où Timothée avait été baptisé, assurément une petite église. Rien à voir donc avec les grandes églises d'Ephèse où Timothée résidait au moment de la lettre de Paul. Seuls les résultats et les témoignages peuvent crédibiliser le ministère d'un disciple. Les apôtres de Jérusalem tendirent la main de collaboration à Paul parce qu'ils voyaient les résultats obtenus par lui (**Galates 2:9**). Toutefois, il faut être prudent et vigilant car le véritable précepteur du ministère d'un disciple est le Seigneur Jésus auprès de Qui, le disciple doit rendre des comptes. Un ministre n'a pas de compte hiérarchique à rendre à l'église car ce n'est pas l'église qui l'envoie, mais le Seigneur seul. Il n'est comptable auprès des églises que des témoignages suscités par son ministère. L'église d'Antioche n'avait pas envoyé Paul en mission. Elle s'était contentée de lui imposer les mains en signe d'adhésion, après l'appel de l'Esprit. De même aussi, une église n'est pas hiérarchiquement dépendante d'une mission (ministère) quelconque.

D'autres conditions peuvent être envisagées avant le démarrage du ministère, mais la foi et la confiance du disciple au Seigneur devraient lever tout obstacle. Nous pensons au financement du ministère qu'il doit négocier avec le Seigneur seul, son Patron et Maître. C'est donc une question concernant le Seigneur Jésus-Christ et le disciple, dans le silence de leurs relations. Selon l'Ecriture, aucun apôtre n'a sollicité une église pour financer son ministère. Le fait que le Seigneur mette des donateurs à contribution ne signifie pas que ces donateurs doivent être harcelés par le missionnaire. Toute la nuance s'y trouve et c'est fondamental. Les donateurs ne doivent ressentir aucune pression du ministre, faute de quoi, ils pourront douter de l'origine divine de la mission. Aucune mission, fondée sur la chair, ne peut recevoir de provision de la part d'un donateur car *ce qui vient de la chair est chair*, et les tendances de la chair sont ennemies de Dieu (**Romains 8.7**). On peut regretter l'indifférence d'une église envers une mission bénie de Dieu, mais aucun lien organique ne lie les deux entités.

- Ministère (mission) à temps partiel ou à temps plein ?

Commençons par lever un mystère. Le disciple à qui le Seigneur confie une mission, ne doit exiger de financement d'aucune église particulière. Il peut cependant en recevoir une contribution volontaire offerte avec grâce. Les églises sont libres à l'égard du financement des missions. Le disciple missionnaire doit s'attendre uniquement au Seigneur pour tout ce qui concerne l'envergure logistique, temporelle et territoriale de sa mission. L'apôtre Paul partit d'Antioche avec Barnabas, avec pour seule provision, l'imposition des mains de l'église. Tous les disciples du premier siècle chrétien étaient au courant des missions que Jésus avait lancées en envoyant Ses disciples deux à deux. Ceux-ci ne devaient prendre *ni provision pour la route, ni monnaie, ni pain mais seulement un bâton* (**Marc 6:8**). Après la crucifixion du Seigneur, cette pratique fut maintenue par les disciples ; elle reste d'actualité aujourd'hui, près de deux mille ans après, malgré la modernisation du monde. Il n'appartient donc pas à un disciple d'exiger qu'une église finance sa mission. Le disciple doit avoir la foi pour la mission que le Seigneur lui confie. Le fait pour le Seigneur d'avoir envoyé Ses disciples, en leur interdisant de prendre des provisions, revenait à leur montrer que Lui, le Seigneur, était toujours avec eux, et qu'ils devaient avoir foi en Lui.

La question du ministère à temps partiel ou à temps plein ne saurait réellement se poser à un disciple du Christ. Le temps partiel ou le temps plein n'est ni un critère de sainteté, ni un critère de consécration du disciple. Il appartient au ministre/missionnaire de voir ce qui convient le mieux pour sa mission. L'apôtre Paul décida de travailler comme tisseur de tantes lors de son séjour à Corinthe. Ce travail fut rendu nécessaire parce qu'il ne voulait pas recevoir des contributions volontaires des églises de Corinthe, bien que la loi de Dieu l'y autorisât (**1 Corinthiens 9:15**). Cependant, il recevait des contributions volontaires des églises d'autres localités (**Philippiens 4:15**). Son refus des contributions des églises Corinthiennes met surtout en lumière la liberté dont dispose le Seigneur pour nourrir Son serviteur et le protéger des tentations multiples du diable dont la cupidité n'est pas le moindre défaut. Le diable excelle dans les questions d'argent, depuis l'époque où, astre brillant, il faisait le commerce au ciel. Nous noterons que, dans sa seconde épître aux Corinthiens, Paul annonce qu'il passera récupérer la contribution des Corinthiens en faveur des disciples de Jérusalem, durement touchés par la famine. Le refus ci-dessus n'avait donc rien à voir avec un certain orgueil de l'apôtre à l'égard des Corinthiens. L'apôtre affichait juste son option de vie parmi tant d'autres, soulignant que cette privation volontaire rehaussait son zèle à la gloire de Dieu.

Ainsi celui qui travaille pour le Seigneur, parallèlement à un travail séculier (fonctionnaire, privé, commerçant), fait bien. Celui qui exerce un ministère à temps plein, sans autre source de revenus réguliers, fait aussi bien. Le Seigneur est glorifié par l'un comme par l'autre. Ce sont juste des questions de préférence dans le mode d'accomplissement de la mission confiée au disciple par Dieu. Ces questions ne relèvent ni de la consécration du disciple, ni de la finalité spirituelle de la mission. Ce sont des détails ou commodités relatives aux circonstances de la mission. Le Seigneur n'a pas confié à tous Ses disciples un égal nombre de talents à fructifier (**Matthieu 25:14-30**). L'on ne devrait donc pas juger le service d'un disciple à travers les aléas et les commodités qui le caractérisent, mais uniquement à travers les talents qu'il a reçus de Christ à Qui il devra rendre des comptes. Or qui connaît le nombre de talents que le Maître lui a confiés si ce n'est le Maître seul ?

Nous devons préciser que dans un ministère à temps partiel, même si le travail séculier, fait pour les patrons selon le monde, doit être parfaitement exécuté, la priorité des priorités, dans la vie du disciple, est la bonne gestion des talents que le Seigneur lui a confiés. Le disciple doit y mettre tout son cœur et son énergie. S'il y a un travail qui doit rester, en définitive, c'est la mission du Seigneur qui l'emportera. Le disciple ne vit plus pour le monde, ni pour lui-même, mais pour Dieu en Jésus-Christ.

C'est le lieu de lever un autre gros mystère dans l'église : tout disciple du Christ, quel que soit le travail qu'il effectue dans le monde (fonctionnaire, privé ou autre), doit considérer son travail comme fait pour la gloire de Dieu. En attendant la révélation de son don, ministère ou mission, il doit prendre ce travail très au sérieux et le considérer comme une mission divine même si le bénéficiaire est le monde. Car tous les revenus d'un disciple du Christ, dès sa conversion, sont réputés provenir du Seigneur, et rien que Lui, malgré une fiche de paie signée par les patrons selon le monde. Le Seigneur demande que Son disciple considère son patron selon le monde comme Lui-même, selon qu'il est écrit :

> «*Serviteurs,* **obéissez à vos maîtres selon la chair avec crainte et tremblement, dans la simplicité de votre cœur, comme au Christ** ; *et cela non seulement sous leurs yeux, comme pour plaire aux hommes, mais* **comme des serviteurs de Christ, qui font de toute leur âme la volonté de Dieu. Servez-les de bon gré comme si vous serviez le Seigneur et non les hommes**, *sachant que chacun, esclave ou libre, recueillera du Seigneur selon le bien qu'il aura fait*» (**Ephésiens 6:5-8 ; Colossiens 3:22-24**).

Le Seigneur connaît donc le salaire que le disciple perçoit de son travail. Le disciple doit considérer sa rémunération comme venant de Dieu, et ne pas importuner son patron selon le monde avec des requêtes salariales intempestives comme font les païens. Dieu sait ce que ce disciple mérite. Il est aussi au courant des injustices dont le disciple est victime au travail. Ce dernier doit garder une attitude de patience envers le Seigneur car il est, avant tout, serviteur du Christ via son patron selon le monde.

La qualité du travail effectué par le disciple envers son patron selon le monde, préfigure déjà le travail qu'il fera pour Dieu qu'il ne voit pas. C'est pourquoi, le travail fait en faveur des maîtres selon le monde est de la plus haute importance. Si un disciple sert ce patron avec désinvolture et négligence, qu'il ne se berce pas d'illusion sur la qualité de son travail pour le Seigneur. Ce travail est tout aussi mauvais. Un mauvais travailleur reste un mauvais travailleur, qu'il travaille pour un patron selon le monde ou pour le Seigneur Jésus-Christ. Celui qui fait négligemment le travail de son patron selon le monde, tout en offrant au Seigneur sa pleine disponibilité, est semblable à celui qui vient offrir son sacrifice au Seigneur tout en ayant un contentieux avec son frère. Le Seigneur lui dira de se repentir d'abord du mauvais travail rendu à son patron selon le monde avant de reconsidérer sa mission pour le Seigneur (**Matthieu 5:24**). Il est erroné de penser que si le disciple ne fait pas bien son boulot parmi les hommes, alors il le réussira parmi les disciples de Christ. Souvenons-nous que des sacrificateurs étaient interdits d'exercer dans le temple de Jérusalem à cause de leurs déformations physiques. Ces mêmes déformations leur auraient valu un égal rejet des patrons selon le monde. L'Eternel ne souhaitait donc pas faire de Son temple, un point de chute pour sacrificateur au rabais. De même, le disciple ne doit pas croire que, s'il est mauvais dans son lieu de service, il sera un bon serviteur de Dieu. Un bel exemple d'un serviteur de Dieu, n'ayant pas de ministère médiatisé, travaillant pour Dieu et pour un patron selon le monde, nous est servi par Daniel selon qu'il est écrit : «*Moi, Daniel, je fus plusieurs jours affaibli et malade ;* **puis je me levai et m'occupai des affaires du roi**. *J'étais dans la stupeur à cause de la vision et ne la comprenais point*» (**Daniel 8:27**). Daniel était un des jeunes déportés de Juda dans le royaume de Babylone. Il fut sélectionné avec trois de ses amis pour servir à la cour royale en raison de son intelligence. Il avait un ministère d'intercession qui l'amenait à prier trois fois par jour afin de supplier l'Eternel de revenir sur Sa colère envers Israël. Ce travail d'intercession ne l'empêchait pas de servir le roi. Il eut à servir, comme conseiller, plusieurs rois successifs, de Neboukadnetsar à Darius, en passant par Cyrus, avec des états de service tellement appréciés qu'il fut promu troisième personnage de l'état (**Daniel 5:29**).

> Enfin, nous devons exhorter les disciples, au nom de Jésus-Christ qui, seul, a reçu un nom au-dessus de tout nom, a été souverainement élevé comme Chef de l'église, **à ne jamais, et à grand jamais, transformer leur mission (ministère) en église locale**. Le risque d'étendre son rôle de chef de mission à celui de chef de l'église locale est si élevé que cela arrivera forcément. Il sera alors sous la malédiction du diable qui voulut élever son trône au-dessus des étoiles de Dieu pour égaler le Très-Haut. Quand bien même les circonstances pourraient paraître favorables, le disciple du Seigneur est exhorté à ne jamais franchir ce pas, et à rappeler à ceux qui l'entourent que sa mission concourt à l'édification commune sans être une église. Il doit éviter de rentrer dans la confusion qui règne au dehors.

- **L'importance des collaborateurs-assistants dans les ministères et missions**

Le rôle de collaborateur est très important aux yeux de Dieu. L'apôtre Paul avait de nombreux collaborateurs dont les plus connus étaient Jean-Marc, Luc, Théophile, Timothée, Tite, Philémon. Ce rôle est particulièrement regardé par le Seigneur car il permet de réveiller l'intérêt de l'assistant pour les missions qu'il pourra effectuer demain, en l'absence du titulaire. On sait à quel point Timothée, Tite et Philémon furent précieux lorsque Paul était en prison, sans compter Jean-Marc et Luc. On sait comment Josué paracheva la mission de Moïse après la mort de ce dernier. On sait aussi comment Elisée remplaça le prophète Elie après son enlèvement. Devenir directement ministre titulaire, sans passer par la collaboration et l'assistance, n'est pas toujours aisé. De tels cas sont d'ailleurs rares dans l'histoire du salut. S'agissant des premiers apôtres,

Jésus était le Maître qui les parrainait au quotidien. Les premiers disciples ne furent donc pas titulaires tout de suite, puisque le Seigneur Jésus les parraina pendant trois années pleines. Paul et Barnabas démarrèrent leurs ministères d'apôtres en formant assez longuement un duo de prédicateurs avant de se séparer. Le travail en duo autorise un parrainage réciproque pour limiter les erreurs individuelles. Le travail du collaborateur est facilité dans la mesure où, tout ce qu'il a à faire, c'est d'obéir aux instructions du titulaire qui exerce l'autorité pleine sur la mission. Les lettres de Paul à Timothée, Tite et Philémon n'étaient pas des appels à la réflexion ou au débat sur des points de préoccupation. C'était des instructions précises, venant du chef de mission. Ces instructions devaient être exécutées à la lettre. L'absence de fidélité à ce niveau est périlleuse. Le premier serviteur du prophète Elisée, Guéhazi, fut frappé de lèpre pour avoir désobéi à son maître dans l'affaire du chef d'armée syrien, Naaman le lépreux (**2 Rois 5**).

Un collaborateur qui désire réussir sa mission, en tant que ministre plein, se doit de réussir son parcours d'assistant du ministre titulaire auprès de qui le Seigneur l'a placé. Très souvent, aussi bien dans l'Ancien et le Nouveau Testaments, c'est le titulaire qui installe le collaborateur dans la succession, comme gage de sa fidélité. Moïse installa Josué. Elie installa Elisée. Paul installa Timothée, Tite et Philémon, etc.

Le système titulaire/collaborateur est d'une grande efficacité dans l'expansion de l'église du Seigneur. Il nous faut signaler que la réussite de ce système s'appuie sur des liens très forts entre le titulaire, chef de mission, et le collaborateur-assistant. Le titulaire doit jouer un rôle majeur dans la formation du collaborateur. Il doit tenir le rôle de père spirituel auprès du collaborateur. Dieu ne tolèrera pas de désobéissance de la part du collaborateur. La sélection du collaborateur ne peut prendre la forme d'un appel ouvert à recrutement. Le titulaire sait où trouver son collaborateur. Le futur collaborateur est un disciple que le Seigneur confie au ministre titulaire qui lui tiendra lieu de père. Moïse reçut la mission de libérer les israélites de la servitude égyptienne. Aaron fut son premier collaborateur dans cette mission. Dieu permit à Moïse d'exercer des miracles devant Aaron. Dieu lui dit par ailleurs qu'il tiendrait la place de Dieu auprès d'Aaron (**Exode 4:16**). Aaron ne pouvait que se soumettre à l'autorité de Moïse. Josué fut le second collaborateur de Moïse. Il fut témoin des signes redoutables que Dieu fit par l'intermédiaire de Moïse. Cela le forçait à s'incliner devant Moïse. Sa collaboration fut si parfaite qu'il succéda à Moïse. Paul eut Timothée comme très proche collaborateur. C'est Paul qui le convertit et le baptisa. C'est donc auprès de Paul qu'il fit ses premiers pas de disciple. La confiance régnait et Timothée pouvait se soumettre parfaitement à l'autorité de Paul. Il est donc très important que les rapports entre un ministre et son collaborateur soient tangibles, et non purement professionnels car le Seigneur tient à la fidélité du collaborateur envers le ministre. Pas seulement une obéissance professionnelle, mais une soumission de fils à père.

Le système ministre titulaire/collaborateur-assistant est très utile dans la communication des ordres de Dieu dans Son église. Les apôtres, en demandant aux disciples de se soumettre les uns aux autres, comptaient sur cette relation pour accroître l'église et contenir les manigances du diable. Il est triste que, dans les églises des temps modernes, on lance des appels aux volontaires pour exécuter des tâches ecclésiastiques. Cela traduit, soit l'ignorance de la liberté de l'Esprit, soit la méconnaissance que les disciples ont les uns des autres. Pense-t-on que le Seigneur, la veille de Son départ, ait pu demander aux disciples, lequel d'entre eux était volontaire pour accueillir sa dernière pâques ? Lequel était volontaire pour Lui offrir une ânesse et le petit de l'âne pour son entrée triomphale à Jérusalem ? Jésus désigna Lui-même les endroits où l'on devait trouver ces choses. Loin de nous l'idée de soutenir un comportement dictatorial au sein de la communauté des disciples du Seigneur. Nous pensons que dans une église spirituelle, on sait sans beaucoup d'hésitation, qui parmi les disciples pourrait effectuer telles tâches pour l'utilité commune. Si tel n'est pas le cas, les dirigeants de l'église devraient faire plus pour que les disciples se connaissent mieux, sous la conduite de l'Esprit. La modernité n'empêche pas les liens tangibles que le Christ veut voir parmi Ses disciples.

Dans la pratique, un collaborateur voit sa sanctification s'améliorer grâce à l'action du ministre titulaire. Il faut éviter ceux qui s'attachent parce qu'ils sont attirés par le clinquant ou d'autres attributs selon le monde : position sociale, nationalité, race, apparence, posture, etc. Le ministre doit avoir le discernement pour identifier le bon grain de l'ivraie. L'attachement du collaborateur au Seigneur, à Sa parole, à Sa justice et à la vérité doit être avéré. Le danger de prendre un collaborateur, sur la seule base de la chair, est qu'on pourrait regretter son choix. Jésus choisit Lui-même Ses disciples. Il écarta plusieurs parmi ceux qui demandèrent à aller avec Lui, alors qu'humainement parlant, cela ne se refuse pas. Il est toutefois possible, et c'est très répandu, d'amener un disciple à apprécier le rôle de collaborateur. Cela ne résulte pas forcément d'une demande formelle du titulaire au collaborateur, à moins que l'on ait reçu une révélation prophétique. Jésus étant le Seigneur, il pouvait demander directement à un disciple de Le suivre. Dans le cas titulaire/collaborateur, la collaboration peut s'établir naturellement selon une alchimie entre les deux partenaires comme la vie sait en créer. Par exemple, le Seigneur peut amener le ministre à jouer un rôle de premier plan dans la vie du collaborateur qui, à son tour, comprendra que sa place est auprès du ministre titulaire.

Enfin, quoiqu'il arrive, le collaborateur ne sera jamais coresponsable de la mission en présence du titulaire. Le collaborateur est tenu de suivre les instructions du ministre, du vivant de celui-ci. Le ministère n'est pas une église où la vie du Seigneur est directement répandue sur tous les membres du corps du Christ telle la pluie. Car l'église manifeste la vie collective du Seigneur, tandis que le ministère est un outil, un entonnoir par lequel le Seigneur manifeste Sa vie collective pour l'édification commune. Cet outil est confié à un disciple particulier appelé ministre pour la cause. Les collaborateurs sont donc astreints à suivre les instructions du ministre, seul responsable de cet outil devant le Seigneur.

Que le Seigneur bénisse les collaborateurs et les rende loyaux et fidèles à leurs maîtres en tout point !

Le disciple et son pain quotidien : sa prise en charge par le Seigneur

«*Ne vous inquiétez donc pas, en disant : Que mangerons-nous ?* Ou : Que boirons-nous ? Ou : De quoi serons-nous vêtus ? Car cela, ce sont les païens qui le recherchent. Or votre Père céleste sait que vous en avez besoin. Cherchez premièrement Son royaume et Sa justice, et tout cela vous sera donné par–dessus. *Ne vous inquiétez donc pas du lendemain car le lendemain s'inquiétera de lui–même. A chaque jour suffit sa peine*» (**Matthieu 6:31-34**).

Nous devons à la vérité de dire que Jésus-Christ est arrivé longtemps après le premier homme, Adam. Avant la venue de Jésus-Christ, il y a près de deux mille ans, les hommes avaient déjà appris à se nourrir par eux-mêmes et à se prendre en charge. On pourrait donc s'interroger sur les raisons de ce chapitre. Il est fondamental pour deux raisons. La première repose sur l'adage, bien connu des hommes, qui dit que *celui qui paie décide*. La seconde est liée à la promesse de Jésus-Christ de nourrir Ses disciples comme dans les versets ci-dessus.

- Celui qui paie décide

L'homme est habitué à se soumettre à quiconque le nourrit. Les esclaves sont soumis à leurs maîtres pour cette raison. Les travailleurs sont soumis à leurs patrons pour le salaire promis. En fait, qui ne paie pas, ne peut ni commander, ni décider. Comment le Seigneur Jésus-Christ maintiendra-t-Il Sa seigneurie et Son autorité sur le disciple si le pain quotidien de ce dernier venait à Lui échapper ? Laisser cette question sans réponse, c'est affaiblir Son autorité sur le disciple. Le Seigneur Jésus-Christ, Chef de l'homme selon la hiérarchie de l'univers, ne peut pas laisser ce problème sans solution. C'est donc la raison de Son message aux disciples afin que ces derniers ne se retirent pas de Lui. Si le Seigneur avait laissé un tel vide, l'ennemi aurait occupé le terrain et serait devenu, à la longue, le véritable maître de l'homme, païens et chrétiens compris. Les hommes ne sont pas dupes. Ils rendent tous honneur et fidélité à quiconque les nourrit. C'est ainsi que les dynasties royales se sont forgées des noms de familles. C'est parce que le patriarche de cette famille avait, par le passé, assuré de sa protection les hommes, les femmes et les biens de la cité.

- **Le Christ est Celui-là seul qui nourrit Ses disciples**

Le principe ci-dessus étant rappelé et bien compris, nous devons déclarer que le disciple ne peut plus avoir, sur la terre, d'autre pourvoyeur que le Seigneur Jésus-Christ. Le disciple doit désormais se mettre en tête que Son unique pourvoyeur de pain quotidien, sur la terre des hommes, est le Seigneur. Le disciple est un privilégié de Dieu, un héritier de la grâce, cohéritier avec Christ sur le Trône de Dieu, un être cher dans l'esprit duquel demeure le Saint-Esprit, le Dieu véritable. Dès l'instant où il est devenu disciple de Christ, il a basculé du monde des ténèbres au monde de la lumière selon qu'il est écrit «*Il (Dieu) nous a délivrés du pouvoir des ténèbres et nous a transportés dans le royaume de son Fils bien-aimé*» (**Colossiens 1:13**). Dieu ne pouvait pas laisser la question du pain quotidien du disciple en suspens. Il ne pouvait pas laisser le disciple à la merci de l'inconnu s'agissant de son pain quotidien, du vêtir et du loger. Le Seigneur prend vraiment à cœur cette question dans la vie de Ses disciples.

Désormais, le disciple mène une vie de sanctification où rien n'échappe au Seigneur. Le Seigneur veillera à ce que le pain quotidien de Son disciple soit assuré. Le disciple ne doit donc pas être surpris de constater que le Seigneur Se mêle de sa vie par rapport à cette question fondamentale. Beaucoup de disciples servant le Seigneur dans le monde, ont témoigné de la main favorable et déterminante du Seigneur dans leur façon de se nourrir. Dès la conversion et le baptême du disciple, il n'existe pas un délai probatoire entre sa dépendance au monde qu'il vient de quitter, et sa dépendance au Seigneur qu'il vient de rejoindre. C'est tout de suite que le disciple doit prendre conscience de son nouveau statut.

Concrètement, c'est très difficile, nous en convenons, mais la réalité est que le Seigneur ne peut laisser cette question sans réponse car le monde ne manquera pas de faire pression sur le disciple pour qu'il abandonne sa foi. Le disciple doit se mettre en tête qu'en cas de bras de fer avec le monde, pouvant aller jusqu'à son licenciement du boulot, Jésus-Christ prendra soin de lui. Nul besoin d'imaginer le comment cela se fera. Le Seigneur seul sait comment Il procèdera.

Parlant du comment, beaucoup croient que dépendre complètement de Dieu, pour le manger et le boire, signifie travailler pour Dieu à plein temps. Cette perception des choses est complètement erronée. Il est vrai que des groupes de disciples, selon leur vocation céleste, ont matérialisé leur attachement au Seigneur en exerçant des activités ecclésiastiques à plein temps. Cette disposition est spécifique à ces disciples-là, mais ne peut être généralisée à l'ensemble des disciples du Christ. La parole de Dieu fait bien allusion à la possibilité de faire des vœux spécifiques à Dieu, pouvant affecter les biens terrestres, le temps de travail et bien d'autres acquis de l'existence. Mais un tel vœu relève du choix personnel de ce disciple. Il n'est pas autorisé à faire de sa vocation spécifique, un courant qui divisera les disciples du Christ entre les adeptes de ce courant religieux et les autres. Il est dommage que les églises n'aient pas suffisamment fait attention à ces sources de division au point qu'il s'y trouve des disciples plus engagés, qui portent le fardeau, et les autres qui se contentent de faire acte de présence les jours de réunion. Certaines dispositions spécifiques de la vie d'un disciple n'ont souvent qu'une valeur de vertu sans pour autant concourir à la sainteté. La parole de Dieu le dit à plusieurs reprises. L'apôtre Paul, lui-même, n'a pas fait de ses dispositions personnelles un modèle standard tel que le fait de ne pas se marier, par exemple. Selon les circonstances, il pouvait travailler comme tisseur de tantes pour son pain quotidien ou dépendre totalement des contributions venant d'ailleurs. Il adressera par ailleurs des avertissements sérieux, tantôt aux disciples qui prêchaient de ne pas se marier, tantôt aux disciples qui ne voulaient pas travailler, mais vivre au crochet des églises.

Que le disciple soit à la disposition du Seigneur à plein temps ou à temps partiel, ou exerce une activité salariée selon le monde, il doit imputer sa rémunération au Seigneur Dieu. C'est Dieu qui Se sert de son patron pour lui assurer son pain quotidien. Dieu en connaît le montant qu'Il peut changer à Sa guise, dans un sens comme dans l'autre, voire mettre fin à son travail dans une entreprise. Le travail d'un disciple de Christ, chez un patron selon le monde, doit être considéré comme un travail fait pour Dieu. Car ce travail est sanctifié par le disciple. Ce travail concourt à sa nourriture qui est une préoccupation majeure du Seigneur : prendre en charge le disciple. Il est donc périlleux, pour le disciple, de négliger le travail chez un patron selon le monde sous prétexte que ce travail ne sert pas Dieu ou, que ses collègues sont des païens. Le Seigneur a les yeux partout. Mieux encore, Il tient à ce que tout travail fait chez le patron selon le monde soit exécuté à la perfection. En effet, tous les disciples savent se montrer généreux dans l'église et exhiber leur sainteté devant les autres car, selon la majorité des disciples, Dieu voit tout ce qui se passe dans l'église. Eh bien Dieu connaît cette pensée charnelle des disciples ! Il voudra donc apprécier ce disciple chez son patron selon le monde, lorsque d'autres disciples n'ont pas le regard rivé sur lui. S'il est négligent selon le monde et sérieux devant l'église, il ne sera pas agréé par le Seigneur à cause de son hypocrisie. Le Seigneur a dit par ailleurs : «*Que votre lumière brille ainsi devant les hommes, afin qu'ils voient vos œuvres bonnes, et glorifient votre Père qui est dans les cieux*» (**Matthieu 5:16**). Le disciple ne peut donc négliger un travail fait selon le monde de peur de jeter le discrédit sur le Père qui est aux cieux.

Nous récapitulons en disant qu'une fois qu'une personne est née de nouveau, comme disciple du Christ, il dépend exclusivement de Dieu pour son pain quotidien, le manger et le boire, même si, pour se faire, le Seigneur peut utiliser différents moyens tels que : le boulot selon le monde ou les contributions volontaires. La question n'étant pas de savoir comment le Seigneur procédera, mais de fixer le regard sur le Christ qui a dit ces choses avec assurance selon qu'il est écrit : «*Ne vous inquiétez donc pas du lendemain car le lendemain s'inquiétera de lui–même. A chaque jour suffit sa peine*» (**Matthieu 6:31-34**).

Le disciple de Jésus-Christ doit attacher une grande importance à la question de sa prise en charge car ce domaine est celui où l'on enregistre le plus grand nombre d'actes de corruption. Il est très facile d'acheter les âmes de ceux qui dépendent des autres pour leur survie, comme il est facile à une âme de se vendre à celui qui la nourrit. Le disciple doit donc comprendre que son âme, si chère à Dieu, ne peut et ne pourra jamais appartenir à quelqu'un d'autre que Dieu. L'âme du disciple de Jésus-Christ est très chère à Dieu autant que recherchée par le diable. Le diable apprécierait beaucoup d'avoir à son service une âme sauvée par le Seigneur. Pourquoi ? D'abord pour se vanter auprès de Dieu d'avoir des fils de lumière à son service, mangeant dans sa main. Ensuite parce que les disciples ont des bénédictions que le diable espère récupérer, lui qui n'est que cendre. Quoi de plus beau, pour lui, que de mettre la main sur des biens sanctifiés ! C'est pour lui une première étape dans le but de prendre la place de ce disciple au ciel, dans le siècle à venir, autant que cela soit possible. C'est pourquoi, la source de revenus d'un disciple de Jésus-Christ doit absolument sanctifier le Seigneur. Un disciple qui néglige la sanctification de ses ressources sera très vite ciblé par le diable qui fera tout pour le compromettre. Quelle joie pour le diable s'il pouvait clamer à qui veut l'entendre qu'il nourrit les chrétiens ! Une négligence du disciple sur la sanctification de ses ressources l'amènera à blasphémer le nom glorieux du Seigneur. Dans la pratique, il est impossible que ces épreuves n'arrivent pas. Les disciples seront parfois confrontés à des menaces sur leur emploi, leur carrière et leur promotion sociale. A la question *«que vais-je devenir si je perds ce boulot ?»* Le Seigneur répond : *«Ne vous inquiétez de rien, ni de ce que vous mangerez ni de quoi vous serez vêtus. A chaque jour suffit sa peine. Le lendemain s'inquiétera de lui-même»*. Enfin le disciple, en difficulté, ne doit jamais indiquer, par une posture extérieure (air malheureux, habits en lambeaux, démarche hésitante, etc.), qu'il est en difficulté et a besoin d'aide. **Le disciple de Jésus-Christ n'est pas un mendiant**. Dieu sait tout de ce disciple, quand il sort et quand il rentre, quand il dort et quand il se réveille, quand il rit et quand il pleure. Il sait tout ce qu'il possède dans son grenier. Le Seigneur saura intervenir en temps opportun. C'est dur mais il faut y croire et le Seigneur confirmera Lui-même Sa parole. Le Seigneur sait que le disciple est la lumière du monde. Il ne fera rien de contradictoire.

Eviter les polémiques et les disputes de mots

> «*Voilà ce que tu dois rappeler, en adjurant devant Dieu* **qu'on évite les disputes de mots qui ne servent à rien**, *sinon à la ruine de ceux qui écoutent*» **2 Timothée 2:14**.

> «*Pour vous, l'onction que vous avez reçue de Lui demeure en vous, et vous n'avez pas besoin qu'on vous enseigne ; mais comme Son onction vous enseigne toutes choses, qu'elle est véritable et qu'elle n'est pas un mensonge, demeurez en Lui comme elle vous l'a enseigné*» **1 Jean 2:27**.

Après la conversion, la découverte des saintes Ecritures procurera au disciple une grosse envie de parler devant les incrédules selon qu'il est écrit : *J'ai cru, c'est pourquoi j'ai parlé* (**2 Corinthiens 4:13**). Mais l'Esprit interdit formellement les polémiques et les disputes de mot. Un disciple du Christ s'édifie en silence par une lecture assidue de la parole de Dieu et sa fréquentation des lieux de culte, des études bibliques et d'autres réunions chrétiennes telles que : colloques, séminaires, échanges, conventions, ateliers, etc. Le disciple doit faire confiance à l'onction qu'il a reçue (**1 Jean 2:27**). Cette onction est une sentinelle qui réagit positivement par l'enthousiasme et la paix intérieure, ou négativement par l'objection permanente instillée dans l'intelligence. On ne devrait pas la contrarier. Les polémiques et disputes dénotent, soit l'indiscipline, soit l'absence d'onction (Esprit Saint). Bien qu'il soit difficile, au premier regard, de distinguer ceux qui ont l'Esprit Saint des autres, le disciple doit garder quelque part, en mémoire, que des hommes spirituellement morts peuvent être présents dans une assemblée. Ces gens dépourvus de vie spirituelle ont une intelligence obscurcie qui tente d'appréhender les vérités de Dieu selon le monde et son intelligence obscurcie. L'Ecriture dit que seul l'Esprit peut saisir les choses de l'Esprit, chose impossible à l'esprit humain qui ne peut saisir que ce qui est de la chair.

Les disputes épuisent et font perdre de l'énergie et de la puissance spirituelle. Sortir d'une discussion houleuse est très épuisant pour le corps humain. Tous les apôtres ont conseillé d'éviter ces polémiques et disputes stériles dont le monde est coutumier.

Le disciple, nouveau ou ancien converti, est invité à les éviter. L'apôtre Paul en faisait la remarque à son collaborateur Timothée en ces termes :

> «*Voilà ce que tu dois rappeler, en adjurant devant Dieu* **qu'on évite les disputes de mots qui ne servent à rien**, *sinon à la ruine de ceux qui écoutent*» (**2 Timothée 2:14**).

Lire la bible et s'attacher à la parole de Dieu

La bible est le livre par excellence des disciples du Christ. Un disciple de Jésus-Christ devrait l'avoir à son chevet, non pour effrayer les mauvais esprits (qui se rient bien des hommes à ce sujet), mais comme un ouvrage à consulter régulièrement, pour se nourrir, se rappeler les propos du Seigneur Jésus-Christ ou vérifier les déclarations imputées au Seigneur lors des réunions. Il est recommandé de se munir de la bible lorsqu'on va à une réunion ou un lieu de culte afin de lire, en même temps que le prédicateur, les saintes écritures auxquelles il se réfèrera. Une telle lecture parallèle aidera le disciple à se décomplexer par rapport à la chose religieuse et à l'atmosphère de solennité que les religieux affectionnent. La parole de Dieu est un livre ouvert à tous. La seule gêne qu'on peut ressentir concerne la vérité qui blesse. Il est bien que la vérité blesse car une vérité blessante appelle à mieux se sanctifier.

Le baptême de feu

> «Jean Baptiste dit aux Juifs : Moi, je vous baptise dans l'eau, en vue de la repentance, mais Celui qui vient après moi est plus puissant que moi, et je ne mérite pas de porter Ses sandales. Lui vous baptisera d'Esprit Saint et de *feu*» (**Matthieu 3:11**).

> «Jésus leur dit : Vous ne savez pas ce que vous demandez. Pouvez-vous boire la coupe que Je vais boire, ou **être baptisés du baptême dont Je vais être baptisé** ? Ils lui dirent : Nous le pouvons. Et Jésus leur répondit : Il est vrai que vous boirez la coupe que Je vais boire, et que vous serez **baptisés du baptême dont Je vais être baptisé**» (**Marc 10:38-39**).

- Le baptême de feu : qu'est-ce que c'est ?

Pour être honnête, **Matthieu 3:11** est l'unique verset biblique qui fait ressortir clairement l'expression «*baptême de feu*». Pour le reste, nous connaissons le baptême d'eau et le baptême du Saint-Esprit. Le verset ci-dessus indique que Jésus sera le seul qui baptisera d'Esprit Saint et de feu – car le baptême d'eau est administré par l'homme. En dehors de ce verset unique dans la bible, on entend régulièrement cette expression dans les communications publiques. D'après le monde, le baptême de feu signifie : «premier combat du soldat» parce que les soldats utilisent les armes à feu dans les combats. Toutefois, reconnaissons qu'au temps du prophète Jean le Baptiste, le feu n'était pas encore courant dans les combats comme aujourd'hui. Bien que les soldats romains catapultaient déjà des torches incendiaires, l'arme la plus usitée était l'épée, la lance, l'arc et le bouclier, des armes blanches pour la plupart. En parlant donc du baptême de feu, le prophète faisait certainement allusion à autre chose.

Certains pourraient croire que le baptême du Saint-Esprit est aussi le baptême de feu, car à la Pentecôte, des langues de feu se manifestèrent sur les cent-vingt disciples réunis (**Actes 2:3**). Si l'on devait y trouver le fondement du baptême de feu, on peut s'étonner que le feu ne se soit plus manifesté lors des baptêmes du Saint-Esprit qui ont suivi la Pentecôte, tels que ceux de Corneille, Paul, etc. D'autre part, le Seigneur Jésus-Christ, Premier-Né de la nouvelle création de Dieu, a habitué les disciples à reproduire Ses propres expériences spirituelles. Il ne manquait pas de le leur rappeler. Or il est constant que, lors du baptême du Seigneur Jésus-Christ, aucune flamme de feu ne s'est manifestée. On peut aussi s'étonner que, dans la quasi totalité des actes des apôtres et de leurs lettres épistoliaires, aucune allusion à l'expression "baptême de feu" n'ait été faite. Fonder le baptême de feu sur l'apparition des langues de feu, le jour de la Pentecôte, semble bien léger. A quelque occasion du baptême de l'Esprit, il y a eu tremblement de l'endroit où étaient réunis les disciples. Certains pourraient assimiler un tel tremblement à une violence comparable au feu. Là encore, ce serait bien maigre comme explication.

Le baptême de feu existe bel et bien et parachève une vie d'obéissance au Seigneur Dieu. Le Christ l'a connu. Beaucoup d'autres serviteurs de Dieu l'ont connu. La particularité du baptême de feu est qu'il se produit souvent tard dans la vie d'un disciple. La coupe d'amertume que Jésus but, allusion aux péchés de l'humanité qu'Il devait porter en allant sur la croix, constitua Son baptême de feu comme on l'exposera dans le présent chapitre. Faisant allusion à cette coupe qu'Il allait boire, Jésus répondit aux disciples désireux d'être à Sa droite au ciel en ces termes :

> «*Vous ne savez pas ce que vous demandez. Pouvez-vous boire la coupe que Je vais boire, ou* **être baptisés du baptême dont Je vais être baptisé** *? Ils lui dirent : Nous le pouvons. Et Jésus leur répondit : Il est vrai que vous boirez la coupe que Je vais boire, et que vous serez* **baptisés du baptême dont Je vais être baptisé**» (**Marc 10:38-39**).

D'autres traductions parlent de "*coupe de douleur*" et "*du baptême de souffrance*".

La coupe à boire est donnée par Dieu comme une grande épreuve qui attendait le Seigneur. A l'instar du Seigneur Jésus, des épreuves difficiles, sous forme de coupe d'amertume, attendent les disciples du Christ. Le baptême du Saint-Esprit est loin d'en être une car il est donné comme garantie et sceau de l'attachement du disciple à Christ. Ce baptême n'épargne pas des épreuves à venir. Le baptême de feu est toute autre chose.

Le baptême d'eau a bien été défini comme un acte de conformité à la mort et à la résurrection de Jésus-Christ. Le baptême du Saint-Esprit a aussi été défini comme le sceau de l'appartenance du disciple à la bergerie du Christ. Jésus est bien passé par ces deux types de baptême. Toutefois, Il annonce dans le verset **Marc 10:38-39** qu'Il va être de nouveau baptisé, mais cette fois de la souffrance. Pas seulement Lui, mais également Ses disciples, chacun en son temps. Il s'agit du baptême de feu.

Le baptême de feu a donc son explication, qui va largement au-delà des phénomènes extraordinaires comme les langues de feu et le tremblement de terre. Il est clair que le feu est toujours présent lors du baptême de feu, mais pas forcément avec sa flamme habituelle ; mais l'effet produit est identique. Au sortir du baptême de feu, on a vraiment l'impression que tout ce que nous possédions de précieux est parti en fumée et qu'on n'a plus d'emprise sur rien. Un disciple passé par le baptême de feu n'a désormais pour seul héritage que Dieu seul. Tout ce qu'il avait de précieux est parti en fumée. Ses yeux ne se posent plus sur rien. Seul Dieu est son héritage. Le reste ne compte plus. Cette sainteté arrive bien souvent tard dans la sanctification du disciple. C'est pourquoi, de nombreux passages des actes des apôtres n'en font pas allusion. Lorsque l'apôtre Paul s'exprime comme ci-après, il sent que son baptême de feu est en phase finale et qu'il n'est plus qu'une victime spirituelle offerte en libation : «*Car pour moi, me voici déjà offert en libation, et le moment de mon départ approche*» (**2 Timothée 4:6**). Paul est dans l'état d'esprit de celui qui n'a plus rien à attendre des hommes et qu'il ne lui reste plus que Dieu.

Tous les disciples poursuivant leur sanctification, passent à un moment crucial de leur vie par le baptême de feu. Les exemples ci-dessous aideront à y voir plus clair.

- Le baptême de feu d'Abraham

Les disciples du Christ sont les fils adoptifs d'Abraham comme le rappelle l'apôtre Paul (**Galates 3:29**). Le dicton ne dit-il pas «Tel père, tel fils» ? Tel Abraham fut, tels les disciples sont. Tel il vécut, tel ils vivent. Les disciples ne doivent pas être surpris que les événements qui ont ponctué la vie de ce patriarche, préfigurent leur marche dans le Seigneur. Ils ne doivent pas oublier que la foi, qui leur est enseignée par les saintes Ecritures, se réfère à celle d'Abraham, comme pour leur rappeler que tel le patriarche vécut, tel les disciples vivront. Les événements qui ont ponctué la vie d'Abraham doivent inspirer leur vie spirituelle. Vouloir y échapper pourrait les éloigner de la foi. L'apôtre Paul, dans son épître aux Galates, rappelle à ses hôtes que la loi de Moïse fut, pour les israélites, un précepteur pour les amener à la foi d'Abraham qui reposait, non sur les œuvres, mais sur la promesse de Dieu (**Galates 3:23-25**).

En observant la vie de ce patriarche, on ne manquera pas d'établir une passerelle avec ce que Dieu exige de la marche quotidienne avec Lui : la sainteté. L'obsession d'un disciple fidèle, c'est de marcher avec Dieu comme Dieu veut et non comme lui, le disciple, veut. Cela est fondamental dans une vie de victoire. Les saintes Ecritures soutiennent cette vérité selon qu'il est écrit :

> «*Nous sommes morts au péché et vivants **pour Dieu en Christ**»* (**Romains 6:11**).
>
> «*Ce n'est pas moi qui vis, **c'est Christ qui vit en moi**»* (**Galates 2:20**).
>
> «***Sans Moi** (Christ), vous ne pourrez rien faire*» (**Jean 15:5**).
>
> «*Il (Christ) a été fait pour nous, **sagesse, justice, sanctification et rédemption**»* (**1Corinthiens 1:30**).

> *« Car c'est Dieu qui opère en vous le vouloir et le faire selon Son dessein bienveillant »* (**Philippiens 2:13**).

La vie chrétienne victorieuse n'est pas juste ce qu'on peut déduire de la lecture des saintes Ecritures, mais ce que le Seigneur attend du disciple. L'on pourrait penser que ce que nous déduisons des saintes Ecritures vient de l'Esprit de Dieu. Objectivement parlant, nous n'en doutons pas ; toutefois, la parole de Dieu révélée (*rhema*) est plus fiable que celle déduite de notre intellect (*logos*). La déduction intellectuelle objective n'est pertinente qu'en l'absence de révélation. La déduction suit souvent la logique de ce monde dont l'intelligence est obscurcie. Dieu est saint contrairement à l'homme, et rien ne Lui est comparable. Dieu ne nie pas l'importance de ce qui peut émaner de l'humain, Il relève que ce qui est saint est saint, si insignifiant soit-il ; et ce qui est humain est chair, si noble soit-il. Ce qui vient de la chair est chair et ce qui vient de l'Esprit est Esprit. C'est sur cette base qu'on mesure l'importance du baptême de feu pour les vainqueurs (**Apocalypse 2**).

Le baptême de feu parachève l'épreuve du disciple sur la croix qu'il porte afin de lui assurer, à jamais, la victoire et le repos. En examinant la vie d'Abraham, on constate qu'elle fut loin d'être un fleuve tranquille, surtout au début. Comment peut-on être heureux lorsque l'on possède d'importantes richesses sans héritier biologique et que la femme qu'on aime de tout son cœur est stérile ?

Bien que Dieu garantisse à Abraham du succès dans ses entreprises comme riche propriétaire de bétail, Abraham souffrait intérieurement de l'absence d'un héritier mâle, né de sa femme Sara qu'il aimait. *Je m'en vais sans héritier* fut sa réaction de résignation devant l'ange de l'Eternel qui le visitait, preuve que ce handicap gênait profondément le patriarche. L'attente de cet héritier fut longue et douloureuse. Les Ecritures permettent de compter vingt-cinq années d'attente entre la première annonce de la promesse et la venue d'Isaac – la dernière annonce ayant eu lieu à un an du miracle. Entre temps, l'homme multipliait des prouesses telles que la défaite des rois et la libération de son neveu Loth, fait prisonnier.

Lorsque Dieu honora sa promesse de l'héritier mâle (Isaac), ce fut un grand soulagement pour le vieillard. L'heure du repos n'avait-elle pas sonné ? Ne devait-il pas pousser un ouf de soulagement ? Sa femme ne se considérait-elle pas comme la risée d'autres femmes après ce miracle ? Après tant d'années d'attente de l'héritier, n'était-il pas venu l'heure de passer la main et de jouir d'une retraite tranquille ? Repos d'autant mérité que le patriarche était centenaire à la naissance d'Isaac. Les événements prouveront que Dieu avait autre chose en tête. L'arrivée d'Isaac provoqua un drame humain et familial car Abraham dut expulser Ismaël, le premier fils issu de sa liaison autorisée avec Agar, l'esclave de Sara. Le mariage d'Isaac et de Rebecca fut le résultat d'une expédition périlleuse, conduite de main de maître par un fidèle serviteur d'Abraham. Mais le plus dur était à venir : le sacrifice d'Isaac.

La vie est riche en rebondissements plus ou moins heureux. Le plus douloureux étant la perte d'un être cher. Le sacrifice d'Isaac, demandé par Dieu, n'échappait pas à cette règle. Comment Dieu pouvait-Il demander à Abraham de sacrifier un innocent, fils de la promesse de Dieu Lui-même ? Comment pouvait-Il demander au père biologique d'assassiner son propre fils ? N'était-ce pas cruelle comme requête ?

C'était pourtant Dieu demandant à Abraham, ni plus, ni moins, de Lui offrir son fils, son unique, son tendre aimé. Dieu avait-Il faim et soif de chair humaine ? Manquait-Il de nourriture bien chaude ? Que voulait-Il donc, notre Dieu tendre, miséricordieux, bon et compatissant ? La suite nous le dira. Dieu ne voulait pas de la mort d'Isaac comme Il le démontrera en offrant un bélier à la place. Il voulait quelque chose qu'on n'obtient pas facilement de l'homme, que ce dernier n'offre pas de plein gré. Il voulait quelque chose qui s'obtient dans une violence extrême, à l'instar de la dent que le dentiste arrache sans ménagement. Cette chose c'était Abraham lui-même, l'égo adamique qui sommeillait en lui, que l'Ecriture appelle aussi " vieille nature" ou "vieil homme". L'opération aboutissant à la liquidation de cet égo est le baptême de feu. C'est après ce baptême de feu qu'Abraham sécurisa les promesses de Dieu. Après quoi, le repos lui fut accordé. Après cet événement, le vieux patriarche n'apparaît plus qu'à l'annonce de sa mort. Il était rassasié des jours. Un homme rassasié n'a plus faim, plus de défi à relever.

Le disciple doit se préparer au baptême de feu. Ce n'est pas facile. Il s'agit d'une opération chirurgicale dont Dieu est le chirurgien, et seulement Lui. Il ne s'agit pas d'une opération dont l'église a la charge, ni aucun autre disciple de Dieu, si spirituel soit-il. C'est Dieu, avant, pendant et après. Il n'est pas donné à tout le monde de donner son "Isaac" et chaque disciple possède un "Isaac" dont il n'a conscience qu'au moment où Dieu le réclame. "Isaac" n'est évidemment pas le même pour chaque disciple. Pour certains, c'est une carrière ; pour d'autres, une ambition, un objectif, une distinction, un prestige, un quartier résidentiel, une charge ecclésiastique, un nom célèbre, un emploi, une réputation, une gloire, une assurance vie, une retraite, une habitation, un terrain, une nationalité, etc. Il s'agit d'une cible qu'on n'est prêt à lâcher pour rien au monde.

Face à cela, Dieu dit que ce qu'Il aura pris ou ce que le disciple aura perdu à cause de Lui, Il le lui rendra au centuple, à compter du présent siècle. Il avertit cependant que la vie que le disciple voudra conserver sera perdue. Tandis que la vie qu'il perdra sera retrouvée. La vie dont il s'agit, celle que le disciple doit perdre, c'est sa vieille nature, son vieil homme (**Romains 6:6**).

Que le disciple soit prêt à tout perdre pour la gloire de Dieu ! Car la souffrance précède la victoire selon qu'il est écrit : *«Le vainqueur, Je le ferai asseoir avec Moi sur Mon Trône, comme Moi J'ai vaincu et Me suis assis avec Mon Père sur Son Trône»* (**Apocalypse 3:21**).

- **Le baptême de feu de Jacob**

Jacob était un homme rusé. A sa naissance, il tenait déjà dans sa main le talon de son frère jumeau Esaü. Au sens figuré, Jacob signifie "supplanter" ou "usurper". Bien qu'il fût l'héritier par qui transitait la promesse de Dieu à Abraham, sa propension à résoudre ses problèmes par la ruse était fort connue. Il supplanta son frère aîné Esaü, une seconde fois, pour lui ravir le droit d'aînesse. Il supplanta son beau-père pour lui ravir une partie importante de son héritage. Il régla son contentieux avec son frère aîné par un stratagème de plans A et B, pensant que son frère serait revanchard plusieurs années après leur séparation. Jacob lutta avec Dieu et eut raison, ce qui lui valut le nom d'Israël – celui qui lutte victorieusement avec Dieu. Jacob avait donc une grande confiance en lui-même, basée sur la ruse et les victoires sur ses adversaires. Mais comme dans toute œuvre du salut, la chair n'a pas sa place, Dieu allait, peu à peu, briser cette carapace pour faire prévaloir l'Esprit. C'est ainsi que Jacob, lors de sa lutte avec Dieu, fut frappé d'handicap sur sa hanche. Sa fille unique Dina fut violée et deux de ses enfants conduisirent une expédition punitive en exterminant tous les mâles de l'endroit. Sa femme favorite, Rachel, mourut en accouchant de Benjamin. Plus tard, Joseph qu'il aimait le plus, parce que premier né de Rachel, fut enlevé. Puis ce fut le tour de Siméon, un autre de ses fils, d'être retenu en otage par le gouverneur d'Egypte (Joseph masqué), à la condition que Benjamin lui soit livré. Jacob, ignorant l'identité du gouverneur, s'écria devant ses fils «*Vous me privez de mes enfants ! Joseph n'est plus, Siméon n'est plus, et vous prendriez Benjamin ! C'est sur moi que tout cela retombe*» (**Genèse 42:36**). Une façon pour lui de crier son désarroi face à la série de malheurs qui le frappaient. Il dira plus tard au pharaon que «*ses jours furent peu nombreux et mauvais*». Lorsque sous la pression de la famine qui menaçait sa famille, Jacob consentit finalement à laisser partir Benjamin, sur insistance du fameux gouverneur d'Egypte, il déclara «*Et moi, si je dois être privé de mes fils, que j'en sois privé !*». Sa femme bienaimée Rachel partie, le premier fils de cette femme, Joseph, parti, le dernier fils Benjamin, étant sur le point de partir également, c'en était trop pour le patriarche qui comprit que tout ce pour lequel il s'était tant battu, disparaissait comme une éclipse de soleil. N'avait-il pas sacrifié quatorze années de sa vie pour payer la dot de sa femme Rachel ? Et voilà qu'il était sur le point de perdre le dernier cordon qui le rattachait encore à cette femme. Après avoir consenti à laisser partir Benjamin, capitulant devant un si cruel destin, il se produisit un miracle : non seulement retrouva-t-il son fils Joseph – qu'il croyait mort – ainsi que Benjamin et Siméon, mais aussi préserva-t-il sa fortune qui était sur le point de disparaître à cause de la terrible famine sévissant dans le monde d'alors. Car en effet, Joseph, gouverneur d'Egypte, allait faire bénéficier à la famille de son père, du blé accumulé par ses soins durant les temps meilleurs.

Le départ de Benjamin pour une destination inconnue signifiait, pour le patriarche, la fin de ses illusions terrestres, la mort de son âme. C'était son baptême de feu, la fin d'un processus ininterrompu de pertes matérielles sur ses acquis terrestres. Il dut alors renoncer à lui-même sous la forte main de Dieu. En retour, il retrouva soudainement tout ce qu'il croyait avoir perdu et passa ses dernières années entouré de ses enfants et de Joseph qu'il affectionnait particulièrement. Son consentement à perdre Benjamin au terme d'une succession de malheurs, l'ayant vu passer d'une pleine assurance en lui-même à la confiance en Celui qui avait le pouvoir de tout donner et de tout prendre, Dieu, parachevait son baptême de feu avec succès. C'est en constatant que tout est perdu que l'on gagne finalement tout. Celui qui aura tout perdu, à cause du nom de Jésus-Christ, retrouvera soudainement tout ce qu'il avait, et en quantités supérieures, à commencer par le présent siècle (**Marc 10:29-30**). *Celui qui perdra sa vie la retrouvera.*

- Le baptême de feu de Joseph

Comme déjà rappelé dans le chapitre ci-dessus, Joseph était l'aîné des deux fils que Rachel enfanta à Jacob. Ayant perdu sa mère, en bas âge, il dut vivre avec ceux qui n'étaient pas fils de sa mère. Les songes qu'il recevait perturbaient ses autres frères, surtout les songes qui le faisaient apparaître comme le futur chef de la maison de son père (**Genèse 37:5**). La colère de ses frères envers lui décuplait lorsqu'en plus, Joseph rapportait leurs mauvais agissements à Jacob, leur père. Jusqu'au jour où, las de le supporter, les fils de Jacob décidèrent de l'éliminer. Ils saisirent l'occasion d'une sortie collective pour le vendre à un marchand d'esclave et informer leur père que Joseph avait été tué par une bête féroce. Joseph se retrouva en Egypte comme esclave d'un haut dignitaire. Puis de l'esclavage à la prison, après avoir été faussement accusé d'agression sexuelle par la maîtresse de maison. Comment allait-il s'en sortir seul et loin de son père, sous l'accusation qui le condamnait à perpétuité ? Joseph était complètement perdu. Il avait perdu la présence de son père, le respect du dignitaire égyptien et se retrouvait en prison pour le restant de ses jours. Toutefois, Joseph gardait une attitude de vertu partout où les tribulations le conduisaient. Il pouvait ainsi avoir la confiance du chef des gardes sur la gestion de la prison. Puis recouvrant la liberté, il devint gouverneur d'Egypte après avoir expliqué le songe du pharaon sur la famine qui menaçait le royaume et la voie de sortie de crise. Ce n'est pas tout. Lorsqu'il vit ses frères venir en Egypte acheter du blé, alors qu'il avait l'occasion de tirer vengeance pour tous les malheurs qu'ils lui avaient fait subir, il prit le dessus sur la vengeance et permit à sa famille d'émigrer en Egypte. Le baptême de feu de Joseph comprenait alors sa souffrance comme esclave et prisonnier et, surtout, le pardon accordé à ses criminels de frères. Au terme de ces épreuves, Joseph trouva du repos pour lui-même, pour son père Jacob et pour ses frères. Les songes qu'il avait reçus, alors gamin, se réalisèrent. Son attachement à la vertu, malgré ses tribulations, lui valut le salut par la main de l'Eternel Dieu. Après ces événements, l'Ecriture passe à l'épisode de la mort de Jacob et de son fils

Joseph. Après le baptême de feu, suivent généralement le repos et le départ pour l'éternité.

- Le baptême de feu de Job

Job était un homme respecté en Israël pour sa fortune et son succès. De plus, il était pieux et craignait Dieu. Suite au défi lancé par le diable, qui présumait que la piété de Job reposait sur sa fortune, Dieu releva le défi en permettant au diable d'attenter à la richesse de cet homme. Puis de la richesse à sa santé. Satan déchaîna alors contre Job, son armée de destruction qui décima tout ce que cet homme avait bâti sur la terre. Il perdit ses dix enfants, tous ses biens et, pour couronner le tout, fut frappé de lèpre. Il tint ferme et ne maudit pas Dieu comme Satan avait espéré. Dieu récompensa la fermeté de Job en lui faisant recouvrer le double de tout ce qu'il avait perdu et en lui donnant du repos jusqu'à la quatrième génération de ses enfants.

Le baptême de feu de Job fut sa persévérance dans la tribulation. Il ne douta pas. Dieu le récompensa alors par une longue vie, dix enfants que sa femme lui accoucha par la suite, et le double de toute la fortune qu'il avait perdue. Job avait retenu la leçon que ce n'est ni par la force, ni par l'intelligence, ni par la richesse, mais par l'Esprit.

- Le baptême de feu de Jésus

> «*Jésus leur dit : Vous ne savez pas ce que vous demandez. Pouvez-vous boire la coupe que Je vais boire, ou* **être baptisés du baptême dont Je vais être baptisé***? Ils lui dirent : Nous le pouvons. Et Jésus leur répondit : Il est vrai que vous boirez la coupe que Je vais boire, et que vous serez* **baptisés du baptême dont Je vais être baptisé**» **Marc 10:38-39**.

Jésus fut baptisé d'eau et d'Esprit Saint. Il souffrit pendant les trois années que dura Sa mission en préservant Ses disciples malgré un environnement incrédule et moqué par le clergé local, les pharisiens et les scribes. Mais il Lui fallait boire la coupe des péchés de l'humanité à sauver. Non seulement contra-Il les incrédules et les ennemis de Sa mission terrestre, mais aussi, Dieu Lui demanda de boire la coupe d'amertume pour le salut de ceux qu'Il agrée. Le baptême de feu de Jésus fut de boire la coupe en allant à la croix. Notons bien que dans le verset **Marc 10:38-39**, Jésus annonce qu'Il va être de nouveau baptisé, mais cette fois de la souffrance. Pas seulement Lui, mais également Ses disciples, chacun en son temps. Il triompha finalement de la mort, fut ressuscité et S'installa à la droite du Père. Nous savons que Jésus ne but pas la coupe sans avoir, au préalable, sondé Son Père sur la possibilité d'une alternative à la coupe. Mais face au silence du Père, Il alla à la croix et triompha. En allant ainsi sur la croix, Jésus renonçait à Lui-même. Il ne Lui appartenait pas de décider de quelle manière Il devait porter les péchés de l'humanité. Il se soumit à Dieu.

Le baptême de feu marque la fin du processus de renoncement à soi-même. Il s'agit de la dernière grande souffrance ou épreuve qui attend le disciple du Christ dans le monde. Après quoi, vient le repos, soit immédiatement après le baptême de feu (Jésus, Paul, Jacques frère de Jean), ou longtemps après, quand Dieu lui donne de se rassasier de ses vieux jours (Abraham, Jacob, Job, Jean).

- Conséquence du baptême de feu : Dieu unique bien du disciple

> *«Cherchez premièrement Son royaume et Sa justice, et tout cela vous sera donné par-dessus»* **Matthieu 6:33**.

Ces propos du Seigneur ont l'air de sonner faux si l'on se fie au vécu de nombreux disciples aujourd'hui. Il est honnête de dire qu'ils n'en appréhendent pas assez la signification. Pourquoi ? Il existe probablement des raisons que l'on peut analyser objectivement. Mais nous avons vu que la principale raison réside dans le fait qu'ils possèdent *autre chose* en plus de Dieu.

Jésus a été clair. Si un disciple suit deux maîtres à la fois, l'un sera aimé et l'autre détesté (**Matthieu 6:24**). Il n'y a donc aucune cohabitation possible entre Dieu et autre chose dans la vie du disciple. Le drame pour beaucoup de disciples, c'est de croire que cet autre maître dont on doit se méfier est Satan et uniquement lui. C'est à demi vrai si l'on part du principe que Satan est derrière toutes les tribulations des disciples. La réalité est tout autre car on ne saurait voir Satan partout. La bible dit que *tout est utile mais tout n'édifie pas*. Il existe donc plusieurs fardeaux dans la vie qui surchargent et éloignent de la présence de Dieu, des choses qui n'ont nécessairement rien à voir avec le diable. Dieu le sait. Aussi, pour régler le problème ainsi créé, Il va mener une chirurgie profonde par le baptême de feu.

Si on reprend l'exemple d'Abraham, l'on notera que son baptême de feu eut pour effet de tuer la passion qu'il avait pour son fils Isaac. La passion décrit l'intensité du sentiment que l'on peut avoir sur une cible. L'épreuve d'un vieillard, proche de sa fin, obligé de sacrifier un jeune héritier porteur d'espérance, fut douloureuse au-delà de toute proportion. Exécuter l'ordre de Dieu sans broncher, comme il le fit, avait exigé de lui qu'il fît le deuil de cet enfant dans son cœur passionné. Avant de prendre discrètement, mais d'un pas décidé, la direction de la montagne de Morija, il savait que cet enfant ne lui appartenait plus, que Dieu le lui avait définitivement retiré, qu'Isaac appartenait désormais à ce Dieu qui était libre d'en disposer à Sa guise. Aussi pouvait-il, une fois le mariage d'Isaac et de Rebecca célébré, se retirer des affaires sans s'inquiéter de ce qu'il adviendrait du jeune homme. Dieu était là, toujours présent ; cela suffisait au bonheur du vieillard, habitué à tout confier au Très-Haut, son Dieu tant aimé.

C'est ici que réside le drame de nombreux disciples. Ces derniers ignorent que Dieu est leur unique propriété, leur seul bien. Aussi la Parole clame-t-elle dans toute l'Ecriture : *Tu aimeras le Seigneur, ton Dieu, de* **tout** *ton cœur, de* **toute** *ton âme et de* **toute** *ta force*. Très peu de disciples se préoccupent de la profondeur de cette vérité, bien que scandant des cantiques du genre "*Oui prends* **tout** *Seigneur…*". Ils sont les premiers à déterrer la hache de guerre dès que le Seigneur ose pincer le moindre bien terrestre qu'ils possèdent. On est disciple déclaré, mais on imite le monde dès que les biens terrestres sont en jeu.

Dans ce monde dominé par le matérialisme, beaucoup de disciples sont tombés dans le piège du diable. Ce dernier a attisé une telle convoitise chez l'homme, pour les biens et la sécurité alimentaire, que de nombreux disciples suivent la tendance sans se rendre compte du piège qu'elle renferme. Oser évoquer l'argent dans l'église contemporaine, même le pasteur devient susceptible, toutes griffes dehors, oubliant jusqu'aux préceptes fondamentaux de la parole pour révéler une cupidité qui n'envie rien au monde. Parce que Dieu n'est pas son unique propriété. En fait il aime Dieu et autre chose. Il aime deux maîtres et finit par haïr, même sans le savoir, le véritable Maître, Jésus-Christ.

C'est un réel bonheur d'aimer Dieu et seulement Lui. Et Lui-même nous donnera ce que notre cœur désire. Nous comprenons que la seule manière d'accéder à ce que nous désirons, c'est d'aimer Dieu comme seul et unique bien, et le Lui faire savoir. Dieu veut qu'on Lui confesse ouvertement et nettement qu'Il est notre unique bien, unique espoir, unique refuge, unique recours, notre tout. Il n'arrachera rien à personne car Il est doux. C'est le diable qui arrache, braque, et non Dieu. Dieu prend la peine de Se tenir à la porte, de frapper pour espérer une invitation à venir souper avec vous (**Apocalypse 3:20**). Il a horreur de la violence, sous toutes ses formes, comme moyen d'exprimer Son amour.

Le bonheur d'aimer Dieu et seulement lui. Ceux qui ont compris la force de ce commandement de Jésus "*Cherchez premièrement le royaume de Dieu…*" vivent dans la sérénité. Dieu est leur seule propriété. De manière précise, ils vivent là où Dieu les a fixés, ils ont des maisons que Dieu a construites, des possessions que Dieu a données, des emplois que Dieu a procurés, des titres et distinctions que Dieu leur a trouvés, des voitures que Dieu a données, des enfants que Dieu a donnés, des connaissances que Dieu a trouvées, des amis que Dieu a cherchés, des relations que Dieu a tissées. Ils se reconnaissent comme ne possédant rien. Ils prennent plaisir à contempler Dieu plus que tout. Ils peuvent, sans gêne, se séparer des choses de ce monde, sachant qu'ils ont une possession meilleure, qui n'a pas de prix : Dieu Lui-même. *Ils suivent l'Agneau partout où Il va.*

Ce qu'il faut faire. Il ne suffit pas de désirer Dieu plus que toutes choses, il faut le Lui signifier. Montrer qu'on ne se contentera de rien en dehors de ce qu'Il donnera. Fixer le regard sur Lui en toutes circonstances. Lui faire savoir le désir d'être conduit par Lui et seulement Lui. Prier ardemment pour rendre cette vérité aussi vivante que la respiration. Alors arriveront le repos et la victoire sans lesquels les promesses du Très-Haut sont vaines. Il faut de la persévérance dans la foi. L'impatience est la ruine de l'âme. On ne doit pas oublier que Dieu veut le TOUT du disciple pour être Son TOUT. Il ne manquera donc pas de l'aider dès qu'Il percevra quelque volonté à faire de Lui, l'unique bien de la terre, le *centre de gravité de l'univers du disciple*.

- **Conséquence du baptême de feu : la séparation d'avec la vieille nature**

Qu'on ne s'y trompe pas, on ne se débarrasse pas de la vieille nature sans souffrir. La compréhension de ce message serait incomplète si l'on n'éclairait pas les contours de la vieille nature. Car la vieille nature prend naissance dans le Jardin d'Eden, après la chute. Elle s'est endurcie avec le long pèlerinage chaotique de l'homme sur la terre, cette terre maudite à cause du péché originel. L'une des pirouettes de la vieille nature est de procurer à l'homme la sécurité. L'absence de Dieu prive l'esprit de l'homme d'un atout majeur qui est la communion avec Dieu. Il lui faut retrouver de nouveaux repères après son expulsion du Jardin d'Eden. Aussi va-t-il s'armer d'un ensemble de principes et de règles de bonne conduite qu'il développera d'une génération à l'autre au moyen de l'école. On ne se débarrasse pas d'une si vieille habitude. Elle est bien présente. Elle est imposée par les cinq sens. Ne parle-t-on pas de *science par l'observation* ? Elle nous envahit et commande le comportement du monde. Aller contre ses règles ne sera pas chose aisée. A qui demandera-t-on de *croire sans avoir vu* ? N'est-ce pas la négation même des principes de la *science par l'observation* ? Ce monde est dominé par le bon sens, la science, la loi, la logique, toutes choses rendues crédibles par la matière, le temps et l'espace. Dieu ne désire qu'une chose, Se placer entre l'homme et ses choix de vie pour l'aider. Jusqu'ici l'homme décide en fonction des principes et règles du monde. Aujourd'hui, Dieu veut Se placer entre l'homme et les décisions à prendre. Il veut que l'homme pense d'abord à Lui, Dieu, avant d'agir. Car Lui, Dieu, a une meilleure perception des choses. Il est Le seul capable de connaître, longtemps à l'avance, ce qui arrivera. Il est l'Alpha et l'Oméga. Les statistiques prévisionnelles servent de boussole pour scruter l'horizon à partir d'une série de valeurs dégageant des tendances significatives et des projections. Mais Dieu est plus précis et connaît la fin de toute chose.

Chers disciples, se débarrasser de sa vieille nature, c'est comme se débarrasser de son âme. C'est mourir. Une telle opération ne peut être conduite par l'homme. Seul le Seigneur peut le faire, au terme d'un processus connu et entrepris par Lui selon le type d'individu que l'on est. Le but de l'opération est d'inculquer à l'homme une perte de confiance totale en ses capacités propres, formatées par le monde et les principes et règles dénoncés plus haut. Dieu seul connaît profondément chacun de Ses disciples. Il connaît "l'Isaac" de chacun. L'opération peut avoir lieu brusquement, lentement, par doses successives jusqu'à ce que, via l'arrachage de cet "Isaac", Dieu parvienne à porter un coup fatal et décisif à cette nature si envahissante. Face à l'initiative du Seigneur, il faut de la persévérance. C'est ici que l'exhortation à éviter les murmures prend tout son sens. L'expérience est très douloureuse, tellement poignante que certains murmurent et, ce faisant, perturbent l'action du Seigneur, jusqu'au blocage. Dans des conditions très difficiles, ponctuées souvent par le silence de Dieu aux supplications, un seul conseil prévaut : Le louer. L'apôtre dit en effet de *Le louer en toutes circonstances*. Le disciple ne saurait y déroger.

Il ne faut pas voir dans la souffrance, un quelconque sadisme du Seigneur. C'est la perception du monde et non celle de Dieu. *Jésus a appris l'obéissance par ce qu'Il a souffert* (**Hébreux 5:8**). Si le Seigneur, irréprochable, a appris l'obéissance dans la souffrance, comment le disciple peut-il penser un seul instant qu'il parviendra au bout de lui-même sans souffrir, pécheur qu'il est ! Il ne faut pas toujours voir, dans la souffrance, une sanction de Dieu. Il faut faire confiance à Celui-là qui martèle, via l'apôtre, que "*Toutes choses concourent au bien de ceux qui aiment Dieu*" (**Romains 8:28**).

Le disciple doit fixer son regard sur Dieu seul, sachant qu'Il lui répondra au temps opportun. Au terme de ce processus, parfois pénible et ténébreux, se trouve une grande délivrance par rapport à sa bête noire : *la vieille nature qui se corrompt si facilement*.

Les défauts du service rendu au Seigneur. Il faut définitivement s'enfoncer dans la tête qu'il n'y a pas de ministère véritable sans une consécration préalable à la personne de Dieu. Ceux des disciples qui n'ont pas réalisé ce que l'on nomme banalement "l'abandon" ne peuvent servir Dieu, à cause des tentations de l'ennemi. Pour résister à l'ennemi, une consécration à minima ne peut suffire. Seule la totalité de la consécration à Dieu procurera le bouclier étanche pour affronter l'ennemi. Satan est très futé. Il passera toujours par les brèches ouvertes dans la vie du disciple pour le faire basculer dans le monde, ou à tout le moins, lui pourrir la vie. Là où la consécration est déficiente, il y a généralement une once de condamnation que Satan va amplifier sous la forme de chantage, du plus anodin au plus honteux. C'est à cause de tous ces risques qu'il est très souhaitable, pour tout disciple, d'attendre un appel véritable pour se lancer dans une mission quelconque pour le Seigneur, même lorsqu'on est baptisé du Saint-Esprit. Car Dieu seul connaît la consécration de chacun. Dans le ministère, une consécration à minima est source d'échecs répétés.

L'image offerte aujourd'hui par de nombreux ministères est fort triste. L'onction est totalement absente de nombreuses activités. De nombreux disciples servent le Seigneur par crainte d'être trouvé "tièdes", la faute à un enseignement de piètre qualité, dispensé la plupart du temps par des ministres non appelés, d*es aveugles conduisant d'autres aveugles*. Aucun ministère ne doit être effectué par motif de conscience. Seul l'appel y donne droit. Il ne doit pas être effectué parce que le titulaire est absent ou empêché. Un service fait sans onction, c'est comme jouer la musique devant un sourd. La nomination seule, même du leader le plus titré d'une communauté religieuse, ne suffit pas à crédibiliser une activité. De nombreux disciples sont en réalité des salariés d'église, d'employés de communautés religieuses ou de ministères. Ils ne tiennent pas leur onction de Dieu. Devons-nous être surpris des plaintes qui émanent souvent des disciples – dans certains pays – relatives aux arriérés de salaires ? J'avoue que cette situation est pour le moins ubuesque. Sont-ce des disciples ? Jésus n'a-t-Il pas envoyé Ses disciples sans salaire, sachant pertinemment que Dieu veillerait sur eux ? Lorsqu'un ministre se plaint publiquement d'arriérés de salaire, c'est la preuve qu'il n'a pas été appelé par le Seigneur, mais par les hommes, fussent-ils disciples. Ce ministre est en effet loin de se douter que sa requête jette, avant tout, l'opprobre sur le Seigneur. Mais il s'en moque car l'Esprit n'est pas présent en lui pour le sermonner et susciter la crainte de Dieu. Quel disciple, digne de ce nom, peut se plaindre "d'arriérés de salaire" alors qu'il doit compter sur le Seigneur ? J'en suis venu à me persuader que le ministre ou collaborateur qui souffre de dénuement, au point de s'en offusquer publiquement, soit il n'a réellement pas été appelé par le Seigneur, soit il n'est pas sensible aux mouvements du Saint-Esprit. Car le Seigneur n'envoie jamais n'importe qui, surtout pas des traitres à Sa noble cause, des personnes oisives en mal de positionnement, qui trouvent dans l'église un exutoire à leur désœuvrement. Ils ne sont pas les bienvenus dans le service de Sa Majesté Divine. Il faut leur dire gentiment et poliment d'arrêter de blasphémer le nom de Dieu en cessant toute activité. Rien ne sert de courir. Il faut partir à point et éviter des traumatismes ultérieurs regrettables.

> En résumé, le baptême de feu est le baptême de la souffrance auquel le Christ fait allusion dans **Marc 10:38-39**. Ce n'est ni le baptême d'eau, ni celui du Saint-Esprit. Il s'agit de la dernière épreuve par laquelle les disciples passeront. Nous devons signaler que la souffrance dont nous serons baptisés n'a rien à voir avec un péché pour la sanction duquel cette souffrance serait une juste punition. Job n'avait pas péché. Jésus non plus. Ni Abraham, ni Jacob, ni Joseph. Il s'agit bien au contraire d'une souffrance vécue lorsqu'on est innocent de tout reproche devant Dieu. L'apôtre Pierre conseille dans un tel cas de *remettre son âme à Dieu et de faire le bien* (**1 Pierre 4:19**). Ce conseil est de la plus haute importance car n'oublions pas que l'homme est destiné, non seulement à célébrer l'Eternel là où l'astre brillant, le diable, a failli, mais aussi à s'asseoir sur le Trône de Dieu que Satan convoite tant. Le message de Dieu à l'astre brillant ne varie pas et semble se résumer en ces termes : «*Toi astre brillant, tu ne M'as pas célébré ni rendu un culte malgré la splendeur et la gloire dont Je t'avais paré au milieu de toutes Mes créatures. Regarde comment l'homme, tiré de la poussière, Me glorifie dans la souffrance. N'aurais-tu pas dû M'honorer à bien plus forte raison ?*». Le baptême de feu est donc un parfum d'une odeur spécialement agréable à Dieu. Quiconque passe par ce chemin

> devrait se garder de maudire le Très-Haut car Il apprécie particulièrement l'instant. Il se délecte de ce culte qui Lui est ainsi rendu dans la souffrance. Le disciple concerné devrait, comme le dit l'apôtre Pierre, *remettre son âme à Dieu et faire le bien*. Alléluia !

Etre toujours joyeux, rendre grâce en toutes circonstances

> «*Soyez toujours joyeux. Priez sans cesse. En toute circonstance, rendez grâces ; car telle est à votre égard la volonté de Dieu en Christ-Jésus*» **1 Thessaloniciens 5:16-18.**

Le disciple, en proie aux tribulations et diverses souffrances, peut penser, en entendant l'appel ci-dessus, que l'apôtre devait se situer dans un état second ne lui permettant pas de bien saisir les réalités du monde alentour. La vie de beaucoup de disciples rime avec adoration quand les choses vont bien, mais tristesse quand tout va mal.

Cependant, l'appel ci-dessus semble braver les circonstances favorables et défavorables de la vie, pour se situer dans une perspective de joie permanente, comme si toutes les souffrances que vivent les disciples sont irréelles.

Tout est question de perspective. Selon qu'on dévisage un objet par-dessus ou de profil, l'on voit des choses distinctes. Pour analyser cet appel à être toujours joyeux, il faut se situer dans la perspective du Seigneur et comprendre que le salut est, avant tout, une parenthèse trouvée par Dieu pour rattraper la chute de l'homme dans le jardin d'Eden, et le replacer dans la perspective du dessein glorieux que Dieu avait avant la fondation du monde, à savoir acquérir des adorateurs, semblables à Son Fils Jésus-Christ, pour célébrer Sa gloire (**Ephésiens 1:11-12**).

Nous avons vu plus haut que l'homme reçoit non seulement l'Esprit de Dieu, mais aussi la promesse de s'asseoir sur le Trône de Dieu que Satan convoite tant.

Dieu a déjà donné un avant-goût de ce Trône en installant Christ, la Tête de l'église, à Sa droite. A ce titre, la parole de Dieu précise qu'*Il nous a ressuscités ensemble et fait asseoir ensemble dans les lieux célestes en Christ Jésus* (**Ephésiens 2:6**). Christ sur le Trône de Dieu présentement, signifie que tout Son corps s'y trouve avec Lui par la foi. Ainsi, chaque disciple du Seigneur, membre de Son corps, doit se considérer comme étant présentement assis sur le Trône de Dieu, par la foi en Christ Jésus. Gloire soit rendue à Dieu pour cette vérité que Satan exècre de toutes ses forces !

Voici toute l'explication : Jésus-Christ a été glorifié après Sa résurrection et Son élévation à la droite du Père. Jésus étant le Chef suprême de l'église, la Tête du corps, là où il y a la tête, là est le corps. Christ est toujours là où il y a Son église. Là où il y a la main, là est le pied, là aussi est la tête. Comme Christ, la Tête, est assis sur le Trône de Son Père, alors Ses membres y sont assis également, c'est-à-dire Son église présente sur la terre. Les disciples sont donc assis présentement sur le Trône de Dieu à travers Christ, par la foi. Au son de la trompette de l'archange, les disciples de Christ quitteront leur enveloppe terrestre pour aller à la rencontre de Christ dans les airs, et Christ les installera cette fois, pour de vrai, sur le Trône de Son Père, selon qu'il est écrit :

> *«Car le Seigneur Lui–même, à un signal donné, à la voix d'un archange, au son de la trompette de Dieu, descendra du ciel, et les morts en Christ ressusciteront en premier lieu. Ensuite, nous les vivants, qui serons restés,* **nous serons enlevés ensemble avec eux dans les nuées, à la rencontre du Seigneur dans les airs**, *et ainsi nous serons toujours avec le Seigneur»* (**1 Thessaloniciens 4:16-17**).

> «*Le vainqueur, **Je le ferai asseoir avec Moi sur Mon Trône**, comme Moi J'ai vaincu et Me suis assis avec Mon Père sur Son Trône*» (**Apocalypse 3:21**).

Il existe donc trois raisons de se réjouir sans cesse : (i) les disciples de Christ ont été élus, avant la fondation du monde, pour être de vrais adorateurs de Dieu le Père en esprit et en vérité, là où l'astre brillant a failli (ii) Les disciples sont présentement assis sur le Trône de Dieu par la foi en Christ Jésus, la Tête de l'église et (iii) les disciples y sont attendus pour de vrai lorsque l'archange sonnera la trompette au temps fixé par le Père.

Il faut considérer tous les événements heureux ou tristes par lesquels passent les disciples du Christ comme des parenthèses et des ingrédients qui ponctuent leur marche vers un destin fabuleux, un destin qui ne se démentira pas, et qui se situe sur le Trône de Dieu que Satan n'atteindra jamais.

Le disciple du Seigneur Jésus-Christ est donc tenu de regarder les choses dans la perspective de Dieu dont le plan magnifique commence, dès avant la fondation du monde, avant même le péché d'Adam, et se poursuit, via le salut en Jésus-Christ, jusque sur Son Trône. Aucun découragement ne devrait l'abattre au point de priver Dieu de la louange qui Lui est due. Dieu y tient. Ne L'en privons pas. Soyons donc toujours joyeux et rendons-Lui gloire sans cesse.

Récapitulatif

Les chapitres ci-dessus, de la conversion du disciple à l'appel à être toujours joyeux, permettent à quiconque désire se réconcilier avec Dieu, Créateur de toutes choses dans les cieux, sur la terre et dans les eaux, de trouver des éléments de réponse à l'essentiel des questions qu'il se posera. En plus des réponses tirées de la parole de Dieu, nous avons servi une nourriture spirituelle qui permet au disciple de s'immerger facilement dans l'assemblée chrétienne, en évitant les pièges des rebaptêmes, des disputes de mots et autres dérapages. Quoiqu'il en soit, le disciple doit fixer le regard sur le Christ qui, seul, est allé sur la croix pour lui, en faisant confiance à l'onction du Saint-Esprit. Parce qu'aucun autre homme n'est allé sur la croix, quelle que soit la spiritualité de ce dernier, les disciples doivent éviter de fixer leur regard sur les hommes (même spirituels) au détriment du Christ. Le Saint-Esprit est l'Esprit de vérité que le monde ne connaît pas, que le monde ne peut voir. Avec le Saint-Esprit, le disciple a la garantie qu'il est connu et approuvé du Seigneur. Le Seigneur tient énormément à ce que Son disciple Lui fasse confiance et ne devienne pas la proie de vaines ou fausses doctrines qui abondent dans les églises. Souvent sans danger immédiat car elles ont une apparence de vertu, ces doctrines finissent par s'imposer dans les assemblées au détriment de l'Ecriture. Que le Seigneur Dieu accompagne tout nouveau ou ancien converti dans la sanctification.

14
L'identité véritable du disciple de Christ et sa personnalité dans le monde

L'identité véritable du disciple du Christ

> «*Mais à tous ceux qui ont reçu la Lumière, Elle a donné le pouvoir de devenir enfants de Dieu, à ceux qui croient en Son nom et qui sont **nés**, non du sang, ni de la volonté de la chair ni de la volonté de l'homme, mais **de Dieu***» **Jean 1:12-13**.

Il a été vu que le disciple de Jésus-Christ, baptisé d'eau et d'Esprit, malgré sa venue au monde par une opération obstétrique impliquant le sang (placenta), est désormais né de nouveau, c'est-à-dire né de Dieu, d'eau et d'Esprit. Il peut désormais se faire appeler disciple, chrétien, enfant de Dieu, fils de Dieu, saint. En apparence, il est comme tout le monde. Mais dans le monde spirituel, il est né de Dieu. Dieu le sait. Les anges le savent. Le diable et ses démons le savent également. Il se pose à lui cette question : comment va-t-il vivre désormais avec cette identité ? Quelles sont les dispositions pratiques par rapport à sa nouvelle vocation ? Quelle sera sa personnalité envers ceux du dehors : parents, amis, collègues, autorités.

En tant que né de Dieu, né d'eau et d'Esprit ou né de nouveau (ces termes sont équivalents), le disciple a rompu avec le monde charnel selon qu'il est écrit : «*Je (Jésus) leur ai donné Ta parole, et le monde les a haïs, **parce qu'ils ne sont pas du monde**, comme Moi, Je ne suis pas du monde*» (**Jean 17:14**). Sur le plan civil administratif, parce qu'il lui est donné de côtoyer le monde dans un Etat, le disciple a une nationalité. En revanche, sur le plan spirituel, il n'est plus dépendant de ce monde. Il fait partie intégrante du royaume des cieux à la tête duquel le Christ règne. Jésus affirma à Ses auditeurs : «*Mais, si c'est par l'Esprit de Dieu, que Moi, Je chasse les démons, **le royaume de Dieu est donc parvenu jusqu'à vous**»* (**Matthieu 12:28**). Plus loin il est dit que «*le Père nous a délivrés du pouvoir* *des ténèbres et **nous a transportés dans le royaume de Son Fils bien-aimé**»* (**Colossiens 1:13**). Avant qu'Il ne soit crucifié et glorifié, Jésus-Christ était alors l'unique incarnation du royaume des cieux. Aujourd'hui, les disciples du Christ, nés d'eau et d'Esprit, incarnent le royaume des cieux sur la terre des hommes. Ne sont-ils pas le temple du Saint-Esprit et ne forment-ils pas le temple de Dieu ? Pouvait-on imaginer le temple de Jérusalem hors du royaume d'Israël ? Ainsi, là où il y a le temple de Dieu, là est le royaume des cieux. Partout où se trouve le disciple de Christ, parce qu'il est le temple du Saint-Esprit de Dieu, alors là est le royaume des cieux.

A cause de cela, le disciple vit au milieu d'une nuée de témoins, visibles (monde) et invisibles (anges). Il est plus observé qu'il n'y paraît au premier abord. Il ne doit pas s'étonner de passer par des situations inhabituelles et invraisemblables au commun des gens du monde. Son identité nouvelle irritera forcément son entourage et ses contemporains. En prenant l'option de se convertir à Jésus-Christ, le disciple a clairement ouvert les hostilités avec ses contemporains non convertis. Ces derniers essaieront de démontrer au transfuge qu'il s'est trompé de vocation. Le disciple ne doit donc pas s'étonner de l'atmosphère pesante d'hostilité qui se créera petit à petit autour de lui. Son quotidien peut désormais être marqué par la solitude, l'isolement, l'exclusion, la contestation, la haine et d'autres choses semblables. Si cela venait à se produire, le disciple est surtout invité à ne rien tenter pour réconcilier le monde avec lui selon qu'il est écrit :

> *«Heureux serez-vous, lorsqu'on vous insultera, qu'on vous persécutera et qu'on répandra sur vous toute sorte de mal, à cause de Moi. Réjouissez-vous et soyez dans l'allégresse, parce que votre récompense sera grande dans les cieux, car c'est ainsi qu'on a persécuté les prophètes qui vous ont précédés»* (**Matthieu 5:11-12**).

Le disciple ne peut se cacher

> «*C'est vous qui êtes la lumière du monde*. Une ville située sur une montagne **ne peut être cachée**. On n'allume pas une lampe pour la mettre sous le boisseau, mais on la met sur le chandelier, et elle brille pour tous ceux qui sont dans la maison. ***Que votre lumière brille ainsi devant les hommes***, afin qu'ils voient vos œuvres bonnes, et glorifient votre Père qui est dans les cieux» **Matthieu 5:14-16**.

Toutes les tentatives menées par un disciple, pour se cacher, seront vaines. Il devra pour cela, s'il tient vraiment à se cacher, reproduire les péchés du monde afin que le monde le prenne pour l'un des siens. Car le monde aime ce qui est à lui, et s'inquiète de tout ce qui lui est étranger. Le monde ne tardera pas à remarquer que le disciple est différent de lui, en le voyant fuir les beuveries et les souillures dont le monde est coutumier. Ceci commencera par ceux de sa parenté biologique. Ces derniers ne manqueront pas de manifester bruyamment leur inquiétude. Le disciple devra alors leur rendre témoignage de sa foi et ne rien cacher, afin qu'ils sachent désormais à quoi s'en tenir.

Est-ce à dire que le disciple doit répandre, partout et systématiquement, la bonne nouvelle de son salut ? Il est difficile de répondre de manière tranchée. Les actes posés par le disciple constituent déjà une lumière pour les personnes de ce monde, pour peu qu'elles soient vigilantes. Quoiqu'il arrive, le Seigneur exhorte Ses disciples à être *prudents comme les serpents et simples comme les colombes* (**Matthieu 10:16**). Ainsi, sans faire du tapage autour de lui, Jésus saura, Lui, mettre Son disciple dans des circonstances favorables (ou défavorables) au témoignage. Le témoignage pouvant être verbal ou autre, selon les moyens de communication disponibles à cette occasion.

La *simplicité* du disciple, telle que recommandée dans le verset **Matthieu 10:16**, peut se comprendre si l'on suit le fil conducteur de ce livre – humilité. Mais le *serpent* alors ?!? Une curiosité autour de cet animal, notamment sa façon de vivre dans le monde parmi d'autres animaux, révèle que le serpent n'est aimé de personne et il le sait. Il n'a ni pattes pour se déplacer, ni carapace pour se protéger. Il a en revanche un venin mortel. C'est pourquoi les autres animaux le redoutent et il le sait. Par précaution, le serpent choisit toujours de se déplacer là où il sera peu remarqué. C'est donc un animal maîtrisant le camouflage à la perfection, sachant que sa présence dérange. Ce qu'il faut retenir de ce verset est que le disciple doit développer des capacités de discrétion comparables, et considérer qu'il n'a aucun ami dans ce monde. Jésus a prévenu Ses disciples en de termes sans équivoque :

> *«Gardez-vous des hommes, car ils vous livreront aux tribunaux et ils vous flagelleront dans leurs synagogues, vous serez menés, à cause de Moi, devant des gouverneurs et devant des rois, pour leur servir de témoignage à eux et aux païens. Mais quand on vous livrera, ne vous inquiétez ni de la manière dont vous parlerez ni de ce que vous direz ; ce que vous aurez à dire vous sera donné à l'heure même ; car ce n'est pas vous qui parlerez, c'est l'Esprit de votre Père qui parlera en vous. Le frère livrera son frère à la mort, et le père son enfant, les enfants se soulèveront contre leurs parents et les feront mourir. **Vous serez haïs de tous à cause de Mon nom ; mais celui qui persévérera jusqu'à la fin sera sauvé**»* (**Matthieu 10:17-22**).

Le disciple ne peut pas se cacher car il est la lumière du monde. Ses actes le trahiront. Toutefois, il est tenu à la discrétion car il n'est pas le bienvenu. Le monde a en effet horreur de la lumière. Il aime sa propre vérité, à géométrie variable et sélective. Mais il n'aime pas la lumière d'en haut, celle de Dieu qui ne fait acception de personne.

Le disciple doit porter l'opprobre du Christ dans le monde

> «*Souvenez-vous de la parole que je vous ai dite : Le serviteur n'est pas plus grand que son maître. S'***ils m'ont persécuté, ils vous persécuteront aussi** *; s'ils ont gardé ma parole, ils garderont aussi la vôtre.*» **Jean 15:20**.

> «*C'est pourquoi, quiconque me confessera devant les hommes, je le confesserai moi aussi devant mon Père qui est dans les cieux ;* **mais quiconque me reniera devant les hommes, je le renierai moi aussi devant mon Père qui est dans les cieux**.» **Matthieu 10:32-33**.

Beaucoup de disciples ont tendance à vouloir le Christ moins Son opprobre (croix). Cette attitude est incompatible avec une vie victorieuse en Christ. Rejeter l'opprobre du Christ, c'est Le renier Lui-même comme Sauveur. C'est Le renier comme l'apôtre Pierre Le renia à trois reprises avant de le regretter. Si un disciple renie le Christ, Jésus le reniera également devant Son Père. Il n'est pas possible d'être à la fois du monde et de Dieu. L'un exclut l'autre. Il a été donné de constater que de nombreux disciples veulent continuer à bénéficier des bonnes grâces du monde telles que le respect, la considération, les flatteries, la reconnaissance. C'est totalement impossible. Une fois disciple de Christ, place à la honte et au mépris. Les propos désobligeants envers le disciple seront réguliers jusqu'à ce qu'il n'en fasse plus une fixation. Le disciple doit se préparer à avoir honte en public. Et surtout, ne pas se défendre des accusations et rumeurs diffusées contre lui. Elles sont faites à dessein par le diable. Encore que si le disciple tentait de se dédouaner, il aggraverait les choses, ne ferait que cela toute sa vie, tellement ces rumeurs sont nombreuses et épicées, jusqu'à ce qu'il fasse profil bas.

Le Dieu du disciple est très puissant, suffisamment puissant pour tirer vengeance de tous les ennemis du disciple. Le fait est qu'à l'ère de la grâce où nous nous trouvons encore, tout doit être fait pour sauver le plus grand nombre de gens. Le monde sait que l'homme naturel est habitué à rendre coup pour coup, dent pour dent et œil pour œil. Le fait pour le disciple de ne pas rendre le mal pour le mal, mais au contraire, de bénir ses ennemis, intriguera suffisamment ses adversaires qui n'hésiteront pas à investiguer pour découvrir le mystère caché derrière la vie du disciple : Christ. C'est un excellent témoignage pour le Seigneur.

Dire que le disciple ne doit pas faire cas des propos malveillants et outranciers qu'il entend, ne signifie pas que le disciple ne doit pas prendre note des termes utilisés, de la colère sous-jacente et de l'identité de qui les prononce. Si lesdits propos traduisent des attaques de l'ennemi, il devra les combattre en prière, dans son esprit, et veiller sur lui-même par une vie de prière convenable aux saints. Certaines attaques de l'ennemi, habillées en critiques acerbes et propos malveillants, sont des malédictions et sorts lancés sur le disciple pour provoquer des blessures spirituelles pouvant rejaillir sur son corps physique. S'il discerne cette tendance, il devra condamner ces attaques dans la prière, et même sur le champ, dans son cœur, pour ne pas embarrasser les témoins.

15
Aimer comme Dieu veut qu'on aime

L'amour selon l'homme

Plusieurs personnes déclarent aimer Dieu. Toutefois, lorsqu'on y regarde de près, on se rend compte qu'elles aiment Dieu avec la même passion qu'envers tout être humain visible. Y a-t-il un problème à aimer Dieu passionnément ? Se demandera-t-on. Dieu n'a-t-Il pas exigé des israélites qu'ils L'aiment de tout leur cœur, de toute leur âme, de toute leur force et de toutes leurs pensées. Jésus-Christ a même réitéré cette exigence du Dieu de l'ancien testament (**Luc 10:27**).

Il y a cependant un piège à éviter lorsqu'on veut aimer Dieu passionnément. Pour identifier ce piège, commençons par reconnaitre que l'amour de l'homme, en général, a toujours été porté vers les personnes visibles. Il est impossible à l'homme d'aimer ce qu'il ne voit pas. Pour aimer, l'homme a besoin de voir / toucher la personne aimée et de ressentir quelque chose au fond de lui-même. Si l'on ne voit pas cette personne, on tente de la saisir par l'imagination. Mais l'amour rivé sur l'imagination est stérile, platonique et non réciproque – une image ne peut aimer. Cet amour se déforme rapidement dès qu'une tache vient assombrir le tableau idyllique de l'image convoitée.

Dieu est invisible. Il souhaite pourtant que le disciple L'aime de tout son cœur, de toute son âme, de toute sa force et de toute sa pensée. Dieu sait aussi que l'homme n'est pas taillé pour aimer ce qu'il ne voit pas. La contradiction est à son comble car ce que Dieu veut, Il ne peut apparemment pas l'obtenir de l'homme. Comment Dieu va-t-Il résoudre cette énigme ? Eh bien, ce que Dieu ne peut obtenir de l'homme, Il l'obtient de Lui-même. N'a-t-Il pas dit que ce qui était impossible à l'homme, est possible à Dieu ? (**Luc 18.27**). Dieu va aimer Dieu. La solution passe par le Saint-Esprit. Le Saint-Esprit en l'homme va offrir à ce dernier tout ce qu'il faut pour aimer Dieu de tout son cœur, de toute son âme, de toute sa force et de toute sa pensée, selon qu'il est écrit : «*L'amour de Dieu est **répandu dans nos cœurs** par le Saint-Esprit qui nous a été donné.*» **Romains 5:5**. C'est donc cet amour répandu dans le cœur du disciple, par le Saint-Esprit présent en lui, qui va tourner son regard vers ce Dieu invisible et L'aimer comme Dieu veut. C'est pourquoi, il est écrit : «*Nous aimons, parce que lui nous a aimés **le premier**.*» **1 Jean 4:19**. C'est la présence de l'Esprit en le disciple qui constitue ce "*...nous a aimés **le premier***". Tout amour parfait, manifesté par un disciple du Christ, ne doit provenir que de Dieu Lui-même, présent en ce disciple via le Saint-Esprit. Il est difficile d'aimer sans calcul. Même le fait de donner aux pauvres, en craignant Dieu, est un calcul car on se dit que la même chose pourrait nous arriver, on veut alors anticiper en posant un acte caritatif. L'amour divin doit se faire sans le moindre calcul. Le disciple doit voir que s'il ne donne pas, rien de mal ne lui arrivera. En ce moment seulement, ce qu'il donnera sera réputé absent de tout calcul.

On comprend maintenant le piège de l'amour passionnel, et la différence avec l'amour divin. L'amour humain est charnel et passionnel car venant de l'homme, ne trouvant son fondement qu'en fixant la cible. Tandis que l'amour divin vient du Saint-Esprit présent dans le disciple. Seul cet amour peut glorifier Dieu. Quiconque n'a pas l'Esprit de Dieu ne peut aimer Dieu comme Dieu veut. Sinon ce serait de l'amour platonique, objet de son imagination creuse. De manière précise, est charnel, l'amour entre un homme et sa femme, entre des parents et leurs enfants, entre amis, entre frères, entre collègues, entre un patron et son serviteur, entre une star et ses fans, entre un riche et le pauvre dont il a compassion, etc.

De là, on comprend que l'homme puisse donner tous ses biens aux pauvres sans avoir l'amour de Dieu en lui. En fait le riche qui donne tous ses biens aux pauvres fait preuve d'amour humain charnel envers ceux de sa race. D'où l'avertissement de l'apôtre : «***Et quand je distribuerais tous mes biens pour la nourriture (des pauvres)**, quand je livrerais même mon corps pour être brûlé, **si je n'ai pas l'amour, cela ne me sert de rien**.*» **1 Corinthiens 13:3**.

Faut-il donc éviter de faire le bien parce que l'on risque de poser un acte charnel ? Négatif. Il faut seulement qu'à la base de cet acte, il y ait l'aval de l'Esprit. Comment ? De manière pratique, il ne faut ni calcul, ni motif de conscience, ni intérêt personnel, ni opportunisme dans l'acte posé. Il faut UNIQUEMENT l'amour de Dieu qui voit partout, surtout dans le secret. Cela s'appelle l'amour selon Dieu tel que développé dans le chapitre ci-dessous.

L'amour selon Dieu

> «*Quand je parlerais les langues des hommes et des anges, **si je n'ai pas l'amour, je suis du bronze qui résonne ou une cymbale qui retentit**. Et quand j'aurais (le don) de prophétie, la science de tous les mystères et toute la connaissance, quand j'aurais même toute la foi jusqu'à transporter des montagnes, **si je n'ai pas l'amour, je ne suis rien**. Et quand je distribuerais tous mes biens pour la nourriture (des pauvres), quand je livrerais même mon corps pour être brûlé, **si je n'ai pas l'amour, cela ne me sert de rien**.*» **1 Corinthiens 13:1-3**.

Comment peut-on donner tous ses biens aux pauvres et être, néanmoins, ignoré de Dieu ? Comment peut-on livrer son corps au feu, pour une cause noble, et être rejeté de Dieu ? Comment peut-on avoir la foi jusqu'à transporter les montagnes ainsi que le don de prophétie et, malgré cela, n'être rien ? Autant dire qu'il faut du courage pour sous-estimer ces valeurs car le monde célèbre des héros pour deux fois moins.

Le secret réside dans le fait que Dieu est saint, saint pour toujours. Il ne varie pas de ce qui a été répété tout au long de ce livre, à savoir que ce qui vient de la chair est chair et ce qui est de l'Esprit est Esprit. L'amour humain est chair et ne peut être Esprit quelles que soient les hauteurs qu'il peut atteindre telles que le fait de donner tous ses biens aux pauvres ou de se sacrifier pour une cause juste ou autre personne. L'héroïsme est une prouesse qui vient de la chair pour la chair. Les disciples de Jésus avaient déjà été abasourdis d'entendre Jésus disqualifier un jeune homme riche qui respectait fidèlement les commandements de Moïse. Ils s'inquiétèrent auprès de Lui en ces termes : «*Alors, qui peut être sauvé ?*» (**Marc 10:26**).

La réponse la plus précieuse à cette question difficile est que dans le Seigneur, l'on ne vit plus pour soi-même, mais pour Dieu seul, par Son Esprit qui habite le disciple, selon qu'il est écrit : «*Nous sommes morts au péché et **vivants pour Dieu en Christ**.*» (**Romains 6:11**) ; «*Ce n'est pas moi qui vis, **c'est Christ qui vit en moi**.*» (**Galates 2:20**). Dieu ne veut plus que le disciple agisse en dehors de Son Esprit, de Sa volonté. Car en dehors de Son Esprit, le disciple nourrit la chair, quel que soit le caractère héroïque de ses actes. Le Seigneur a particulièrement mis Ses disciples en garde contre les dangers d'une vie passée à ne pas faire la volonté de Son Père. Toute recherche de gloriole, même sur une base biblique, ne servira pas les intérêts de Son Père. Dieu veut qu'on Lui soumette notre volonté si nous voulons faire Sa volonté. La volonté du disciple doit donc être sanctifiée. Ceux qui s'écarteront de cette ligne directrice seront écartés selon qu'il est écrit : «*Quiconque me dit : Seigneur, Seigneur ! N'entrera pas forcément dans le royaume des cieux, **mais celui-là seul qui fait la volonté de mon Père qui est dans les cieux**. Beaucoup me diront en ce jour-là : Seigneur, Seigneur ! N'est-ce pas en ton nom que nous avons prophétisé, en ton nom que nous avons chassé des démons, en ton nom que nous avons fait beaucoup de miracles ? Alors je leur déclarerai : Je ne vous ai jamais connus retirez-vous de moi, vous qui commettez l'iniquité.*» **Matthieu 7:21**. Ces propos font froid dans le dos. Cela indique que, malgré l'exercice des dons spirituels certifiant qu'on est le temple du Saint-Esprit, on pourrait être rejeté (*vers où ?* n'est pas la question de ce livre). En réalité, faut-il pour autant trembler ? Dieu est-Il méchant au point de rejeter Ses serviteurs sans ménagement ? Bien sûr que non, et trois fois non ! Ce que le Seigneur demande, et qui se trouve rappelé dans Sa parole, pour peu qu'on soit vigilant, c'est que le disciple : (i) ne soit pas enclin à rechercher la première place et soit humble ; (ii) fixe le regard sur le Christ sans jamais dévier ; (iii) estime les autres supérieurs à lui ; (iv) ne soit pas hautain ; (v) ne recherche pas la sainteté seulement lorsqu'il est observé, mais en tout temps, surtout quand personne ne l'observe ; (vi) ne recherche pas ses intérêts, mais ceux des autres (vii) ne soit ni malicieux, ni hypocrite ni sournois.

L'apôtre Paul en a donné une image fort intéressante en affirmant que : *«L'amour est patient, l'amour est serviable, il n'est pas envieux ; l'amour ne se vante pas, il ne s'enfle pas d'orgueil, il ne fait rien de malhonnête, il ne cherche pas son intérêt, il ne s'irrite pas, il ne médite pas le mal, il ne se réjouit pas de l'injustice, mais il se réjouit de la vérité ; il pardonne tout, il croit tout, il espère tout, il supporte tout.»* **1 Corinthiens 13:4-7.**

Pour le Seigneur, aimer Dieu, c'est garder Sa parole. Quiconque garde les commandements de Dieu, aime Dieu. Quiconque s'en éloigne n'aime pas Dieu. Pourquoi le jeune homme riche refusa-t-il de donner tous ses biens aux pauvres pour suivre le Seigneur Jésus-Christ ? C'est parce qu'il voulait à la fois, fixer le regard sur le Christ et garder un œil sur ses biens. Il voulait garder deux maîtres à la fois, le Christ et les richesses. Dieu ne le veut pas. Pourquoi des personnes se réclamant de Jésus-Christ pourraient-elles être rejetées ? Parce qu'elles servent le Seigneur et autre chose, notamment leur égo ou une idole : argent, gloire, honneur (première place), force, intelligence, etc. Les concernés veulent partager leur vie entre Jésus-Christ et autre chose, alors que le Seigneur a dit qu'on ne peut suivre deux maîtres à la fois car l'un d'eux en souffrira. Il n'est pas sensé de dire que l'on veillera à bien balancer son cœur pour plaire à tout le monde. C'est toujours Dieu qui en pâtira. Même le diable, au ciel, avait fini par détourner son regard du Très-Haut pour se consacrer à sa splendeur et à sa richesse. Cela le perdit. Nous savons aussi que derrière cette "autre chose" qu'on adorera à côté du véritable Maître, le diable finira par s'y dissimuler pour forcer une union illicite. Or *il n'y a pas de part commune entre Jésus et Mammon.*

Obtenir un disciple faisant la volonté de Dieu, un disciple conforme au modèle décrit ci-dessus par l'apôtre Paul, ne se fait pas du jour au lendemain. Pour y parvenir, le Seigneur utilisera de nombreuses tribulations pour générer ce niveau de sainteté. Imaginons un disciple à qui tout réussit. Il se dira que c'est parce qu'il est le plus obéissant dans toute la maison de Dieu. Il pensera que les disciples effacés ont des péchés cachés ou quelque chose à se reprocher. Un tel disciple aura du mal à imputer son succès à la grâce du Seigneur, pensera que la grâce de Dieu est sélective, à géométrie variable, qu'il est privilégié. Il perdra même toute notion de la grâce et pensera qu'il réussit parce qu'il est particulier. Or le Seigneur ne rappellera jamais assez l'importance et l'exclusivité de la grâce dans le salut du disciple. Nous savons à quel point l'apôtre Paul fut abondamment utilisé par le Seigneur au premier siècle de l'ère chrétienne. L'apôtre relate toutefois un épisode au cours duquel il eut une écharde dans la chair, douloureusement entretenue par un démon, sans possibilité de l'expulser par la prière. Tout simplement parce que Dieu ne voulait pas qu'il soit enflé d'orgueil à cause de l'excellence des révélations qu'il recevait de Lui. Même après avoir supplié trois fois le Seigneur d'éloigner ce démon, la réponse du Seigneur fut : «*Ma grâce te suffit, car ma puissance s'accomplit dans la faiblesse.*» **1 corinthiens 12:8-9**.

L'amour selon Dieu peut donc se résumer à faire la volonté de Dieu dans l'humilité, le regard fixé sur le Seigneur seul, contrairement à l'amour selon l'homme qui consiste à rechercher la satisfaction de la chair dont les tendances sont contraires à celles de l'Esprit : calcul, intérêt, opportunisme, achat de conscience, etc.

Le disciple n'a pas à s'interroger sur la faisabilité de cet amour selon Dieu. Dieu ne lui demande pas de lutter pour y parvenir. L'Esprit Saint au dedans de lui suffit, car c'est Lui qui déploie l'amour en l'homme dans différentes circonstances (**Romains 5:5**). Ce que le disciple a à faire dans ses prières, c'est d'avouer à Dieu la vanité de son amour charnel afin que, par compassion et grâce, Dieu puisse exprimer Son amour par le Saint-Esprit en lui.

C'est ici le tact de Dieu. Dieu ne forcera jamais le disciple à Le suivre. Si le disciple décide de s'appuyer sur l'amour charnel dont l'homme naturel est capable, Il laissera faire. Dieu est doux et non violent. Il attendra que le disciple veuille Lui céder la place volontairement. De nombreux disciples de Jésus-Christ se méprennent sur cette attitude du Seigneur. Ils croient que la présence du Saint-Esprit en eux signifie que le

Saint-Esprit est tout permis. C'est une mauvaise perception de l'amour selon Dieu. Dieu est amour et ne changera jamais sur la question. Il ne forcera jamais personne, ni même le disciple, à Le suivre. C'est la différence entre Satan et Lui, entre les hommes et Lui. Jésus déclara : «*Voici : je me tiens à la porte et je frappe. Si quelqu'un entend ma voix et ouvre la porte, j'entrerai chez lui, je souperai avec lui et lui avec moi.*» **Apocalypse 3:20.** Par le Saint-Esprit, Jésus-Christ est déjà présent dans le disciple à qui Il adresse ce message. Néanmoins, Il adopte la galanterie de celui qui frappe à la porte et attend qu'on Lui ouvre.

Connaître Dieu sans relâche

Devant un tel déploiement d'amour divin en lui, le disciple doit être reconnaissant pour toute l'œuvre visible et invisible que le Seigneur déploie afin qu'il parvienne à la perfection. La recherche de Dieu, la découverte de ce qu'il a mis en réserve pour ceux qui L'aiment, devraient constituer la trame principale de la vie du disciple dans ce monde, jusqu'au retour très attendu du Seigneur. Rien ne devrait freiner le désir de ce disciple de connaître Dieu. Le disciple est donc invité à mettre tout en œuvre pour que Dieu prenne plaisir à lui offrir les secrets de Sa divine connaissance. Le murmure doit être à jamais proscrit. Dans cette quête du savoir, le disciple doit se mettre dans la tête que le Seigneur Dieu lui est favorable dans cette entreprise. L'apôtre Paul fit ainsi connaître sa détermination à parvenir à l'excellence de la connaissance de Dieu : «***Mon but est de le connaître,*** *lui, ainsi que la puissance de sa résurrection et la communion de ses souffrances, en devenant conforme à lui dans sa mort, pour parvenir, si possible, à la résurrection d'entre les morts. Ce n'est pas que j'aie déjà remporté le prix ou que j'aie déjà atteint la perfection ; mais* ***je poursuis (ma course) afin de le saisir,*** *puisque moi aussi, j'ai été saisi par le Christ-Jésus. Frères, pour moi–même je n'estime pas encore avoir saisi (le prix); mais je fais une chose :* ***oubliant ce qui est en arrière et tendant vers ce qui est en avant, je cours vers le but pour obtenir le prix de la vocation céleste de Dieu en Christ-Jésus.***» **Philippiens 3:10-14.**

Dieu veut que Ses disciples sachent qu'Il les aime du fond du cœur

> «*Avant la fête de Pâque, sachant que l'heure était venue pour lui de passer de ce monde au Père, Jésus, qui avait aimé les siens qui étaient dans le monde, **les aima jusqu'au bout**.*» **Jean 13:1**.

> «*Je ne vous appelle plus serviteurs, parce que le serviteur ne sait pas ce que fait son maître. Je vous ai appelé amis, parce que **tout ce que j'ai appris de mon Père, je vous l'ai fait connaître**.*» **Jean 15:15**.

La lecture de ce livre peut susciter chez le lecteur, le sentiment désagréable que le disciple recherché par Jésus-Christ est un soldat aux ordres. Le parfum d'austérité qui se dégage de la vie de plusieurs prophètes et apôtres de la bible peut renforcer ce malaise. Qu'il nous soit donné de préciser qu'aucun auteur biblique, serviteur du Seigneur, n'a exprimé de regret à l'issue de sa vocation céleste. Bien au contraire, ils ont tous reconnu que Dieu était miséricordieux, bienveillant, juste et surtout amoureux. Oui, Dieu est amour et se charge de le faire savoir à Ses disciples. C'est une question cruciale chez Dieu. Son disciple doit bien Le connaitre et découvrir la marque de Son amour, non seulement envers le disciple, mais aussi envers le monde car «***Dieu a tant aimé le monde** qu'il a donné son Fils unique, afin que quiconque croit en lui ne périsse pas, mais qu'il ait la vie éternelle*» **Jean 3:16**. J'ai personnellement été agréablement surpris lorsque le Seigneur me fit comprendre qu'Il m'aimait, tellement j'avais peur de Lui, cultivant le sentiment que Dieu surveillait mes faits et gestes pour me crier dessus : «*Race incrédule et perverse, jusques à quand serai je avec vous et vous supporterai-je ?*» **Luc 9:41**. Ce cri est celui de Jésus à l'endroit des disciples qui avaient failli dans leur tentative de délivrer un démoniaque. Cela s'apparente au cri d'un chef de guerre à l'endroit de ses lieutenants défaillants. Et d'une manière générale, un soldat s'attend plus à ce genre de blâme qu'à autre chose. Il semble que cela soit, pour les chefs militaires, le meilleur moyen de motiver leurs troupes. Je croyais être un soldat obligé de m'imposer toutes sortes de privations et de jeûnes pour rester éveillé et plaire à mon Maître. Grâce à une exhortation sur l'amour de Dieu pour Ses enfants, je fus réveillé de ma torpeur. Bien que le régime d'un soldat soit très efficace dans l'exécution d'une mission, le Seigneur n'aime pas entretenir ce genre de relation avec Ses disciples. Il veut que Ses disciples comprennent quelle est la volonté de Dieu pour eux et se détendent. Je fus très heureux par cette mise au point du Seigneur à mon esprit et depuis lors, ma relation avec lui a évolué de la peur terrible du chef à l'obéissance dans la paix et la grâce. En fait, si un soldat accepte les récriminations de son chef en cas de contreperformance, il s'attend en revanche à une récompense en cas d'acte héroïque. A défaut, ce soldat se décourage et s'aigrit. Or le Seigneur nous recommande de nous considérer comme des serviteurs inutiles après avoir honoré Sa volonté (**Luc 17:10**). Il semble donc, en apparence, que le disciple soit en état de se plaindre de tant d'ingratitude. Il se tromperait royalement. En effet, la raison pour laquelle le disciple devrait se défaire de l'esprit de soldat, c'est que le Seigneur ne peut le sauver sur la base de ses actes de bravoure, mais par la grâce, et cela ne vient pas de lui. Aucun serviteur de Dieu, si spirituel soit-il, ne peut être sauvé par ses prouesses parce que le Seigneur compte plusieurs occasions au cours desquelles Ses disciples on failli. De la trahison de Pierre aux échecs répétés du disciple, si le Seigneur devait sauver uniquement ceux qui n'ont jamais failli, personne ne serait sauvé. On se remettrait sous l'empire de la loi dont le Seigneur a délivré Ses disciples. J'ai eu à m'en rendre compte et même, à crier plusieurs fois : «*Seigneur, comment pourrais-je être sauvé, ridicule et stupide que j'ai été ?!?*» La réponse du Seigneur a toujours été constante : «*C'est par la grâce que tu es sauvé et cela ne vient pas de toi*». Le disciple ne doit donc pas se glorifier de réussir dans les missions que le Seigneur lui confie car il existe de nombreuses fois où ce disciple a terriblement failli. Le disciple doit donc savoir que *Ce n'est ni par la sagesse, ni pas la richesse, ni par la force, mais uniquement par l'Esprit* qu'il vit et marche. C'est la raison pour laquelle, malgré une vie totalement dévouée à la cause du Seigneur qu'il servit de toutes ses forces, une vie ponctuée de succès qui parlent jusqu'à ce jour, Paul ne manquait jamais de rappeler son statut véritable d'humble serviteur, pour ne pas s'enfler d'orgueil : «***Car je suis,*** *moi, le moindre des apôtres, je ne mérite pas d'être appelé apôtre, parce que j'ai persécuté l'Église de Dieu. Par la grâce de Dieu je suis ce que je suis, et sa grâce envers moi n'a pas été vaine ; loin de là, j'ai travaillé plus qu'eux tous ;* **non pas moi toutefois, mais la grâce de Dieu qui est avec moi.***»* **1 Corinthiens 15:9-10.**

Quelles que soient les hauteurs atteintes par un disciple de Jésus-Christ dans l'exécution du mandat (mission ou ministère) qui lui a été confié, il doit se faire tout petit comme un serviteur inutile car premièrement, c'est le Christ en lui qui est toujours à l'œuvre comme le précise si bien l'apôtre Paul et deuxièmement, aucune de ces prouesses ne lui rapportera le salut en lieu et place de la grâce de Dieu, et seulement elle. Une telle vérité amène le disciple à garder une position d'humilité et de détente. Il existe dans plusieurs milieux chrétiens, des discussions autour de l'arrivée prochaine du Seigneur, avec une certaine anxiété sur les visages et dans les propos. Dans le fond, le disciple qui fait chaque jour la volonté de son Maître, dans une position d'humilité, n'a pas à s'inquiéter de ces informations puisqu'il est toujours à l'endroit où le Seigneur l'attend. Il est toujours à la bonne place à l'instar de Marie Madeleine. Il est toujours joyeux et se réjouit sans cesse.

Le Seigneur estime Son amour parfaitement compris lorsque le disciple ne Le sert plus la peur au ventre, par crainte de s'entendre hurler un blâme. Mais **lorsqu'il prend du plaisir** et qu'il n'est plus dans la mentalité de celui qui attend des ordres, mais plutôt, de celui qui se réjouit et suit son Maitre. Il n'est pas gêné qu'un disciple s'active à coté de lui pendant qu'il est inactif. Il est bien connu qu'une attitude apparemment désinvolte, à côté de celui qui se démène, est embarrassante pour le commun des gens, la paresse et l'oisiveté étant mal vues. Mais le disciple est calme et serein comme Marie Madeleine qui gardait son calme malgré l'activité débordante de sa sœur Marthe. Le disciple n'a pas peur, il est relaxe, le Seigneur l'approuvant. Le danger serait qu'il perde son calme parce que quelqu'un s'active près de lui. Dans ce cas, il manque d'assurance et son attitude ne relève pas de la foi.

16
Persévérer dans la souffrance

*« J'estime qu'il n'y a pas de commune mesure entre **les souffrances du temps présent et la gloire à venir** qui sera révélée pour nous. »* **Romains 8:18**.

*« Jésus répondit : En vérité, je vous le dis, il n'est personne qui ait quitté, à cause de moi et de l'Évangile, maison, frères, sœurs, mère, père, enfants ou terres, et qui **ne reçoive au centuple, présentement dans ce temps-ci, des maisons, des frères, des sœurs, des mères, des enfants et des terres**, avec des persécutions et, dans le siècle à venir, la vie éternelle. »* **Marc 10:29-30**.

*« Bien-aimés, ne soyez pas surpris de la fournaise qui sévit parmi vous pour vous éprouver, comme s'il vous arrivait quelque chose d'étrange. Au contraire, réjouissez-vous de participer aux souffrances du Christ, afin de vous réjouir aussi avec allégresse, lors de la révélation de sa gloire. **Si vous êtes outragés pour le nom de Christ, vous êtes heureux, car l'Esprit de gloire, l'Esprit de Dieu repose sur vous !** Que nul de vous ne souffre comme meurtrier, comme voleur, comme malfaiteur ou comme se mêlant des affaires d'autrui ; mais si c'est comme chrétien, qu'il n'en rougisse pas ; qu'il glorifie plutôt Dieu à cause de ce nom.[...] 19 Ainsi, **que ceux qui souffrent selon la volonté de Dieu, remettent leur âme au fidèle Créateur en faisant le bien**. »* **1 Pierre 4:12-16,19**.

La souffrance n'épargnera pas les disciples

Dans ce monde, c'est un euphémisme de dire que les disciples souffrent car les gens sont parfaitement au courant des railleries dont les disciples du Christ sont l'objet de la part des païens. C'est déjà une grande souffrance que d'être marginalisé. Jésus connut le même sort en étant rejeté des Siens, surtout au début de Sa mission. Un même sort attend Ses disciples car *s'ils ont rejeté le maître, ils rejetteront aussi le disciple*. Jésus dit aussi que *celui qui persévèrera jusqu'à la fin sera sauvé*. Le Christ n'a pas promis l'absence de souffrance à Ses disciples. Bien au contraire, Il leur a dit «*Heureux serez-vous, lorsqu'on vous insultera, qu'on vous persécutera et qu'on répandra sur vous toute sorte de mal, à cause de moi. Réjouissez-vous et soyez dans l'allégresse, parce que votre récompense sera grande dans les cieux*» **Matthieu 5:11-12**. La question de la souffrance n'est donc pas de savoir ce que le disciple a fait pour mériter la souffrance. S'il note un écart de conduite de sa part, alors la solution passe par la repentance et le Seigneur de grâce restaurera la personne qui souffre. La bonne question est plutôt : Est-ce que cette souffrance est liée à sa foi en Christ ? Est-ce que c'est au nom du Seigneur Jésus-Christ qu'il souffre ? Dans ce cas, selon le Seigneur, il devrait se réjouir car sa récompense sera grande dans les cieux, à commencer par le présent siècle.

Le verset **1 Pierre 4:19** est particulièrement intéressant à plus d'un titre : «*Que ceux qui souffrent* **selon la volonté de Dieu**…». Cette fois-ci, on ne parle pas exclusivement de souffrir pour le nom du Seigneur. Car bien souvent, l'on se demande ce que le Seigneur pense de cette souffrance. Ici, il est dit qu'il s'agit d'une souffrance conforme à la volonté de Dieu. Autrement dit, Dieu veut que nous supportions cette souffrance et qu'on ne lutte pas comme font les païens qui défendent leur droit. Ainsi, on peut être attaqué par un ennemi parce qu'on fait du bien en tant que disciple ou parce que le nom de Jésus est invoqué sur nos têtes et Dieu exige que l'on endure la souffrance ainsi créée. Le propos de Pierre recommande, dans ce cas particulier, que le disciple remette son âme à Dieu, en faisant le bien. La question sous-jacente n'est donc pas de savoir si le disciple a péché, ou encore, si ses ennemis ont le droit de l'attaquer. Mais plutôt, si c'est la volonté de Dieu qu'il endure la souffrance. Dès que le disciple comprend que c'est la volonté de Dieu qu'il souffre, alors il cesse de s'agiter. Il remet son âme à Dieu et fait le bien. C'était par exemple la volonté de Dieu que Job souffre. Ce dernier n'avait fait aucun mal car, bien au contraire, en plus de sa propre sanctification, il veillait sur ses enfants en offrant des sacrifices en leurs noms, des fois que ces derniers se seraient fourvoyés dans quelques affaires à son insu.

La gloire à venir

L'avantage d'être un disciple de Jésus-Christ ne s'arrête pas à la possibilité d'être récompensé dans le siècle présent comme Job qui recouvra toutes ses pertes. Il va plus loin, traverse le présent siècle pour se jeter dans une éternité sans souffrance.

Examinons l'éternité glorieuse que l'on traduit par "gloire à venir". Nous pouvons commencer par rendre gloire à Dieu d'avoir élu Ses disciples avant la fondation de ce monde pour être Ses adorateurs et, cerise sur le gâteau, pour les installer sur Son trône. Un trône objet de convoitise de la part du diable. Pour ce trône, le diable remue tout l'univers dont, en particulier, la terre où il a décidé de pourrir la vie de l'homme, son rival éternel. On n'a qu'à voir toute l'énergie du désespoir que l'astre brillant, alias Satan, déploie pour conquérir ce trône et nous pourrons imaginer la gloire qui attend le disciple au ciel. Si ce trône et la gloire subséquente ne valaient pas leur pesant d'or, expliquerions-nous tout ce battage de l'ennemi alors que son statut d'ange lui confère déjà une supériorité sur l'homme poussière ?

A cause de cette convoitise pour laquelle le diable remue l'univers, remplissant les cimetières de païens, il n'y a vraiment pas de commune mesure entre les souffrances du temps présent et la gloire à venir qui, elle, n'a pas de prix estimable.

Louer le Seigneur dans la souffrance

Louer Dieu dans la souffrance est une arme absolue. L'astre brillant, malgré des atouts indéniables tels que sa splendeur et ses richesses, ne jugea pas utile de rendre un culte à Dieu. Pire, il estima que c'était à Dieu de lui rendre un culte. C'est ce que traduit la tentation dont Jésus fut l'objet de la part du diable selon qu'il est écrit : «*Le diable le transporta encore sur une montagne très haute, lui montra tous les royaumes du monde et leur gloire, et lui dit : Je te donnerai tout cela, **si tu te prosternes et m'adores**. Jésus lui dit : Retire-toi Satan ! Car il est écrit : Tu adoreras le Seigneur, ton Dieu, et à lui seul, tu rendras un culte.*» **Matthieu 4:8-10**. Quel culot ! La créature qui demande au Fils de Dieu de l'adorer ! Comme le diable se refusa à adorer Dieu qui, seul, mérite l'adoration, les disciples donnent une leçon d'évangélisation au diable, en rendant un culte à Dieu dans la souffrance.

Même si la souffrance fait habituellement pleurer, les disciples du Seigneur peuvent y trouver un excellent instrument de louange à Dieu. Cela compte aux yeux du Très-Haut qui s'en sert pour répondre à Son ennemi : «*Si toi, avec la splendeur dont tu fus revêtu à la création, tu n'as pas jugé bon de M'adorer, eh bien ! L'homme-poussière m'adorera, même dans la souffrance, tel Job dont tu pourris l'existence*».

Le disciple n'est donc pas de ceux qui se retirent à cause de la souffrance pour se réfugier dans les murmures. Il rend un culte à Dieu malgré la souffrance. Il évangélise les cieux selon qu'il est écrit : «*ainsi désormais **les principautés et les pouvoirs dans les lieux célestes connaissent par l'Église** la sagesse de Dieu dans sa grande diversité*» **Ephésiens 3:10**. Que les disciples se réjouissent d'être ces pierres que Dieu a choisies pour faire connaître Sa sagesse dans les lieux célestes, notamment que notre Dieu est digne de louange et d'adoration car c'est à Lui qu'appartiennent dans tous les siècles, le règne, la puissance et la gloire.

17
Aujourd'hui, chrétien ou disciple ?

Ce titre peut prêter à sourire car quelle différence peut-on bien trouver entre ces deux appellations ? En toute honnêteté, il n'y a pas de différence. Seulement un constat et un choix d'expression. Tout au long de ce livre, la préférence a été accordée au mot "disciple", par convenance personnelle de l'auteur. Toutefois, derrière ce choix, il y a plusieurs constats qui ne manquent pas d'intérêt.

L'objectif de ce chapitre est d'éclairer le lecteur sur la genèse des expressions et l'emploi préférentiel de l'une d'elle par rapport aux autres. Le lecteur pourra ainsi comprendre la nuance créée dans le titre du présent chapitre et se fera sa propre idée sur l'expression la plus appropriée face à ce qu'il voit.

Le terme "chrétien" est rarement employé dans le siècle de la bible

Plusieurs expressions ont été utilisées dans la bible pour désigner les disciples de Jésus-Christ. Nous ne mentionnerons pas le terme "apôtre" spécifique aux douze collaborateurs qui accompagnaient le Christ dans Sa mission et, plus généralement, le chef d'une mission précise en faveur des églises de Dieu. On mentionnera, en revanche, le terme "disciple", puis dans un ordre quelconque : nazaréen, chrétien, saint, frère ou sœur dans le Seigneur (ou en Christ), brebis de Dieu, bien-aimé dans le Seigneur (ou en Christ), fidèle, pour ne citer que les plus connus.

L'expression abondamment utilisée par le Seigneur Jésus-Christ, parlant de ceux qui croyaient en Lui, était "disciple". Le monde d'alors désignait les disciples du Christ par l'expression "nazaréen" car Jésus-Christ était de Nazareth, et aussi, parce que cette expression sonnait comme "naziréen" (une personne consacrée à Dieu selon un rituel de l'ancien testament/**Nombres 6:2-21**).

Le terme "chrétien" fut utilisé pour la première fois à Antioche, ville située en dehors du territoire d'Israël, bien loin de Jérusalem, selon qu'il est écrit : «*Ce fut à Antioche que, **pour la première fois**, les disciples furent appelés chrétiens.*» **Actes 11:26**. La particularité du mot "chrétien" est qu'il fut utilisé par le monde d'alors, qui considérait les disciples comme une secte. C'était donc une expression méprisante comme, de nos jours, à propos de ce que l'on qualifie de secte.

Pour le monde d'aujourd'hui, le chrétien désigne traditionnellement celui qui fréquente un lieu où le nom de Jésus-Christ est invoqué. Dans la bible, ce nom fut majoritairement associé aux adeptes de la secte du crucifié (Jésus-Christ).

Pour les statistiques, on notera que le terme "chrétien" est utilisé trois à quatre fois seulement dans les versions traditionnelles de la bible contre une plus grande généralisation dans les éditions modernes en langue courante. En comparaison, le terme "disciple" est employé plus de trois cents fois dont une forte concentration dans les évangiles et les actes des apôtres. Le terme disciple est aussi abondamment utilisé dans les éditions modernes de la bible en langue courante.

Alors chrétien ou disciple ?

La question qui vient à nous est la suivante : pourquoi l'appellation "chrétien" a-t-elle pris le dessus sur l'appellation "disciple" ? Une partie de la réponse vient de ce que le terme "chrétien" fut très employé par les officiels romains, puissance gouvernante de l'époque, pour désigner les disciples de Jésus-Christ. C'est pourquoi aujourd'hui, le terme "chrétien" reflète le nom officiel attribué par les Etats aux adeptes du Christ.

On peut très bien se demander si le terme "chrétien" s'apparente bien, de nos jours, à l'expression "disciple" telle que propagée par le Seigneur Jésus-Christ Lui-même. Dès lors que, pour le monde, un chrétien est habituellement celui qui fréquente des lieux de culte frappés de la croix du Christ, il y a matière à restaurer le mot "disciple" comme celui qui suit le Seigneur Jésus-Christ dans la sanctification sans laquelle nul ne verra le Seigneur.

Clarification

Comme dit dans l'introduction de ce livre, nous ne voulons créer aucune discrimination entre les expressions "chrétien" et "disciple". Nous acceptons que les deux expressions se vaillent. Toutefois, en raison d'une banalisation de la première appellation, n'est-il pas opportun de rétablir le "disciple", nom par lequel Jésus-Christ désignait ceux qui Le suivaient ainsi que ceux qui viendraient à Lui par l'entremise des apôtres ? Chacun en décidera selon sa conscience. Que ceux qui font un choix différent du nôtre se sentent libres car le Seigneur, notre Dieu, a horreur des disputes de mots. Le fait que certains enseignements suggèrent aux chrétiens, de manière explicite, *de mener une vie de disciple*, on peut penser qu'une nuance entre les deux expressions existe dans l'esprit de beaucoup. Auquel cas, il faudra trancher en disant que le "chrétien" reflète le regard du monde tandis que le "disciple" reflète celui du Christ. Là où ces deux regards se croisent, chacun tirera ses propres conclusions. Nous avons adopté le terme disciple pour nous aligner sur le Christ.

Prière de fin

«Père, je voudrais Te remercier pour ce livre que Tu m'as exhorté à mettre à la disposition de Tes disciples présents et futurs. En m'appuyant sur l'exemple de Ta servante Marie Madeleine, j'ai exposé les grandes lignes du statut véritable de disciple de Jésus-Christ dans le corps de Christ et dans le monde alentour, sans complaisance ni partialité. Comme c'est souvent le cas, en pareilles circonstances, Tu as assurément vu que cet enseignement était nécessaire à Tes enfants dans leur vécu d'aujourd'hui. Père, tout en reconnaissant Ta grâce en mon égard, car c'est en écrivant ce livre que certaines vérités me sont apparues dans une vivifiante illustration qu'une lecture ordinaire de Ta parole n'aurait pas permise, je Te prie d'ouvrir les cœurs et les esprits à Ta vérité. Car Ta parole est la vérité. Par ce fait, Tu as réitéré une leçon de sagesse reprise dans Ton évangile à savoir : "Donnez et l'on vous donnera (**Luc 6:38**)". Je prie donc afin que les lecteurs reçoivent, à travers ce livre, des révélations sur ce que Tu attends de leur sanctification et que Tu ailles au-delà en leur accordant une double mesure des bénédictions. Car s'il fallait écrire ce que Tu as fait et continues de faire, comme l'a dit Ton serviteur Jean, "je ne pense pas que le monde même pourrait contenir les livres qu'on écrirait (**Jean 21:25**)". Je prie que les lecteurs mettent de côté leurs appréhensions, parfois marquées du sceau de la vertu, pour véritablement Te confier les clés et les rennes de leur existence, à la lumière de Ta servante Marie Madeleine à laquelle Tu rendis un témoignage éternel. Je prie que Tes enfants fassent de Jésus-Christ le centre de gravité de leur existence sur la terre jusqu'à Son retour. Père, il T'a plu de me faire des révélations sur des événements, parfois tragiques, qui ont eu lieu avant la fondation de ce monde. Je Te rends grâce pour Ton amour ainsi manifesté envers ceux qui veulent Te connaître selon Ta volonté. Je Te prie de balayer toute crainte dans les cœurs lorsque le lecteur voudra y plonger son regard ; je Te prie de le décomplexer face aux manigances de l'ennemi que Tu as déjà jugé pour l'éternité. Mon vœu le plus cher est que chacun comprenne que Tu es amour, et que si nous aimons réellement, c'est parce que Tu nous as aimés le premier. Je t'en remercie au nom de Jésus-Christ de Nazareth. Amen.»

Sommaire détaillé

00 Introduction 9

01 Le don total de soi à Dieu, l'exemple de Marie Madeleine 13
    Une prophétie remise au goût du jour 13
    Le Parfum de grand prix 16
    Conversion et perte totale des anciens repères dans le monde 18
    Deux erreurs perceptibles dans les milieux chrétiens 19
    La soumission du disciple à Christ 22
    Le disciple et l'impopularité 25

02 Déposer sa vie aux pieds du Seigneur : les différents cas 29
    Déposer sa vie aux pieds du Seigneur : cas d'Abraham 30
    Déposer sa vie aux pieds du Seigneur : cas de Moïse 31
    Déposer sa vie aux pieds du Seigneur : cas de l'apôtre Paul 32

03 Faire du Seigneur Jésus-Christ le centre de gravité de son univers 35

04 Le disciple du Christ est né non du sang, ni de la volonté de la chair, ni de la volonté de l'homme, mais de Dieu, d'eau et d'Esprit 39
    Application : Le disciple et sa famille biologique 44
        • Il n'y a aucun rapport entre les liens du sang et la foi du disciple 45
        • Le Seigneur prend soin de la famille biologique du disciple au temps prévu par Ses soins ... 47
        • Le disciple ne doit pas contraindre sa famille biologique à le suivre 48
    Application : Le disciple est dans la main de Dieu comme le vent 50

05 Le disciple de Christ est participant de la nature divine 55
    Application : Passer de la nature humaine à la nature divine 57
    Application : La nature humaine ne capitulera pas volontairement devant la nature divine 60
    Application : Se dépouiller de la vieille nature pour revêtir celle qui se renouvelle en Dieu 62
    Application : Marcher par l'Esprit pour ne pas accomplir les œuvres de la chair 65
        • Obéir à la parole de Dieu plutôt que d'en élaborer le schéma 66
        • Entendre la voix de Dieu : c'est Dieu qui fait entendre Sa voix et non l'homme ... 67
        • Marcher par l'Esprit, ne pas L'attrister, obéir sans façon aux commandements du Seigneur ... 73
    Application : l'Eglise du Christ n'est ni du monde, ni une formation pyramidale au sens du monde 83

- L'église n'est pas du monde (humaine) 83
- L'église n'est pas une structure terrestre pyramidale 85
- Quelle stratégie les pasteurs peuvent-ils mettre en œuvre pour normaliser l'église ? 105
- Eglise et collège des anciens, mission (ministère) et chef de mission 111

Récapitulatif *112*

06 Le disciple doit "perdre sa vie", sous l'effet de la croix, afin de la préserver à jamais 115

Rôle de la croix *116*

Pourquoi le disciple doit-il porter sa croix ? *116*
- S'identifier à la croix du Christ – réalité et symbole 117
- Porter sa croix pour éliminer le péché et accélérer la sanctification 118
- Piège à éviter par le disciple qui porte sa croix 120

Les bénéfices de la croix dans le siècle présent *121*

L'auto-flagellation et la croix *122*

Le disciple doit renoncer à lui-même sous la main de Dieu *124*
- Une exigence de Dieu 124
- Les trois étapes du renoncement de Jésus à Lui-même 127

07 Le salut est une affaire individuelle avant toute chose 131

08 Le disciple ne s'appartient plus à lui-même 135

09 Eviter les pièges en adorant Dieu en esprit et en vérité 139

Application : Ne pas s'abandonner aux visions *144*

10 Charge et ministère dans l'église : autorité et onction 147

L'exercice des charges au sein de l'église de Jésus-Christ *147*
- L'ancien dans l'église 149
- Le diacre dans l'église 153

L'exercice des ministères dans l'église *154*
- Il y a diversité de dons dans l'église, mais le même Esprit 154
- Les dons ne sont pas choisis par le disciple, mais distribués par l'Esprit, à chacun en particulier, selon le bon vouloir de l'Esprit 156
- Identifier et libérer les dons de l'Esprit chez les disciples 159

Les collaborateurs des charges et des ministères *162*

L'autorité de l'ancien et l'onction du ministre *163*

Nécessité d'agrandir l'église de 3.000 nouveaux convertis en un jour *164*

11 César et Dieu, cohabitation ou substitution ? 167

L'organisation de l'univers et sa perturbation par le diable *167*

La restauration de l'homme dans l'univers *168*
- Comprendre le couple "opération (exécution)" et "règle (loi)" 168

- L'étape de la condamnation et du salut par la loi dans la réconciliation avec Dieu 170
- L'étape de la grâce et du salut par la foi dans la réconciliation avec Dieu 173
- L'étape du jugement dans la réconciliation avec Dieu 176

Rapport des disciples avec César *177*
- Jésus paya l'impôt de César 178
- Les disciples doivent respecter les autorités et payer l'impôt des gouvernants 179

Cohabitation entre les autorités gouvernementales et l'église *182*

12 Le disciple de Christ face à l'ennemi de Dieu, le diable 187

La trahison de l'astre brillant : convoitise du trône de Dieu par l'apparence et la corruption *191*
- Application : se méfier des apparences 194
- Application : louer Dieu avec ce qu'il nous donne, même avec une belle apparence 195
- Application : argent source de corruption 196

La réponse de Dieu à Satan : l'homme créé à partir de la poussière *197*

La séduction de l'homme par le diable : péché et mort de l'homme *198*

La restauration de l'homme par Dieu : le salut par Jésus-Christ *199*

La défaite finale du diable : l'homme sur le trône de Dieu et le diable en enfer *200*
- Application : l'homme ne doit jamais se fier au diable 201
- Application : le disciple ne doit jamais quitter sa place 202
- Le diable a définitivement été condamné pour une éternité en enfer 206
- Application : rompre toute relation avec le diable 208
- Application : ne jamais rendre un culte à une créature, mais uniquement à Dieu 210

Récapitulatif *211*

13 De la nouvelle naissance à la sanctification du disciple : étapes-clés 215

Naître de nouveau par une repentance claire devant Dieu *215*
- Le lieu où s'effectue la prière de repentance 216
- En présence de qui s'effectue la prière de repentance ? 216
- Quels sont les termes à utiliser dans la prière de repentance ? 217
- Deux cas particuliers de repentance 218
- Envoyer au monde le message qu'on a changé de camp 219

Se baptiser d'eau *219*
- Pourquoi se baptise-t-on d'eau ? 219
- Comment s'effectue le baptême d'eau ? 222
- Est-il nécessaire de se faire rebaptiser d'eau ? 223
- Dieu unitaire ou Dieu trinitaire ? 227

Recevoir le don du Saint-Esprit *229*
- Qui peut recevoir le don du Saint-Esprit ? 229
- Comment reçoit-on le baptême/don du Saint-Esprit ? 232
- A quoi servent les dons du Saint-Esprit reçus par les disciples ? 234
- Le baptême du Saint-Esprit ne dispense pas du baptême d'eau 235
- Point récapitulatif 236

Communier avec les disciples dans l'église du Seigneur *238*

- L'église et son importance 238
- Quelle église fréquenter ? 239
- Attitude à adopter dans l'église 242

Se sanctifier... 243
- Que signifie "se sanctifier" ? 244
- Jésus Se sanctifia Lui-même pour Ses disciples 247
- Dieu sanctifie les disciples du Christ par la parole de vérité 248
- Le disciple qui se sanctifie est un avec Dieu 249
- Peut-on mettre fin à la sanctification ? 250

Se nourrir, se renouveler, écouter le Seigneur et faire Sa volonté, tenir ferme 252
- Le disciple peut se tromper et s'égarer 252
- Ecouter le Seigneur 254
- Faire la volonté du Seigneur 256
- Obéir à la parole de Dieu sans tenir compte des conséquences 256
- Evaluer, tirer les leçons et persévérer 259

Le disciple doit exercer fidèlement la mission que le Seigneur lui confie 260
- Quand peut-on démarrer sa mission (ministère) ? 260
- Ministère (mission) à temps partiel ou à temps plein ? 262
- L'importance des collaborateurs-assistants dans les ministères et missions ... 266

Le disciple et son pain quotidien : sa prise en charge par le Seigneur............ 270
- Celui qui paie décide... 270
- Le Christ est Celui-là seul qui nourrit Ses disciples 271

Eviter les polémiques et les disputes de mots 276

Lire la bible et s'attacher à la parole de Dieu 277

Le baptême de feu 278
- Le baptême de feu : qu'est-ce que c'est ? 278
- Le baptême de feu d'Abraham 281
- Le baptême de feu de Jacob 284
- Le baptême de feu de Joseph 286
- Le baptême de feu de Job 287
- Le baptême de feu de Jésus 287
- Conséquence du baptême de feu : Dieu unique bien du disciple 288
- Conséquence du baptême de feu : la séparation d'avec la vieille nature 291

Etre toujours joyeux, rendre grâce en toutes circonstances 295

Récapitulatif.. 297

14 L'identité véritable du disciple de Christ et sa personnalité dans le monde 299

L'identité véritable du disciple du Christ 299

Le disciple ne peut se cacher 301

Le disciple doit porter l'opprobre du Christ dans le monde 303

15 Aimer comme Dieu veut qu'on aime 305

L'amour selon l'homme 305

L'amour selon Dieu *307*

Connaître Dieu sans relâche *311*

Dieu veut que Ses disciples sachent qu'Il les aime du fond du cœur *312*

16 Persévérer dans la souffrance **315**

La souffrance n'épargnera pas les disciples *316*

La gloire à venir *317*

Louer le Seigneur dans la souffrance *318*

17 Aujourd'hui, chrétien ou disciple ? **319**

Le terme "chrétien" est rarement employé dans le siècle de la bible *319*

Alors chrétien ou disciple ? *320*

Clarification *321*

Prière de fin **323**

Sommaire détaillé **325**

Edition, Montage infographique :
Job Daniel Jean, ministère chrétien pour l'enseignement
Photo de couverture : Auteur

Cet ouvrage a été conçu, achevé et rendu disponible à l'imprimerie en juin 2013

N° d'édition : 01
Dépôt légal : juillet 2013
Imprimé à la demande par CreateSpace/Amazon

www.ingramcontent.com/pod-product-compliance
Lightning Source LLC
Chambersburg PA
CBHW071237160426
43196CB00009B/1094